D0425442

Bescherelle

La conjugaison pour tous

Édition entièrement revue
sous la responsabilité scientifique
de Bénédicte Delaunay
et Nicolas Laurent

Conception graphique : Marie-Astrid Bailly-Maître
Mise en page : Marie-Astrid Bailly-Maître et Camille Boulouis
Édition : Evelyne Brossier

Typographie : cet ouvrage est composé avec les polices de caractères ***Cicéro***, ***Présence*** (créées par Thierry Puyfoulhoux) et ***Kievit*** (créée par Michael Abbink)

 ISBN : 978-2-218-95198-5 ISNN : 0990 3771

Imprimé en France par Pollina - 11992 - Dépôt légal n° 95198-5/08 - juin 2017.

Avant-propos

Pourquoi cette nouvelle édition ?

Notre objectif : vous proposer un ouvrage de conjugaison avec une forte valeur d'usage, qui vous permette de trouver facilement la conjugaison de tous les verbes, mais aussi d'acquérir la maîtrise de la conjugaison française.
Repensée et soigneusement mise à jour, cette nouvelle édition du *Bescherelle Conjugaison* constitue plus que jamais l'outil indispensable de la conjugaison française.

Comment est organisé l'ouvrage ?

L'ouvrage comprend trois parties complémentaires.

I LES TABLEAUX DE CONJUGAISON (numérotés de 1 à 104)

À chacun des verbes modèles correspond un tableau clairement structuré, comprenant l'ensemble des formes simples et composées à la voix active. Reportez-vous, pour plus de détails, au descriptif situé pages 8 et 9.
Les tableaux des verbes *être, avoir, aimer, être aimé, s'aimer, finir* ont été placés en tête car, à eux six, ils permettent de produire sans difficulté particulière les formes verbales les plus courantes.

I LES RÈGLES DE CONJUGAISON ET D'ACCORD (105 à 205)

Cette partie permet :
– de montrer que la conjugaison et l'accord de la plupart des verbes français répondent à quelques règles simples ;
– de donner des méthodes de raisonnement pour orthographier les terminaisons verbales.
Elle se subdivise en six chapitres, enrichis de nombreux exemples empruntés au français d'aujourd'hui. Un index final permet de retrouver commodément les notions expliquées dans cette partie.

I LE RÉPERTOIRE DES VERBES

Pour chacun des verbes énumérés à l'infinitif et classés par ordre alphabétique sont données des indications de construction. Un renvoi à l'un des 104 tableaux permet de résoudre immédiatement un problème de conjugaison. Reportez-vous, pour plus de détails, au descriptif situé pages 174 et 175.

Quels verbes trouve-t-on dans le Bescherelle ?

Le répertoire des verbes de cette édition recense tous les verbes de la langue française contemporaine, d'un usage courant ou recherché, hors lexiques très spécialisés : soit plus de 9 600 verbes.
Sont également pris en compte des verbes spécifiques à la Belgique, au Canada, à l'Afrique francophone.

Et la nouvelle orthographe ?

La Réforme de l'orthographe propose, pour certaines formes, des variantes. Elles sont systématiquement données sous la mention **N. ORTH.** dans les remarques qui figurent au bas des tableaux.

Sommaire

LES TABLEAUX DE CONJUGAISON

LES RÈGLES DE CONJUGAISON ET D'ACCORD

Qu'est-ce qu'un verbe ?

Les catégories associées au verbe

Classer les verbes

Conjuguer un verbe

Accorder le verbe avec le sujet

Accorder le participe passé

LE RÉPERTOIRE DES VERBES

Les 9 600 verbes de la langue française contemporaine, avec leurs caractéristiques et un renvoi au tableau modèle de conjugaison

LES TABLEAUX DE CONJUGAISON

Comment lire et utiliser les tableaux de conjugaison

❶ La caractérisation du verbe

Chaque verbe est caractérisé au moins par le groupe auquel il appartient. Une mention supplémentaire du type « verbes en *-éger* » permet, le cas échéant, de préciser le modèle de conjugaison à l'intérieur du groupe.

❷ Les verbes voisins

Quand ils existent, figurent – en haut de la page à droite – les (principaux) verbes qui se conjuguent sur le même modèle.

❸ Modes et temps

Les formes de la conjugaison d'un verbe sont bien sûr classées par **modes** (bandeaux jaunes) et par **temps** (mentions soulignées en bleu).
Le mode **gérondif** ne figure pas dans les tableaux, sa formation étant parfaitement régulière : ***en*** + **participe présent** → 174.

❹ Temps simples et temps composés

À l'intérieur de chaque mode, les formes des temps **simples** apparaissent dans la première colonne ; celles des temps **composés** sont en regard, dans la seconde colonne.

❺ De la couleur pour mémoriser

Sont notées en **rouge** :
– la première personne du singulier (ou la deuxième à l'impératif) ;
– les difficultés orthographiques particulières.

❻ *Que*

Cette présentation rappelle que, sans être un élément de morphologie verbale, ***que*** permet de distinguer les formes, souvent semblables, du subjonctif et de l'indicatif.

❼ Le participe passé

Pour le participe passé sont citées **deux formes** : la forme composée (ici, *ayant protégé*) et la forme simple (*protégé*) suivie – si la forme peut varier – des marques de genre et de nombre. Pour résoudre les problèmes d'accord, voir *Les règles de conjugaison et d'accord*.

❽ Les remarques

Des remarques apparaissent dans un encadré au bas de la page à droite. Y sont résumées les caractéristiques de la conjugaison présentée dans le tableau.

1 2

18 protéger

1er groupe
verbes en *-éger*

abréger • agréger • alléger • arpéger • assiéger • désagréger • piéger • siéger...

4

3

INDICATIF

Présent	Passé composé
je protège	j'ai protégé
tu protèges	tu as protégé
il/elle protège	il/elle a protégé
nous protégeons	nous avons protégé
vous protégez	vous avez protégé
ils/elles protègent	ils/elles ont protégé

Imparfait	Plus-que-parfait
je protégeais	j'avais protégé
tu protégeais	tu avais protégé
il/elle protégeait	il/elle avait protégé
nous protégions	nous avions protégé
vous protégiez	vous aviez protégé
ils/elles protégeaient	ils/elles avaient protégé

5

Passé simple	Passé antérieur
je protégeai	j'eus protégé
tu protégeas	tu eus protégé
il/elle protégea	il/elle eut protégé
nous protégeâmes	nous eûmes protégé
vous protégeâtes	vous eûtes protégé
ils/elles protégèrent	ils/elles eurent protégé

Futur simple	Futur antérieur
je protégerai	j'aurai protégé
tu protégeras	tu auras protégé
il/elle protégera	il/elle aura protégé
nous protégerons	nous aurons protégé
vous protégerez	vous aurez protégé
ils/elles protégeront	ils/elles auront protégé

SUBJONCTIF

Présent	Passé
que je protège	que j'aie protégé
que tu protèges	que tu aies protégé
qu'il/elle protège	qu'il/elle ait protégé
que nous protégions	que nous ayons protégé
que vous protégiez	que vous ayez protégé
qu'ils/elles protègent	qu'ils/elles aient protégé

6

Imparfait	Plus-que-parfait
que je protégeasse	que j'eusse protégé
que tu protégeasses	que tu eusses protégé
qu'il/elle protégeât	qu'il/elle eût protégé
que nous protégeassions	que nous eussions protégé
que vous protégeassiez	que vous eussiez protégé
qu'ils/elles protégeassent	qu'ils/elles eussent protégé

IMPÉRATIF

Présent	Passé
protège	aie protégé
protégeons	ayons protégé
protégez	ayez protégé

INFINITIF

Présent	Passé
protéger	avoir protégé

PARTICIPE

7

Présent	Passé
protégeant	ayant protégé
	protégé (e, s, es)

CONDITIONNEL

Présent	Passé
je protégerais	j'aurais protégé
tu protégerais	tu aurais protégé
il/elle protégerait	il/elle aurait protégé
nous protégerions	nous aurions protégé
vous protégeriez	vous auriez protégé
ils/elles protégeraient	ils/elles auraient protégé

• Les verbes en *-éger* présentent une double variation du radical :
– celle des verbes en *é_er* du type *céder* : on écrit *nous protégeons, nous protégerons* mais *je protège* → tableau 14 ;
– celle des verbes en *-ger* du type *manger* : on écrit *nous protégeons* → tableau 13.

N. ORTH. La réforme de l'orthographe autorise, au futur simple et au conditionnel présent, *nous protègerons, nous protègerions*.

8

1 être

INDICATIF

Présent
je suis
tu es
il/elle est
nous sommes
vous êtes
ils/elles sont

Passé composé
j'ai été
tu as été
il/elle a été
nous avons été
vous avez été
ils/elles ont été

Imparfait
j'étais
tu étais
il/elle était
nous étions
vous étiez
ils/elles étaient

Plus-que-parfait
j'avais été
tu avais été
il/elle avait été
nous avions été
vous aviez été
ils/elles avaient été

Passé simple
je fus
tu fus
il/elle fut
nous fûmes
vous fûtes
ils/elles furent

Passé antérieur
j'eus été
tu eus été
il/elle eut été
nous eûmes été
vous eûtes été
ils/elles eurent été

Futur simple
je serai
tu seras
il/elle sera
nous serons
vous serez
ils/elles seront

Futur antérieur
j'aurai été
tu auras été
il/elle aura été
nous aurons été
vous aurez été
ils/elles auront été

CONDITIONNEL

Présent
je serais
tu serais
il/elle serait
nous serions
vous seriez
ils/elles seraient

Passé
j'aurais été
tu aurais été
il/elle aurait été
nous aurions été
vous auriez été
ils/elles auraient été

SUBJONCTIF

Présent
que je sois
que tu sois
qu'il/elle soit
que nous soyons
que vous soyez
qu'ils/elles soient

Passé
que j'aie été
que tu aies été
qu'il/elle ait été
que nous ayons été
que vous ayez été
qu'ils/elles aient été

Imparfait
que je fusse
que tu fusses
qu'il/elle fût
que nous fussions
que vous fussiez
qu'ils/elles fussent

Plus-que-parfait
que j'eusse été
que tu eusses été
qu'il/elle eût été
que nous eussions été
que vous eussiez été
qu'ils/elles eussent été

IMPÉRATIF

Présent
sois
soyons
soyez

Passé
aie été
ayons été
ayez été

INFINITIF

Présent
être

Passé
avoir été

PARTICIPE

Présent
étant

Passé
ayant été
été

- *Être* peut être utilisé comme auxiliaire aux temps composés : 1. de quelques verbes intransitifs : ***nous sommes arrivés*** ; 2. de certains verbes qui admettent les deux auxiliaires : ***il est descendu*** ; 3. des verbes pronominaux : ***ils se sont aimés***. Il sert aussi d'auxiliaire aux temps de la voix passive : ***il est aimé, il a été aimé***.
- Le participe *été* est toujours invariable.

2 avoir

INDICATIF

Présent
j'ai
tu as
il/elle a
nous avons
vous avez
ils/elles ont

Passé composé
j'ai eu
tu as eu
il/elle a eu
nous avons eu
vous avez eu
ils/elles ont eu

Imparfait
j'avais
tu avais
il/elle avait
nous avions
vous aviez
ils/elles avaient

Plus-que-parfait
j'avais eu
tu avais eu
il/elle avait eu
nous avions eu
vous aviez eu
ils/elles avaient eu

Passé simple
j'eus
tu eus
il/elle eut
nous eûmes
vous eûtes
ils/elles eurent

Passé antérieur
j'eus eu
tu eus eu
il/elle eut eu
nous eûmes eu
vous eûtes eu
ils/elles eurent eu

Futur simple
j'aurai
tu auras
il/elle aura
nous aurons
vous aurez
ils/elles auront

Futur antérieur
j'aurai eu
tu auras eu
il/elle aura eu
nous aurons eu
vous aurez eu
ils/elles auront eu

CONDITIONNEL

Présent
j'aurais
tu aurais
il/elle aurait
nous aurions
vous auriez
ils/elles auraient

Passé
j'aurais eu
tu aurais eu
il/elle aurait eu
nous aurions eu
vous auriez eu
ils/elles auraient eu

SUBJONCTIF

Présent
que j'aie
que tu aies
qu'il/elle ait
que nous ayons
que vous ayez
qu'ils/elles aient

Passé
que j'aie eu
que tu aies eu
qu'il/elle ait eu
que nous ayons eu
que vous ayez eu
qu'ils/elles aient eu

Imparfait
que j'eusse
que tu eusses
qu'il/elle eût
que nous eussions
que vous eussiez
qu'ils/elles eussent

Plus-que-parfait
que j'eusse eu
que tu eusses eu
qu'il/elle eût eu
que nous eussions eu
que vous eussiez eu
qu'ils/elles eussent eu

IMPÉRATIF

Présent
aie
ayons
ayez

Passé
aie eu
ayons eu
ayez eu

INFINITIF

Présent
avoir

Passé
avoir eu

PARTICIPE

Présent
ayant

Passé
ayant eu
eu (e, s, es)

• *Avoir* peut être utilisé comme auxiliaire aux temps composés : 1. des verbes transitifs : ***j'ai aimé, j'avais aimé*** ; 2. de plusieurs verbes intransitifs (dont *être*) : ***il a atterri, il avait atterri*** ; 3. de certains verbes qui admettent les deux auxiliaires.

• Le participe passé *eu* s'accorde en suivant les règles d'accord habituelles → 197.
Il peut donc s'écrire *eu, eue, eus* ou *eues*.

3 aimer

1er groupe
verbes en *-er*

INDICATIF

Présent
j'aime
tu aimes
il/elle aime
nous aimons
vous aimez
ils/elles aiment

Passé composé
j'ai aimé
tu as aimé
il/elle a aimé
nous avons aimé
vous avez aimé
ils/elles ont aimé

Imparfait
j'aimais
tu aimais
il/elle aimait
nous aimions
vous aimiez
ils/elles aimaient

Plus-que-parfait
j'avais aimé
tu avais aimé
il/elle avait aimé
nous avions aimé
vous aviez aimé
ils/elles avaient aimé

Passé simple
j'aimai
tu aimas
il/elle aima
nous aimâmes
vous aimâtes
ils/elles aimèrent

Passé antérieur
j'eus aimé
tu eus aimé
il/elle eut aimé
nous eûmes aimé
vous eûtes aimé
ils/elles eurent aimé

Futur simple
j'aimerai
tu aimeras
il/elle aimera
nous aimerons
vous aimerez
ils/elles aimeront

Futur antérieur
j'aurai aimé
tu auras aimé
il/elle aura aimé
nous aurons aimé
vous aurez aimé
ils/elles auront aimé

CONDITIONNEL

Présent
j'aimerais
tu aimerais
il/elle aimerait
nous aimerions
vous aimeriez
ils/elles aimeraient

Passé
j'aurais aimé
tu aurais aimé
il/elle aurait aimé
nous aurions aimé
vous auriez aimé
ils/elles auraient aimé

SUBJONCTIF

Présent
que j'aime
que tu aimes
qu'il/elle aime
que nous aimions
que vous aimiez
qu'ils/elles aiment

Passé
que j'aie aimé
que tu aies aimé
qu'il/elle ait aimé
que nous ayons aimé
que vous ayez aimé
qu'ils/elles aient aimé

Imparfait
que j'aimasse
que tu aimasses
qu'il/elle aimât
que nous aimassions
que vous aimassiez
qu'ils/elles aimassent

Plus-que-parfait
que j'eusse aimé
que tu eusses aimé
qu'il/elle eût aimé
que nous eussions aimé
que vous eussiez aimé
qu'ils/elles eussent aimé

IMPÉRATIF

Présent
aime
aimons
aimez

Passé
aie aimé
ayons aimé
ayez aimé

INFINITIF

Présent
aimer

Passé
avoir aimé

PARTICIPE

Présent
aimant

Passé
ayant aimé
aimé (e, s, es)

- Les verbes du 1er groupe représentent la majorité des verbes de la langue française. Ils se conjuguent tous sur le modèle d'***aimer***.
Pour certains cependant, il faut tenir compte d'une légère variation du radical ou d'une difficulté orthographique.
→ **tableaux 7 à 28.**

- ***Aller*** est un verbe irrégulier du 3e groupe → **tableau 31.**

4 être aimé — la voix passive

INDICATIF

Présent	Passé composé
je suis aimé(e)	j'ai été aimé(e)
tu es aimé(e)	tu as été aimé(e)
il/elle est aimé(e)	il/elle a été aimé(e)
nous sommes aimé(e)s	nous avons été aimé(e)s
vous êtes aimé(e)s	vous avez été aimé(e)s
ils/elles sont aimé(e)s	ils/elles ont été aimé(e)s

Imparfait	Plus-que-parfait
j'étais aimé(e)	j'avais été aimé(e)
tu étais aimé(e)	tu avais été aimé(e)
il/elle était aimé(e)	il/elle avait été aimé(e)
nous étions aimé(e)s	nous avions été aimé(e)s
vous étiez aimé(e)s	vous aviez été aimé(e)s
ils/elles étaient aimé(e)s	ils/elles avaient été aimé(e)s

Passé simple	Passé antérieur
je fus aimé(e)	j'eus été aimé(e)
tu fus aimé(e)	tu eus été aimé(e)
il/elle fut aimé(e)	il/elle eut été aimé(e)
nous fûmes aimé(e)s	nous eûmes été aimé(e)s
vous fûtes aimé(e)s	vous eûtes été aimé(e)s
ils/elles furent aimé(e)s	ils/elles eurent été aimé(e)s

Futur simple	Futur antérieur
je serai aimé(e)	j'aurai été aimé(e)
tu seras aimé(e)	tu auras été aimé(e)
il/elle sera aimé(e)	il/elle aura été aimé(e)
nous serons aimé(e)s	nous aurons été aimé(e)s
vous serez aimé(e)s	vous aurez été aimé(e)s
ils/elles seront aimé(e)s	ils/elles auront été aimé(e)s

CONDITIONNEL

Présent	Passé
je serais aimé(e)	j'aurais été aimé(e)
tu serais aimé(e)	tu aurais été aimé(e)
il/elle serait aimé(e)	il/elle aurait été aimé(e)
nous serions aimé(e)s	nous aurions été aimé(e)s
vous seriez aimé(e)s	vous auriez été aimé(e)s
ils/elles seraient aimé(e)s	ils/elles auraient été aimé(e)s

SUBJONCTIF

Présent	Passé
que je sois aimé(e)	que j'aie été aimé(e)
que tu sois aimé(e)	que tu aies été aimé(e)
qu'il/elle soit aimé(e)	qu'il/elle ait été aimé(e)
que nous soyons aimé(e)s	que nous ayons été aimé(e)s
que vous soyez aimé(e)s	que vous ayez été aimé(e)s
qu'ils/elles soient aimé(e)s	qu'ils/elles aient été aimé(e)s

Imparfait	Plus-que-parfait
que je fusse aimé(e)	que j'eusse été aimé(e)
que tu fusses aimé(e)	que tu eusses été aimé(e)
qu'il/elle fût aimé(e)	qu'il/elle eût été aimé(e)
que nous fussions aimé(e)s	que nous eussions été aimé(e)s
que vous fussiez aimé(e)s	que vous eussiez été aimé(e)s
qu'ils/elles fussent aimé(e)s	qu'ils/elles eussent été aimé(e)s

IMPÉRATIF

Présent	Passé
sois aimé(e)	.
soyons aimé(e)s	.
soyez aimé(e)s	.

INFINITIF

Présent	Passé
être aimé	avoir été aimé

PARTICIPE

Présent	Passé
étant aimé	ayant été aimé

- Seuls les verbes transitifs directs peuvent être mis au passif. Pour les cas particuliers, → 130.
- Le verbe à la voix passive est constitué de l'auxiliaire *être* suivi du participe passé : *je serai aimé, j'ai été aimé*.
- Le participe passé du verbe s'accorde avec le sujet → 196 : *elle était aimée, elles seront aimées, elle doit être aimée*.

5 s'aimer la construction pronominale

INDICATIF

Présent	Passé composé
je m'aime	je me suis aimé(e)
tu t'aimes	tu t'es aimé(e)
il/elle s'aime	il/elle s'est aimé(e)
nous nous aimons	n. nous sommes aimé(e)s
vous vous aimez	v. vous êtes aimé(e)s
ils/elles s'aiment	ils/elles se sont aimé(e)s

Imparfait	Plus-que-parfait
je m'aimais	je m'étais aimé(e)
tu t'aimais	tu t'étais aimé(e)
il/elle s'aimait	il/elle s'était aimé(e)
nous nous aimions	n. nous étions aimé(e)s
vous vous aimiez	v. vous étiez aimé(e)s
ils/elles s'aimaient	ils/elles s'étaient aimé(e)s

Passé simple	Passé antérieur
je m'aimai	je me fus aimé(e)
tu t'aimas	tu te fus aimé(e)
il/elle s'aima	il/elle se fut aimé(e)
nous nous aimâmes	n. nous fûmes aimé(e)s
vous vous aimâtes	v. vous fûtes aimé(e)s
ils/elles s'aimèrent	ils/elles se furent aimé(e)s

Futur simple	Futur antérieur
je m'aimerai	je me serai aimé(e)
tu t'aimeras	tu te seras aimé(e)
il/elle s'aimera	il/elle se sera aimé(e)
nous nous aimerons	n. nous serons aimé(e)s
vous vous aimerez	v. vous serez aimé(e)s
ils/elles s'aimeront	ils/elles se seront aimé(e)s

CONDITIONNEL

Présent	Passé
je m'aimerais	je me serais aimé(e)
tu t'aimerais	tu te serais aimé(e)
il/elle s'aimerait	il/elle se serait aimé(e)
nous nous aimerions	n. nous serions aimé(e)s
vous vous aimeriez	v. vous seriez aimé(e)s
ils/elles s'aimeraient	ils/elles se seraient aimé(e)s

SUBJONCTIF

Présent	Passé
que je m'aime	que je me sois aimé(e)
que tu t'aimes	que tu te sois aimé(e)
qu'il/elle s'aime	qu'il/elle se soit aimé(e)
que n. nous aimions	que n. nous soyons aimé(e)s
que v. vous aimiez	que v. vous soyez aimé(e)s
qu'ils/elles s'aiment	qu'ils/elles se soient aimé(e)s

Imparfait	Plus-que-parfait
que je m'aimasse	que je me fusse aimé(e)
que tu t'aimasses	que tu te fusses aimé(e)
qu'il/elle s'aimât	qu'il/elle se fût aimé(e)
que n. nous aimassions	que n. nous fussions aimé(e)s
que v. vous aimassiez	que v. vous fussiez aimé(e)s
qu'ils/elles s'aimassent	qu'ils/elles se fussent aimé(e)s

IMPÉRATIF

Présent	Passé
aime-toi	.
aimons-nous	.
aimez-vous	.

INFINITIF

Présent	Passé
s'aimer	s'être aimé

PARTICIPE

Présent	Passé
s'aimant	s'étant aimé

- Les verbes pronominaux se caractérisent par la présence d'un pronom personnel réfléchi : *me, te, se*...
- Dans le répertoire, ils sont indiqués par **P** et les verbes essentiellement pronominaux par **Esp**.
- Pour les règles d'accord du participe passé des verbes pronominaux, → 198-200.

6 finir

2e groupe
verbes en *-ir*,
participe présent en *-issant*

INDICATIF

Présent
je finis
tu finis
il/elle finit
nous finissons
vous finissez
ils/elles finissent

Passé composé
j'ai fini
tu as fini
il/elle a fini
nous avons fini
vous avez fini
ils/elles ont fini

Imparfait
je finissais
tu finissais
il/elle finissait
nous finissions
vous finissiez
ils/elles finissaient

Plus-que-parfait
j'avais fini
tu avais fini
il/elle avait fini
nous avions fini
vous aviez fini
ils/elles avaient fini

Passé simple
je finis
tu finis
il/elle finit
nous finîmes
vous finîtes
ils/elles finirent

Passé antérieur
j'eus fini
tu eus fini
il/elle eut fini
nous eûmes fini
vous eûtes fini
ils/elles eurent fini

Futur simple
je finirai
tu finiras
il/elle finira
nous finirons
vous finirez
ils/elles finiront

Futur antérieur
j'aurai fini
tu auras fini
il/elle aura fini
nous aurons fini
vous aurez fini
ils/elles auront fini

CONDITIONNEL

Présent
je finirais
tu finirais
il/elle finirait
nous finirions
vous finiriez
ils/elles finiraient

Passé
j'aurais fini
tu aurais fini
il/elle aurait fini
nous aurions fini
vous auriez fini
ils/elles auraient fini

SUBJONCTIF

Présent
que je finisse
que tu finisses
qu'il/elle finisse
que nous finissions
que vous finissiez
qu'ils/elles finissent

Passé
que j'aie fini
que tu aies fini
qu'il/elle ait fini
que nous ayons fini
que vous ayez fini
qu'ils/elles aient fini

Imparfait
que je finisse
que tu finisses
qu'il/elle finît
que nous finissions
que vous finissiez
qu'ils/elles finissent

Plus-que-parfait
que j'eusse fini
que tu eusses fini
qu'il/elle eût fini
que nous eussions fini
que vous eussiez fini
qu'ils/elles eussent fini

IMPÉRATIF

Présent
finis
finissons
finissez

Passé
aie fini
ayons fini
ayez fini

INFINITIF

Présent
finir

Passé
avoir fini

PARTICIPE

Présent
finissant

Passé
ayant fini
fini (e, s, es)

• Tous les verbes du 2e groupe se conjuguent comme *finir*, sauf ***haïr***, ***se haïr*** et ***s'entre-haïr*** → **tableau 29**.

• Le radical des verbes du 2e groupe présente deux formes : une forme en *-i* ***(je finis, je finirai)*** et une forme en *-iss* ***(nous finissons, que je finisse)***.

7 jouer

1er groupe
verbes en *-ouer* et *-uer*

avouer • échouer • louer • secouer...
continuer • distribuer • évaluer • remuer...

INDICATIF

Présent
je joue
tu joues
il/elle joue
nous jouons
vous jouez
ils/elles jouent

Passé composé
j'ai joué
tu as joué
il/elle a joué
nous avons joué
vous avez joué
ils/elles ont joué

Imparfait
je jouais
tu jouais
il/elle jouait
nous jouions
vous jouiez
ils/elles jouaient

Plus-que-parfait
j'avais joué
tu avais joué
il/elle avait joué
nous avions joué
vous aviez joué
ils/elles avaient joué

Passé simple
je jouai
tu jouas
il/elle joua
nous jouâmes
vous jouâtes
ils/elles jouèrent

Passé antérieur
j'eus joué
tu eus joué
il/elle eut joué
nous eûmes joué
vous eûtes joué
ils/elles eurent joué

Futur simple
je jouerai
tu joueras
il/elle jouera
nous jouerons
vous jouerez
ils/elles joueront

Futur antérieur
j'aurai joué
tu auras joué
il/elle aura joué
nous aurons joué
vous aurez joué
ils/elles auront joué

CONDITIONNEL

Présent
je jouerais
tu jouerais
il/elle jouerait
nous jouerions
vous joueriez
ils/elles joueraient

Passé
j'aurais joué
tu aurais joué
il/elle aurait joué
nous aurions joué
vous auriez joué
ils/elles auraient joué

SUBJONCTIF

Présent
que je joue
que tu joues
qu'il/elle joue
que nous jouions
que vous jouiez
qu'ils/elles jouent

Passé
que j'aie joué
que tu aies joué
qu'il/elle ait joué
que nous ayons joué
que vous ayez joué
qu'ils/elles aient joué

Imparfait
que je jouasse
que tu jouasses
qu'il/elle jouât
que nous jouassions
que vous jouassiez
qu'ils/elles jouassent

Plus-que-parfait
que j'eusse joué
que tu eusses joué
qu'il/elle eût joué
que nous eussions joué
que vous eussiez joué
qu'ils/elles eussent joué

IMPÉRATIF

Présent
joue
jouons
jouez

Passé
aie joué
ayons joué
ayez joué

INFINITIF

Présent
jouer

Passé
avoir joué

PARTICIPE

Présent
jouant

Passé
ayant joué
joué (e, s, es)

• Au futur simple et au conditionnel présent, on ne prononce pas le *e* qui précède la terminaison.
Il ne faut pas l'oublier à l'écrit :
je jouerai, je jouerais.

8 étudier

1er groupe
verbes en *-ier*

appréciér • copier • crier • envier • modifier • oublier • skier • trier...

INDICATIF

Présent
j'étudie
tu étudies
il/elle étudie
nous étudions
vous étudiez
ils/elles étudient

Passé composé
j'ai étudié
tu as étudié
il/elle a étudié
nous avons étudié
vous avez étudié
ils/elles ont étudié

Imparfait
j'étudiais
tu étudiais
il/elle étudiait
nous étudiions
vous étudiiez
ils/elles étudiaient

Plus-que-parfait
j'avais étudié
tu avais étudié
il/elle avait étudié
nous avions étudié
vous aviez étudié
ils/elles avaient étudié

Passé simple
j'étudiai
tu étudias
il/elle étudia
nous étudiâmes
vous étudiâtes
ils/elles étudièrent

Passé antérieur
j'eus étudié
tu eus étudié
il/elle eut étudié
nous eûmes étudié
vous eûtes étudié
ils/elles eurent étudié

Futur simple
j'étudierai
tu étudieras
il/elle étudiera
nous étudierons
vous étudierez
ils/elles étudieront

Futur antérieur
j'aurai étudié
tu auras étudié
il/elle aura étudié
nous aurons étudié
vous aurez étudié
ils/elles auront étudié

CONDITIONNEL

Présent
j'étudierais
tu étudierais
il/elle étudierait
nous étudierions
vous étudieriez
ils/elles étudieraient

Passé
j'aurais étudié
tu aurais étudié
il/elle aurait étudié
nous aurions étudié
vous auriez étudié
ils/elles auraient étudié

SUBJONCTIF

Présent
que j'étudie
que tu étudies
qu'il/elle étudie
que nous étudiions
que vous étudiiez
qu'ils/elles étudient

Passé
que j'aie étudié
que tu aies étudié
qu'il/elle ait étudié
que nous ayons étudié
que vous ayez étudié
qu'ils/elles aient étudié

Imparfait
que j'étudiasse
que tu étudiasses
qu'il/elle étudiât
que nous étudiassions
que vous étudiassiez
qu'ils/elles étudiassent

Plus-que-parfait
que j'eusse étudié
que tu eusses étudié
qu'il/elle eût étudié
que nous eussions étudié
que vous eussiez étudié
qu'ils/elles eussent étudié

IMPÉRATIF

Présent
étudie
étudions
étudiez

Passé
aie étudié
ayons étudié
ayez étudié

INFINITIF

Présent
étudier

Passé
avoir étudié

PARTICIPE

Présent
étudiant

Passé
ayant étudié
étudié (e, s, es)

• Au futur simple et au conditionnel présent, on ne prononce pas le ***e*** qui précède la terminaison. Il ne faut pas l'oublier à l'écrit → **tableau 7**.

• À l'indicatif imparfait et au subjonctif présent, aux 1re et 2e personnes du pluriel, noter les deux ***i*** qui se suivent, le ***i*** final du radical et le ***i*** initial de la terminaison : ***nous étudi/ions, vous étudi/iez.***

9 piller

1er groupe
verbes en *-iller* et *-gner*

briller • conseiller • mouiller • travailler...
aligner • baigner • gagner • soigner...

INDICATIF

Présent
je pille
tu pilles
il/elle pille
nous pillons
vous pillez
ils/elles pillent

Passé composé
j'ai pillé
tu as pillé
il/elle a pillé
nous avons pillé
vous avez pillé
ils/elles ont pillé

Imparfait
je pillais
tu pillais
il/elle pillait
nous pillions
vous pilliez
ils/elles pillaient

Plus-que-parfait
j'avais pillé
tu avais pillé
il/elle avait pillé
nous avions pillé
vous aviez pillé
ils/elles avaient pillé

Passé simple
je pillai
tu pillas
il/elle pilla
nous pillâmes
vous pillâtes
ils/elles pillèrent

Passé antérieur
j'eus pillé
tu eus pillé
il/elle eut pillé
nous eûmes pillé
vous eûtes pillé
ils/elles eurent pillé

Futur simple
je pillerai
tu pilleras
il/elle pillera
nous pillerons
vous pillerez
ils/elles pilleront

Futur antérieur
j'aurai pillé
tu auras pillé
il/elle aura pillé
nous aurons pillé
vous aurez pillé
ils/elles auront pillé

CONDITIONNEL

Présent
je pillerais
tu pillerais
il/elle pillerait
nous pillerions
vous pilleriez
ils/elles pilleraient

Passé
j'aurais pillé
tu aurais pillé
il/elle aurait pillé
nous aurions pillé
vous auriez pillé
ils/elles auraient pillé

SUBJONCTIF

Présent
que je pille
que tu pilles
qu'il/elle pille
que nous pillions
que vous pilliez
qu'ils/elles pillent

Passé
que j'aie pillé
que tu aies pillé
qu'il/elle ait pillé
que nous ayons pillé
que vous ayez pillé
qu'ils/elles aient pillé

Imparfait
que je pillasse
que tu pillasses
qu'il/elle pillât
que nous pillassions
que vous pillassiez
qu'ils/elles pillassent

Plus-que-parfait
que j'eusse pillé
que tu eusses pillé
qu'il/elle eût pillé
que nous eussions pillé
que vous eussiez pillé
qu'ils/elles eussent pillé

IMPÉRATIF

Présent
pille
pillons
pillez

Passé
aie pillé
ayons pillé
ayez pillé

INFINITIF

Présent
piller

Passé
avoir pillé

PARTICIPE

Présent
pillant

Passé
ayant pillé
pillé (e, s, es)

• Aux 1re et 2e personnes du pluriel de l'indicatif imparfait et du subjonctif présent, on ne prononce pas toujours le *i* de la terminaison, en raison de la syllabe mouillée qui termine le radical.
Il ne faut pas l'oublier à l'écrit : ***nous pill/ions, vous pill/iez*** ; ***nous gagn/ions, vous gagn/iez.***

10 créer

1er groupe
verbes en *-éer*

agréer • béer • énucléer • gréer • maugréer • procréer • suppléer • toréer...

INDICATIF

Présent	Passé composé
je crée	j'ai créé
tu crées	tu as créé
il/elle crée	il/elle a créé
nous créons	nous avons créé
vous créez	vous avez créé
ils/elles créent	ils/elles ont créé

Imparfait	Plus-que-parfait
je créais	j'avais créé
tu créais	tu avais créé
il/elle créait	il/elle avait créé
nous créions	nous avions créé
vous créiez	vous aviez créé
ils/elles créaient	ils/elles avaient créé

Passé simple	Passé antérieur
je créai	j'eus créé
tu créas	tu eus créé
il/elle créa	il/elle eut créé
nous créâmes	nous eûmes créé
vous créâtes	vous eûtes créé
ils/elles créèrent	ils/elles eurent créé

Futur simple	Futur antérieur
je créerai	j'aurai créé
tu créeras	tu auras créé
il/elle créera	il/elle aura créé
nous créerons	nous aurons créé
vous créerez	vous aurez créé
ils/elles créeront	ils/elles auront créé

CONDITIONNEL

Présent	Passé
je créerais	j'aurais créé
tu créerais	tu aurais créé
il/elle créerait	il/elle aurait créé
nous créerions	nous aurions créé
vous créeriez	vous auriez créé
ils/elles créeraient	ils/elles auraient créé

SUBJONCTIF

Présent	Passé
que je crée	que j'aie créé
que tu crées	que tu aies créé
qu'il/elle crée	qu'il/elle ait créé
que nous créions	que nous ayons créé
que vous créiez	que vous ayez créé
qu'ils/elles créent	qu'ils/elles aient créé

Imparfait	Plus-que-parfait
que je créasse	que j'eusse créé
que tu créasses	que tu eusses créé
qu'il/elle créât	qu'il/elle eût créé
que nous créassions	que nous eussions créé
que vous créassiez	que vous eussiez créé
qu'ils/elles créassent	qu'ils/elles eussent créé

IMPÉRATIF

Présent	Passé
crée	aie créé
créons	ayons créé
créez	ayez créé

INFINITIF

Présent	Passé
créer	avoir créé

PARTICIPE

Présent	Passé
créant	ayant créé
	créé (e, s, es)

• Les verbes du type *créer* présentent de nombreuses formes dans lesquelles deux ou trois *e* se suivent. Cela s'explique par la rencontre du *é* final du radical et du (des) *e* de la terminaison : ***je cré/e, vous cré/ez, ils cré/èrent, j'ai cré/é, elle a été cré/ée.***

• Au futur simple et au conditionnel présent, on ne prononce pas le *e* qui précède la terminaison. Il ne faut pas l'oublier à l'écrit → **tableau 7**.

11 naviguer

1er groupe
verbes en *-guer* et *-quer*

blaguer • bloguer • distinguer • fatiguer...
attaquer • expliquer • manquer • remarquer...

INDICATIF

Présent	Passé composé
je navigue	j'ai navigué
tu navigues	tu as navigué
il/elle navigue	il/elle a navigué
nous naviguons	nous avons navigué
vous naviguez	vous avez navigué
ils/elles naviguent	ils/elles ont navigué

Imparfait	Plus-que-parfait
je naviguais	j'avais navigué
tu naviguais	tu avais navigué
il/elle naviguait	il/elle avait navigué
nous naviguions	nous avions navigué
vous naviguiez	vous aviez navigué
ils/elles naviguaient	ils/elles avaient navigué

Passé simple	Passé antérieur
je naviguai	j'eus navigué
tu naviguas	tu eus navigué
il/elle navigua	il/elle eut navigué
nous naviguâmes	nous eûmes navigué
vous naviguâtes	vous eûtes navigué
ils/elles naviguèrent	ils/elles eurent navigué

Futur simple	Futur antérieur
je naviguerai	j'aurai navigué
tu navigueras	tu auras navigué
il/elle naviguera	il/elle aura navigué
nous naviguerons	nous aurons navigué
vous naviguerez	vous aurez navigué
ils/elles navigueront	ils/elles auront navigué

CONDITIONNEL

Présent	Passé
je naviguerais	j'aurais navigué
tu naviguerais	tu aurais navigué
il/elle naviguerait	il/elle aurait navigué
nous naviguerions	nous aurions navigué
vous navigueriez	vous auriez navigué
ils/elles navigueraient	ils/elles auraient navigué

SUBJONCTIF

Présent	Passé
que je navigue	que j'aie navigué
que tu navigues	que tu aies navigué
qu'il/elle navigue	qu'il/elle ait navigué
que nous naviguions	que nous ayons navigué
que vous naviguiez	que vous ayez navigué
qu'ils/elles naviguent	qu'ils/elles aient navigué

Imparfait	Plus-que-parfait
que je naviguasse	que j'eusse navigué
que tu naviguasses	que tu eusses navigué
qu'il/elle naviguât	qu'il/elle eût navigué
que nous naviguassions	que nous eussions navigué
que vous naviguassiez	que vous eussiez navigué
qu'ils/elles naviguassent	qu'ils/elles eussent navigué

IMPÉRATIF

Présent	Passé
navigue	aie navigué
naviguons	ayons navigué
naviguez	ayez navigué

INFINITIF

Présent	Passé
naviguer	avoir navigué

PARTICIPE

Présent	Passé
naviguant	ayant navigué
	navigué

• Les verbes en *-guer* et en *-quer* conservent toujours ***u*** à tous les temps et à tous les modes : *je* ***navigu/e, nous navigu/ons.***

• Pour certains verbes en *-guer*, le participe présent est en ***-guant*** et l'adjectif verbal en ***-gant*** : ***Elle chantait, fatiguant ses voisins. La visite fut fatigante*** → 176.

• Pour certains verbes en *-quer*, le participe présent est en ***-quant*** et l'adjectif verbal en ***-cant*** : ***Il a refusé, provoquant le scandale ; une tenue provocante.*** → 176.

12 placer

1er groupe
verbes en *-cer*

annoncer • avancer • bercer • commencer • divorcer • effacer • financer • tracer...

INDICATIF

Présent
je place
tu places
il/elle place
nous plaçons
vous placez
ils/elles placent

Passé composé
j'ai placé
tu as placé
il/elle a placé
nous avons placé
vous avez placé
ils/elles ont placé

Imparfait
je plaçais
tu plaçais
il/elle plaçait
nous placions
vous placiez
ils/elles plaçaient

Plus-que-parfait
j'avais placé
tu avais placé
il/elle avait placé
nous avions placé
vous aviez placé
ils/elles avaient placé

Passé simple
je plaçai
tu plaças
il/elle plaça
nous plaçâmes
vous plaçâtes
ils/elles placèrent

Passé antérieur
j'eus placé
tu eus placé
il/elle eut placé
nous eûmes placé
vous eûtes placé
ils/elles eurent placé

Futur simple
je placerai
tu placeras
il/elle placera
nous placerons
vous placerez
ils/elles placeront

Futur antérieur
j'aurai placé
tu auras placé
il/elle aura placé
nous aurons placé
vous aurez placé
ils/elles auront placé

CONDITIONNEL

Présent
je placerais
tu placerais
il/elle placerait
nous placerions
vous placeriez
ils/elles placeraient

Passé
j'aurais placé
tu aurais placé
il/elle aurait placé
nous aurions placé
vous auriez placé
ils/elles auraient placé

SUBJONCTIF

Présent
que je place
que tu places
qu'il/elle place
que nous placions
que vous placiez
qu'ils/elles placent

Passé
que j'aie placé
que tu aies placé
qu'il/elle ait placé
que nous ayons placé
que vous ayez placé
qu'ils/elles aient placé

Imparfait
que je plaçasse
que tu plaçasses
qu'il/elle plaçât
que nous plaçassions
que vous plaçassiez
qu'ils/elles plaçassent

Plus-que-parfait
que j'eusse placé
que tu eusses placé
qu'il/elle eût placé
que nous eussions placé
que vous eussiez placé
qu'ils/elles eussent placé

IMPÉRATIF

Présent
place
plaçons
placez

Passé
aie placé
ayons placé
ayez placé

INFINITIF

Présent
placer

Passé
avoir placé

PARTICIPE

Présent
plaçant

Passé
ayant placé
placé (e, s, es)

• Les verbes en *-cer* prennent une cédille sous le *c* quand la terminaison commence par ***a*** ou ***o***, afin de conserver la même prononciation en [s] à toutes les formes. On écrit *je place*, mais ***nous plaçons***.

13 manger

1er groupe
verbes en *-ger*

affliger • bouger • changer • corriger • juger • nager • songer • voyager...

INDICATIF

Présent	Passé composé
je mange	j'ai mangé
tu manges	tu as mangé
il/elle mange	il/elle a mangé
nous mangeons	nous avons mangé
vous mangez	vous avez mangé
ils/elles mangent	ils/elles ont mangé

Imparfait	Plus-que-parfait
je mangeais	j'avais mangé
tu mangeais	tu avais mangé
il/elle mangeait	il/elle avait mangé
nous mangions	nous avions mangé
vous mangiez	vous aviez mangé
ils/elles mangeaient	ils/elles avaient mangé

Passé simple	Passé antérieur
je mangeai	j'eus mangé
tu mangeas	tu eus mangé
il/elle mangea	il/elle eut mangé
nous mangeâmes	nous eûmes mangé
vous mangeâtes	vous eûtes mangé
ils/elles mangèrent	ils/elles eurent mangé

Futur simple	Futur antérieur
je mangerai	j'aurai mangé
tu mangeras	tu auras mangé
il/elle mangera	il/elle aura mangé
nous mangerons	nous aurons mangé
vous mangerez	vous aurez mangé
ils/elles mangeront	ils/elles auront mangé

CONDITIONNEL

Présent	Passé
je mangerais	j'aurais mangé
tu mangerais	tu aurais mangé
il/elle mangerait	il/elle aurait mangé
nous mangerions	nous aurions mangé
vous mangeriez	vous auriez mangé
ils/elles mangeraient	ils/elles auraient mangé

SUBJONCTIF

Présent	Passé
que je mange	que j'aie mangé
que tu manges	que tu aies mangé
qu'il/elle mange	qu'il/elle ait mangé
que nous mangions	que nous ayons mangé
que vous mangiez	que vous ayez mangé
qu'ils/elles mangent	qu'ils/elles aient mangé

Imparfait	Plus-que-parfait
que je mangeasse	que j'eusse mangé
que tu mangeasses	que tu eusses mangé
qu'il/elle mangeât	qu'il/elle eût mangé
que nous mangeassions	que nous eussions mangé
que vous mangeassiez	que vous eussiez mangé
qu'ils/elles mangeassent	qu'ils/elles eussent mangé

IMPÉRATIF

Présent	Passé
mange	aie mangé
mangeons	ayons mangé
mangez	ayez mangé

INFINITIF

Présent	Passé
manger	avoir mangé

PARTICIPE

Présent	Passé
mangeant	ayant mangé
	mangé (e, s, es)

• Les verbes en *-ger* prennent un ***e*** après le ***g*** quand la terminaison commence par ***a*** ou ***o***, afin de conserver la même prononciation en [ʒ] à toutes les formes : *je mang/e, nous mang/e/ons*.

• Certains verbes en *-ger* ont un participe présent en *-geant* et un adjectif verbal en *-gent*. C'est le cas de *converger, diverger, émerger, négliger*. *Négligeant le danger, il se lança à sa poursuite*. Mais : *Elle est négligente* → 176.

14 céder

1er groupe
verbes en *-é_er*

accélérer • célébrer • compléter • espérer • inquiéter • posséder • régler • sécher...

INDICATIF

Présent
je cède
tu cèdes
il/elle cède
nous cédons
vous cédez
ils/elles cèdent

Passé composé
j'ai cédé
tu as cédé
il/elle a cédé
nous avons cédé
vous avez cédé
ils/elles ont cédé

Imparfait
je cédais
tu cédais
il/elle cédait
nous cédions
vous cédiez
ils/elles cédaient

Plus-que-parfait
j'avais cédé
tu avais cédé
il/elle avait cédé
nous avions cédé
vous aviez cédé
ils/elles avaient cédé

Passé simple
je cédai
tu cédas
il/elle céda
nous cédâmes
vous cédâtes
ils/elles cédèrent

Passé antérieur
j'eus cédé
tu eus cédé
il/elle eut cédé
nous eûmes cédé
vous eûtes cédé
ils/elles eurent cédé

Futur simple
je céderai
tu céderas
il/elle cédera
nous céderons
vous céderez
ils/elles céderont

Futur antérieur
j'aurai cédé
tu auras cédé
il/elle aura cédé
nous aurons cédé
vous aurez cédé
ils/elles auront cédé

CONDITIONNEL

Présent
je céderais
tu céderais
il/elle céderait
nous céderions
vous céderiez
ils/elles céderaient

Passé
j'aurais cédé
tu aurais cédé
il/elle aurait cédé
nous aurions cédé
vous auriez cédé
ils/elles auraient cédé

SUBJONCTIF

Présent
que je cède
que tu cèdes
qu'il/elle cède
que nous cédions
que vous cédiez
qu'ils/elles cèdent

Passé
que j'aie cédé
que tu aies cédé
qu'il/elle ait cédé
que nous ayons cédé
que vous ayez cédé
qu'ils/elles aient cédé

Imparfait
que je cédasse
que tu cédasses
qu'il/elle cédât
que nous cédassions
que vous cédassiez
qu'ils/elles cédassent

Plus-que-parfait
que j'eusse cédé
que tu eusses cédé
qu'il/elle eût cédé
que nous eussions cédé
que vous eussiez cédé
qu'ils/elles eussent cédé

IMPÉRATIF

Présent
cède
cédons
cédez

Passé
aie cédé
ayons cédé
ayez cédé

INFINITIF

Présent
céder

Passé
avoir cédé

PARTICIPE

Présent
cédant

Passé
ayant cédé
cédé (e, s, es)

• Le *é* [e] du radical devient *è* [ɛ] devant une syllabe muette (c'est-à-dire une syllabe ne comportant pas d'autre voyelle qu'un *e* muet) finale. On écrit ***nous cédons***, mais ***je cède***.

• Au futur simple et au conditionnel présent, l'accent reste aigu : ***je céderai***.

N. ORTH. Au futur simple et au conditionnel présent, on prononce le *é* du radical comme un *è* ouvert [ɛ]. Aussi la réforme de 1990 autorise-t-elle à écrire : ***je cèderai, je cèderais***.

15 régner

1er groupe
verbes en *-égner*

imprégner

INDICATIF

Présent
je règne
tu règnes
il/elle règne
nous régnons
vous régnez
ils/elles règnent

Passé composé
j'ai régné
tu as régné
il/elle a régné
nous avons régné
vous avez régné
ils/elles ont régné

Imparfait
je régnais
tu régnais
il/elle régnait
nous régnions
vous régniez
ils/elles régnaient

Plus-que-parfait
j'avais régné
tu avais régné
il/elle avait régné
nous avions régné
vous aviez régné
ils/elles avaient régné

Passé simple
je régnai
tu régnas
il/elle régna
nous régnâmes
vous régnâtes
ils/elles régnèrent

Passé antérieur
j'eus régné
tu eus régné
il/elle eut régné
nous eûmes régné
vous eûtes régné
ils/elles eurent régné

Futur simple
je régnerai
tu régneras
il/elle régnera
nous régnerons
vous régnerez
ils/elles régneront

Futur antérieur
j'aurai régné
tu auras régné
il/elle aura régné
nous aurons régné
vous aurez régné
ils/elles auront régné

CONDITIONNEL

Présent
je régnerais
tu régnerais
il/elle régnerait
nous régnerions
vous régneriez
ils/elles régneraient

Passé
j'aurais régné
tu aurais régné
il/elle aurait régné
nous aurions régné
vous auriez régné
ils/elles auraient régné

SUBJONCTIF

Présent
que je règne
que tu règnes
qu'il/elle règne
que nous régnions
que vous régniez
qu'ils/elles règnent

Passé
que j'aie régné
que tu aies régné
qu'il/elle ait régné
que nous ayons régné
que vous ayez régné
qu'ils/elles aient régné

Imparfait
que je régnasse
que tu régnasses
qu'il/elle régnât
que nous régnassions
que vous régnassiez
qu'ils/elles régnassent

Plus-que-parfait
que j'eusse régné
que tu eusses régné
qu'il/elle eût régné
que nous eussions régné
que vous eussiez régné
qu'ils/elles eussent régné

IMPÉRATIF

Présent
règne
régnons
régnez

Passé
aie régné
ayons régné
ayez régné

INFINITIF

Présent
régner

Passé
avoir régné

PARTICIPE

Présent
régnant

Passé
ayant régné
régné

• Pour les verbes en *-égner*, il faut faire attention :
– à la variation du radical propre aux verbes en *é_er* : on écrit ***nous régnons, nous régnerons,*** mais ***je règne*** (**N. ORTH.** ***nous règnerons, nous règnerions***) → **tableau 14** ;
– au *i* de certaines terminaisons, que l'on n'entend pas toujours après la syllabe mouillée *gn-* ; à l'imparfait, par exemple, on écrit ***nous régn/ions, vous régn/iez*** → **tableau 9**.

16 léguer

1er groupe
verbes en *-éguer*
et *-équer*

alléguer • déléguer • reléguer • ségréguer…
béquer • hypothéquer • disséquer…

INDICATIF

Présent	Passé composé
je lègue	j'ai légué
tu lègues	tu as légué
il/elle lègue	il/elle a légué
nous léguons	nous avons légué
vous léguez	vous avez légué
ils/elles lèguent	ils/elles ont légué

Imparfait	Plus-que-parfait
je léguais	j'avais légué
tu léguais	tu avais légué
il/elle léguait	il/elle avait légué
nous léguions	nous avions légué
vous léguiez	vous aviez légué
ils/elles léguaient	ils/elles avaient légué

Passé simple	Passé antérieur
je léguai	j'eus légué
tu léguas	tu eus légué
il/elle légua	il/elle eut légué
nous léguâmes	nous eûmes légué
vous léguâtes	vous eûtes légué
ils/elles léguèrent	ils/elles eurent légué

Futur simple	Futur antérieur
je léguerai	j'aurai légué
tu légueras	tu auras légué
il/elle léguera	il/elle aura légué
nous léguerons	nous aurons légué
vous léguerez	vous aurez légué
ils/elles légueront	ils/elles auront légué

CONDITIONNEL

Présent	Passé
je léguerais	j'aurais légué
tu léguerais	tu aurais légué
il/elle léguerait	il/elle aurait légué
nous léguerions	nous aurions légué
vous légueriez	vous auriez légué
ils/elles légueraient	ils/elles auraient légué

SUBJONCTIF

Présent	Passé
que je lègue	que j'aie légué
que tu lègues	que tu aies légué
qu'il/elle lègue	qu'il/elle ait légué
que nous léguions	que nous ayons légué
que vous léguiez	que vous ayez légué
qu'ils/elles lèguent	qu'ils/elles aient légué

Imparfait	Plus-que-parfait
que je léguasse	que j'eusse légué
que tu léguasses	que tu eusses légué
qu'il/elle léguât	qu'il/elle eût légué
que nous léguassions	que nous eussions légué
que vous léguassiez	que vous eussiez légué
qu'ils/elles léguassent	qu'ils/elles eussent légué

IMPÉRATIF

Présent	Passé
lègue	aie légué
léguons	ayons légué
léguez	ayez légué

INFINITIF

Présent	Passé
léguer	avoir légué

PARTICIPE

Présent	Passé
léguant	ayant légué
	légué (e, s, es)

• Pour les verbes en *-éguer* et en *-équer*, il faut faire attention :
– à la variation du radical propre aux verbes en *é_er* : on écrit ***nous léguons, nous léguerons*** mais ***je lègue*** → **tableau 14**,
– à maintenir le ***u*** qui termine le radical quelle que soit la voyelle qui le suit. On écrit ***je lègu/e*** et ***nous légu/ons*** → **tableau 11**.

N. ORTH. La réforme de l'orthographe autorise, au futur simple et au conditionnel présent, ***nous lèguerons, nous lèguerions***.

17 rapiécer

1er groupe
verbe en *-écer*

INDICATIF

Présent
je rapièce
tu rapièces
il/elle rapièce
nous rapiéçons
vous rapiécez
ils/elles rapiècent

Passé composé
j'ai rapiécé
tu as rapiécé
il/elle a rapiécé
nous avons rapiécé
vous avez rapiécé
ils/elles ont rapiécé

Imparfait
je rapiéçais
tu rapiéçais
il/elle rapiéçait
nous rapiécions
vous rapiéciez
ils/elles rapiéçaient

Plus-que-parfait
j'avais rapiécé
tu avais rapiécé
il/elle avait rapiécé
nous avions rapiécé
vous aviez rapiécé
ils/elles avaient rapiécé

Passé simple
je rapiéçai
tu rapiéças
il/elle rapiéça
nous rapiéçâmes
vous rapiéçâtes
ils/elles rapiécèrent

Passé antérieur
j'eus rapiécé
tu eus rapiécé
il/elle eut rapiécé
nous eûmes rapiécé
vous eûtes rapiécé
ils/elles eurent rapiécé

Futur simple
je rapiécerai
tu rapiéceras
il/elle rapiécera
nous rapiécerons
vous rapiécerez
ils/elles rapiéceront

Futur antérieur
j'aurai rapiécé
tu auras rapiécé
il/elle aura rapiécé
nous aurons rapiécé
vous aurez rapiécé
ils/elles auront rapiécé

CONDITIONNEL

Présent
je rapiécerais
tu rapiécerais
il/elle rapiécerait
nous rapiécerions
vous rapiéceriez
ils/elles rapiéceraient

Passé
j'aurais rapiécé
tu aurais rapiécé
il/elle aurait rapiécé
nous aurions rapiécé
vous auriez rapiécé
ils/elles auraient rapiécé

SUBJONCTIF

Présent
que je rapièce
que tu rapièces
qu'il/elle rapièce
que nous rapiécions
que vous rapiéciez
qu'ils/elles rapiècent

Passé
que j'aie rapiécé
que tu aies rapiécé
qu'il/elle ait rapiécé
que nous ayons rapiécé
que vous ayez rapiécé
qu'ils/elles aient rapiécé

Imparfait
que je rapiéçasse
que tu rapiéçasses
qu'il/elle rapiéçât
que nous rapiéçassions
que vous rapiéçassiez
qu'ils/elles rapiéçassent

Plus-que-parfait
que j'eusse rapiécé
que tu eusses rapiécé
qu'il/elle eût rapiécé
que nous eussions rapiécé
que vous eussiez rapiécé
qu'ils/elles eussent rapiécé

IMPÉRATIF

Présent
rapièce
rapiéçons
rapiécez

Passé
aie rapiécé
ayons rapiécé
ayez rapiécé

INFINITIF

Présent
rapiécer

Passé
avoir rapiécé

PARTICIPE

Présent
rapiéçant

Passé
ayant rapiécé
rapiécé (e, s, es)

• Le verbe ***rapiécer*** présente une double variation du radical :
– celle des verbes en ***é_er*** du type ***céder*** : on écrit nous ***rapiéçons, nous rapiécerons,*** mais ***je rapièce*** → **tableau 14** ;
– celle des verbes en ***-cer*** du type ***placer*** ; on écrit ***nous rapiéçons*** → **tableau 12**.

N. ORTH. La réforme de l'orthographe autorise, au futur simple et au conditionnel présent, ***nous rapiècerons, nous rapiècerions.***

18 protéger

1er groupe
verbes en *-éger*

abréger • agréger • alléger • arpéger • assiéger • désagréger • piéger • siéger...

INDICATIF

Présent
je protège
tu protèges
il/elle protège
nous protégeons
vous protégez
ils/elles protègent

Passé composé
j'ai protégé
tu as protégé
il/elle a protégé
nous avons protégé
vous avez protégé
ils/elles ont protégé

Imparfait
je protégeais
tu protégeais
il/elle protégeait
nous protégions
vous protégiez
ils/elles protégeaient

Plus-que-parfait
j'avais protégé
tu avais protégé
il/elle avait protégé
nous avions protégé
vous aviez protégé
ils/elles avaient protégé

Passé simple
je protégeai
tu protégeas
il/elle protégea
nous protégeâmes
vous protégeâtes
ils/elles protégèrent

Passé antérieur
j'eus protégé
tu eus protégé
il/elle eut protégé
nous eûmes protégé
vous eûtes protégé
ils/elles eurent protégé

Futur simple
je protégerai
tu protégeras
il/elle protégera
nous protégerons
vous protégerez
ils/elles protégeront

Futur antérieur
j'aurai protégé
tu auras protégé
il/elle aura protégé
nous aurons protégé
vous aurez protégé
ils/elles auront protégé

CONDITIONNEL

Présent
je protégerais
tu protégerais
il/elle protégerait
nous protégerions
vous protégeriez
ils/elles protégeraient

Passé
j'aurais protégé
tu aurais protégé
il/elle aurait protégé
nous aurions protégé
vous auriez protégé
ils/elles auraient protégé

SUBJONCTIF

Présent
que je protège
que tu protèges
qu'il/elle protège
que nous protégions
que vous protégiez
qu'ils/elles protègent

Passé
que j'aie protégé
que tu aies protégé
qu'il/elle ait protégé
que nous ayons protégé
que vous ayez protégé
qu'ils/elles aient protégé

Imparfait
que je protégeasse
que tu protégeasses
qu'il/elle protégeât
que nous protégeassions
que vous protégeassiez
qu'ils/elles protégeassent

Plus-que-parfait
que j'eusse protégé
que tu eusses protégé
qu'il/elle eût protégé
que nous eussions protégé
que vous eussiez protégé
qu'ils/elles eussent protégé

IMPÉRATIF

Présent
protège
protégeons
protégez

Passé
aie protégé
ayons protégé
ayez protégé

INFINITIF

Présent
protéger

Passé
avoir protégé

PARTICIPE

Présent
protégeant

Passé
ayant protégé
protégé (e, s, es)

• Les verbes en *-éger* présentent une double variation du radical :
– celle des verbes en *é_er* du type *céder* : on écrit ***nous protégeons, nous protégerons,*** mais ***je protège*** → tableau 14 ;
– celle des verbes en *-ger* du type ***manger*** : on écrit ***nous protégeons*** → tableau 13.

N. ORTH. La réforme de l'orthographe autorise, au futur simple et au conditionnel présent, ***nous protègerons, nous protègerions.***

19 lever

1er groupe
verbes en *-ecer, -emer, -ener, -eper, -erer, -eser, -ever, -evrer*

achever • dépecer • égrener • mener • peser • receper • semer • sevrer...

INDICATIF

Présent	Passé composé
je lève	j'ai levé
tu lèves	tu as levé
il/elle lève	il/elle a levé
nous levons	nous avons levé
vous levez	vous avez levé
ils/elles lèvent	ils/elles ont levé

Imparfait	Plus-que-parfait
je levais	j'avais levé
tu levais	tu avais levé
il/elle levait	il/elle avait levé
nous levions	nous avions levé
vous leviez	vous aviez levé
ils/elles levaient	ils/elles avaient levé

Passé simple	Passé antérieur
je levai	j'eus levé
tu levas	tu eus levé
il/elle leva	il/elle eut levé
nous levâmes	nous eûmes levé
vous levâtes	vous eûtes levé
ils/elles levèrent	ils/elles eurent levé

Futur simple	Futur antérieur
je lèverai	j'aurai levé
tu lèveras	tu auras levé
il/elle lèvera	il/elle aura levé
nous lèverons	nous aurons levé
vous lèverez	vous aurez levé
ils/elles lèveront	ils/elles auront levé

CONDITIONNEL

Présent	Passé
je lèverais	j'aurais levé
tu lèverais	tu aurais levé
il/elle lèverait	il/elle aurait levé
nous lèverions	nous aurions levé
vous lèveriez	vous auriez levé
ils/elles lèveraient	ils/elles auraient levé

SUBJONCTIF

Présent	Passé
que je lève	que j'aie levé
que tu lèves	que tu aies levé
qu'il/elle lève	qu'il/elle ait levé
que nous levions	que nous ayons levé
que vous leviez	que vous ayez levé
qu'ils/elles lèvent	qu'ils/elles aient levé

Imparfait	Plus-que-parfait
que je levasse	que j'eusse levé
que tu levasses	que tu eusses levé
qu'il/elle levât	qu'il/elle eût levé
que nous levassions	que nous eussions levé
que vous levassiez	que vous eussiez levé
qu'ils/elles levassent	qu'ils/elles eussent levé

IMPÉRATIF

Présent	Passé
lève	aie levé
levons	ayons levé
levez	ayez levé

INFINITIF

Présent	Passé
lever	avoir levé

PARTICIPE

Présent	Passé
levant	ayant levé levé (e, s, es)

• Pour les verbes en *-e_er* (autres que les verbes en ***-eler*** et en ***-eter***), le *e* du radical se transforme en *è* lorsqu'il est suivi d'une syllabe muette, c'est-à-dire d'une syllabe ne comportant pas d'autre voyelle qu'un *e* muet. On écrit ***nous levons***, ***vous leviez***, mais ***je lève***, ***il lèvera***.

• Les verbes en *-ecer* suivent par ailleurs la variation de radical de tous les verbes en *-cer*. On écrit ***nous dépeçons*** → **tableau 12**.

20 modeler

1er groupe
verbes en *eler* qui transforment *e* en *è*

celer • ciseler • démanteler • geler • harceler • marteler • peler • receler...

INDICATIF

Présent	Passé composé
je modèle	j'ai modelé
tu modèles	tu as modelé
il/elle modèle	il/elle a modelé
nous modelons	nous avons modelé
vous modelez	vous avez modelé
ils/elles modèlent	ils/elles ont modelé

Imparfait	Plus-que-parfait
je modelais	j'avais modelé
tu modelais	tu avais modelé
il/elle modelait	il/elle avait modelé
nous modelions	nous avions modelé
vous modeliez	vous aviez modelé
ils/elles modelaient	ils/elles avaient modelé

Passé simple	Passé antérieur
je modelai	j'eus modelé
tu modelas	tu eus modelé
il/elle modela	il/elle eut modelé
nous modelâmes	nous eûmes modelé
vous modelâtes	vous eûtes modelé
ils/elles modelèrent	ils/elles eurent modelé

Futur simple	Futur antérieur
je modèlerai	j'aurai modelé
tu modèleras	tu auras modelé
il/elle modèlera	il/elle aura modelé
nous modèlerons	nous aurons modelé
vous modèlerez	vous aurez modelé
ils/elles modèleront	ils/elles auront modelé

CONDITIONNEL

Présent	Passé
je modèlerais	j'aurais modelé
tu modèlerais	tu aurais modelé
il/elle modèlerait	il/elle aurait modelé
nous modèlerions	nous aurions modelé
vous modèleriez	vous auriez modelé
ils/elles modèleraient	ils/elles auraient modelé

SUBJONCTIF

Présent	Passé
que je modèle	que j'aie modelé
que tu modèles	que tu aies modelé
qu'il/elle modèle	qu'il/elle ait modelé
que nous modelions	que nous ayons modelé
que vous modeliez	que vous ayez modelé
qu'ils/elles modèlent	qu'ils/elles aient modelé

Imparfait	Plus-que-parfait
que je modelasse	que j'eusse modelé
que tu modelasses	que tu eusses modelé
qu'il/elle modelât	qu'il/elle eût modelé
que nous modelassions	que nous eussions modelé
que vous modelassiez	que vous eussiez modelé
qu'ils/elles modelassent	qu'ils/elles eussent modelé

IMPÉRATIF

Présent	Passé
modèle	aie modelé
modelons	ayons modelé
modelez	ayez modelé

INFINITIF

Présent	Passé
modeler	avoir modelé

PARTICIPE

Présent	Passé
modelant	ayant modelé
	modelé (e, s, es)

• Lorsque le *e* du radical des verbes en *-eler* est suivi d'une syllabe muette (→ tableau 19), il se prononce [ɛ]. Pour certains de ces verbes, ce son [ɛ] s'écrit *è* : ***nous modelons***, mais ***je modèle***.

• ***Celer***, ***geler*** et leurs dérivés, ainsi que ***ciseler***, ***démanteler***, ***écarteler***, ***s'encasteler***, ***harceler***, ***marteler***, ***peler*** suivent cette règle.

21 appeler

1er groupe verbes en *-eler* qui doublent le *l*

amonceler • chanceler • ensorceler • épeler • étinceler • morceler • renouveler • ruisseler...

INDICATIF

Présent	Passé composé
j'appelle	j'ai appelé
tu appelles	tu as appelé
il/elle appelle	il/elle a appelé
nous appelons	nous avons appelé
vous appelez	vous avez appelé
ils/elles appellent	ils/elles ont appelé

Imparfait	Plus-que-parfait
j'appelais	j'avais appelé
tu appelais	tu avais appelé
il/elle appelait	il/elle avait appelé
nous appelions	nous avions appelé
vous appeliez	vous aviez appelé
ils/elles appelaient	ils/elles avaient appelé

Passé simple	Passé antérieur
j'appelai	j'eus appelé
tu appelas	tu eus appelé
il/elle appela	il/elle eut appelé
nous appelâmes	nous eûmes appelé
vous appelâtes	vous eûtes appelé
ils/elles appelèrent	ils/elles eurent appelé

Futur simple	Futur antérieur
j'appellerai	j'aurai appelé
tu appelleras	tu auras appelé
il/elle appellera	il/elle aura appelé
nous appellerons	nous aurons appelé
vous appellerez	vous aurez appelé
ils/elles appelleront	ils/elles auront appelé

CONDITIONNEL

Présent	Passé
j'appellerais	j'aurais appelé
tu appellerais	tu aurais appelé
il/elle appellerait	il/elle aurait appelé
nous appellerions	nous aurions appelé
vous appelleriez	vous auriez appelé
ils/elles appelleraient	ils/elles auraient appelé

SUBJONCTIF

Présent	Passé
que j'appelle	que j'aie appelé
que tu appelles	que tu aies appelé
qu'il/elle appelle	qu'il/elle ait appelé
que nous appelions	que nous ayons appelé
que vous appeliez	que vous ayez appelé
qu'ils/elles appellent	qu'ils/elles aient appelé

Imparfait	Plus-que-parfait
que j'appelasse	que j'eusse appelé
que tu appelasses	que tu eusses appelé
qu'il/elle appelât	qu'il/elle eût appelé
que nous appelassions	que nous eussions appelé
que vous appelassiez	que vous eussiez appelé
qu'ils/elles appelassent	qu'ils/elles eussent appelé

IMPÉRATIF

Présent	Passé
appelle	aie appelé
appelons	ayons appelé
appelez	ayez appelé

INFINITIF

Présent	Passé
appeler	avoir appelé

PARTICIPE

Présent	Passé
appelant	ayant appelé
	appelé (e, s, es)

• Lorque le *e* du radical des verbes en *-eler* est suivi d'une syllabe muette (→ tableau 19), il se prononce [ɛ]. Pour de nombreux verbes, ce son [ɛ] est obtenu en doublant le *l* : ***nous appelons***, mais ***j'appelle***, ***il appellera***.

N. ORTH. La réforme de 1990 autorise à conjuguer tous les verbes en *-eler* sur ***modeler*** (→ tableau 20), à l'exception d'***appeler*** et ***rappeler***, qui doivent doubler le *l*.

22 interpeller 1er groupe

INDICATIF

Présent
j'interpelle
tu interpelles
il/elle interpelle
nous interpellons
vous interpellez
ils/elles interpellent

Passé composé
j'ai interpellé
tu as interpellé
il/elle a interpellé
nous avons interpellé
vous avez interpellé
ils/elles ont interpellé

Imparfait
j'interpellais
tu interpellais
il/elle interpellait
nous interpellions
vous interpelliez
ils/elles interpellaient

Plus-que-parfait
j'avais interpellé
tu avais interpellé
il/elle avait interpellé
nous avions interpellé
vous aviez interpellé
ils/elles avaient interpellé

Passé simple
j'interpellai
tu interpellas
il/elle interpella
nous interpellâmes
vous interpellâtes
ils/elles interpellèrent

Passé antérieur
j'eus interpellé
tu eus interpellé
il/elle eut interpellé
nous eûmes interpellé
vous eûtes interpellé
ils/elles eurent interpellé

Futur simple
j'interpellerai
tu interpelleras
il/elle interpellera
nous interpellerons
vous interpellerez
ils/elles interpelleront

Futur antérieur
j'aurai interpellé
tu auras interpellé
il/elle aura interpellé
nous aurons interpellé
vous aurez interpellé
ils/elles auront interpellé

CONDITIONNEL

Présent
j'interpellerais
tu interpellerais
il/elle interpellerait
nous interpellerions
vous interpelleriez
ils/elles interpelleraient

Passé
j'aurais interpellé
tu aurais interpellé
il/elle aurait interpellé
nous aurions interpellé
vous auriez interpellé
ils/elles auraient interpellé

SUBJONCTIF

Présent
que j'interpelle
que tu interpelles
qu'il/elle interpelle
que nous interpellions
que vous interpelliez
qu'ils/elles interpellent

Passé
que j'aie interpellé
que tu aies interpellé
qu'il/elle ait interpellé
que nous ayons interpellé
que vous ayez interpellé
qu'ils/elles aient interpellé

Imparfait
que j'interpellasse
que tu interpellasses
qu'il/elle interpellât
que nous interpellassions
que vous interpellassiez
qu'ils/elles interpellassent

Plus-que-parfait
que j'eusse interpellé
que tu eusses interpellé
qu'il/elle eût interpellé
que nous eussions interpellé
que vous eussiez interpellé
qu'ils/elles eussent interpellé

IMPÉRATIF

Présent
interpelle
interpellons
interpellez

Passé
aie interpellé
ayons interpellé
ayez interpellé

INFINITIF

Présent
interpeller

Passé
avoir interpellé

PARTICIPE

Présent
interpellant

Passé
ayant interpellé
interpellé (e, s, es)

• Le radical du verbe *interpeller* conserve ses deux *l* à toutes les formes. On écrit *j'interpelle, nous interpellons*. Mais on prononce : *nous interpellons* avec un *e* sourd [ə] ; *j'interpelle* avec un *è* ouvert [ɛ].

N. ORTH. La réforme de 1990 autorise à écrire *interpeler* avec un seul *l* et à le conjuguer sur le modèle d'*appeler* → tableau 21 : *j'interpelle*, mais *nous interpelons, j'interpelais*.

23 acheter

1er groupe
verbes en *-eter* qui transforment *e* en *è*

corseter • crocheter • fileter • fureter • haleter • racheter...

INDICATIF

Présent	Passé composé
j'achète	j'ai acheté
tu achètes	tu as acheté
il/elle achète	il/elle a acheté
nous achetons	nous avons acheté
vous achetez	vous avez acheté
ils/elles achètent	ils/elles ont acheté

Imparfait	Plus-que-parfait
j'achetais	j'avais acheté
tu achetais	tu avais acheté
il/elle achetait	il/elle avait acheté
nous achetions	nous avions acheté
vous achetiez	vous aviez acheté
ils/elles achetaient	ils/elles avaient acheté

Passé simple	Passé antérieur
j'achetai	j'eus acheté
tu achetas	tu eus acheté
il/elle acheta	il/elle eut acheté
nous achetâmes	nous eûmes acheté
vous achetâtes	vous eûtes acheté
ils/elles achetèrent	ils/elles eurent acheté

Futur simple	Futur antérieur
j'achèterai	j'aurai acheté
tu achèteras	tu auras acheté
il/elle achètera	il/elle aura acheté
nous achèterons	nous aurons acheté
vous achèterez	vous aurez acheté
ils/elles achèteront	ils/elles auront acheté

CONDITIONNEL

Présent	Passé
j'achèterais	j'aurais acheté
tu achèterais	tu aurais acheté
il/elle achèterait	il/elle aurait acheté
nous achèterions	nous aurions acheté
vous achèteriez	vous auriez acheté
ils/elles achèteraient	ils/elles auraient acheté

SUBJONCTIF

Présent	Passé
que j'achète	que j'aie acheté
que tu achètes	que tu aies acheté
qu'il/elle achète	qu'il/elle ait acheté
que nous achetions	que nous ayons acheté
que vous achetiez	que vous ayez acheté
qu'ils/elles achètent	qu'ils/elles aient acheté

Imparfait	Plus-que-parfait
que j'achetasse	que j'eusse acheté
que tu achetasses	que tu eusses acheté
qu'il/elle achetât	qu'il/elle eût acheté
que nous achetassions	que nous eussions acheté
que vous achetassiez	que vous eussiez acheté
qu'ils/elles achetassent	qu'ils/elles eussent acheté

IMPÉRATIF

Présent	Passé
achète	aie acheté
achetons	ayons acheté
achetez	ayez acheté

INFINITIF

Présent	Passé
acheter	avoir acheté

PARTICIPE

Présent	Passé
achetant	ayant acheté
	acheté (e, s, es)

• Lorsque le *e* du radical des verbes en *-eter* est suivi d'une syllabe muette (→ tableau 19), il se prononce [ɛ]. Pour certains de ces verbes, ce son [ɛ] s'écrit *è* : ***nous achetons***, mais ***j'achète***.

• ***Acheter***, ***préacheter***, ***racheter***, ***bégueter***, ***corseter***, ***crocheter***, ***fileter***, ***fureter***, ***haleter*** suivent cette règle.

24 jeter

1er groupe
verbes en *-eter*
qui doublent le *t*

breveter • cacheter • cliqueter • déchiqueter • époussseter • feuilleter • rejeter • voleter...

INDICATIF

Présent	Passé composé
je jette	j'ai jeté
tu jettes	tu as jeté
il/elle jette	il/elle a jeté
nous jetons	nous avons jeté
vous jetez	vous avez jeté
ils/elles jettent	ils/elles ont jeté

Imparfait	Plus-que-parfait
je jetais	j'avais jeté
tu jetais	tu avais jeté
il/elle jetait	il/elle avait jeté
nous jetions	nous avions jeté
vous jetiez	vous aviez jeté
ils/elles jetaient	ils/elles avaient jeté

Passé simple	Passé antérieur
je jetai	j'eus jeté
tu jetas	tu eus jeté
il/elle jeta	il/elle eut jeté
nous jetâmes	nous eûmes jeté
vous jetâtes	vous eûtes jeté
ils/elles jetèrent	ils/elles eurent jeté

Futur simple	Futur antérieur
je jetterai	j'aurai jeté
tu jetteras	tu auras jeté
il/elle jettera	il/elle aura jeté
nous jetterons	nous aurons jeté
vous jetterez	vous aurez jeté
ils/elles jetteront	ils/elles auront jeté

CONDITIONNEL

Présent	Passé
je jetterais	j'aurais jeté
tu jetterais	tu aurais jeté
il/elle jetterait	il/elle aurait jeté
nous jetterions	nous aurions jeté
vous jetteriez	vous auriez jeté
ils/elles jetteraient	ils/elles auraient jeté

SUBJONCTIF

Présent	Passé
que je jette	que j'aie jeté
que tu jettes	que tu aies jeté
qu'il/elle jette	qu'il/elle ait jeté
que nous jetions	que nous ayons jeté
que vous jetiez	que vous ayez jeté
qu'ils/elles jettent	qu'ils/elles aient jeté

Imparfait	Plus-que-parfait
que je jetasse	que j'eusse jeté
que tu jetasses	que tu eusses jeté
qu'il/elle jetât	qu'il/elle eût jeté
que nous jetassions	que nous eussions jeté
que vous jetassiez	que vous eussiez jeté
qu'ils/elles jetassent	qu'ils/elles eussent jeté

IMPÉRATIF

Présent	Passé
jette	aie jeté
jetons	ayons jeté
jetez	ayez jeté

INFINITIF

Présent	Passé
jeter	avoir jeté

PARTICIPE

Présent	Passé
jetant	ayant jeté
	jeté (e, s, es)

• Lorsque le *e* du radical des verbes en *-eter* est suivi d'une syllabe muette (→ tableau 19), il se prononce [ɛ]. Pour de nombreux verbes, ce son [ɛ] est obtenu en doublant le *t* : *nous jetons*, mais *je jette*, *il jettera*.

N. ORTH. La réforme de 1990 autorise à conjuguer tous les verbes en *-eter* sur *acheter* (→ tableau 23), à l'exception de *jeter* et ses dérivés, qui doivent doubler le *t*.

1er groupe
verbes en *-ayer* et *-eyer*

balayer • débrayer • effrayer • essayer...
capeyer • faseyer • grasseyer...

INDICATIF

Présent	Passé composé
je paie/paye	j'ai payé
tu paies/payes	tu as payé
il/elle paie/paye	il/elle a payé
nous payons	nous avons payé
vous payez	vous avez payé
ils/elles paient/payent	ils/elles ont payé

Imparfait	Plus-que-parfait
je payais	j'avais payé
tu payais	tu avais payé
il/elle payait	il/elle avait payé
nous payions	nous avions payé
vous payiez	vous aviez payé
ils/elles payaient	ils/elles avaient payé

Passé simple	Passé antérieur
je payai	j'eus payé
tu payas	tu eus payé
il/elle paya	il/elle eut payé
nous payâmes	nous eûmes payé
vous payâtes	vous eûtes payé
ils/elles payèrent	ils/elles eurent payé

Futur simple	Futur antérieur
je paierai/payerai	j'aurai payé
tu paieras/payeras	tu auras payé
il/elle paiera/payera	il/elle aura payé
n. paierons/payerons	nous aurons payé
vous paierez/payerez	vous aurez payé
ils paieront/payeront	ils/elles auront payé

CONDITIONNEL

Présent	Passé
je paierais/payerais	j'aurais payé
tu paierais/payerais	tu aurais payé
il/elle paierait/payerait	il/elle aurait payé
nous paierions/payerions	nous aurions payé
vous paieriez/payeriez	vous auriez payé
ils paieraient/payeraient	ils/elles auraient payé

SUBJONCTIF

Présent	Passé
que je paie/paye	que j'aie payé
que tu paies/payes	que tu aies payé
qu'il/elle paie/paye	qu'il/elle ait payé
que nous payions	que nous ayons payé
que vous payiez	que vous ayez payé
qu'ils/elles paient/payent	qu'ils/elles aient payé

Imparfait	Plus-que-parfait
que je payasse	que j'eusse payé
que tu payasses	que tu eusses payé
qu'il/elle payât	qu'il/elle eût payé
que nous payassions	que nous eussions payé
que vous payassiez	que vous eussiez payé
qu'ils/elles payassent	qu'ils/elles eussent payé

IMPÉRATIF

Présent	Passé
paie/paye	aie payé
payons	ayons payé
payez	ayez payé

INFINITIF

Présent	Passé
payer	avoir payé

PARTICIPE

Présent	Passé
payant	ayant payé
	payé (e, s, es)

- Les verbes en *-ayer* peuvent remplacer le *y* par un *i* devant un *e* muet *(je paie, je paierai)* ou conserver le *y (je paye, nous payons)*.
- Les rares verbes en *-eyer* conservent le *y* à toutes les formes.
- Aux 1re et 2e personnes du pluriel de l'indicatif imparfait et du subjonctif présent, on n'entend pas toujours le *i* de la terminaison. Il ne faut pas l'oublier à l'écrit : ***nous pay/ions, que vous pay/iez.***

26 essuyer

1er groupe
verbes en *-uyer*

appuyer • désennuyer • ennuyer • réssuyer

INDICATIF

Présent
j'essuie
tu essuies
il/elle essuie
nous essuyons
vous essuyez
ils/elles essuient

Passé composé
j'ai essuyé
tu as essuyé
il/elle a essuyé
nous avons essuyé
vous avez essuyé
ils/elles ont essuyé

Imparfait
j'essuyais
tu essuyais
il/elle essuyait
nous essuyions
vous essuyiez
ils/elles essuyaient

Plus-que-parfait
j'avais essuyé
tu avais essuyé
il/elle avait essuyé
nous avions essuyé
vous aviez essuyé
ils/elles avaient essuyé

Passé simple
j'essuyai
tu essuyas
il/elle essuya
nous essuyâmes
vous essuyâtes
ils/elles essuyèrent

Passé antérieur
j'eus essuyé
tu eus essuyé
il/elle eut essuyé
nous eûmes essuyé
vous eûtes essuyé
ils/elles eurent essuyé

Futur simple
j'essuierai
tu essuieras
il/elle essuiera
nous essuierons
vous essuierez
ils/elles essuieront

Futur antérieur
j'aurai essuyé
tu auras essuyé
il/elle aura essuyé
nous aurons essuyé
vous aurez essuyé
ils/elles auront essuyé

CONDITIONNEL

Présent
j'essuierais
tu essuierais
il/elle essuierait
nous essuierions
vous essuieriez
ils/elles essuieraient

Passé
j'aurais essuyé
tu aurais essuyé
il/elle aurait essuyé
nous aurions essuyé
vous auriez essuyé
ils/elles auraient essuyé

SUBJONCTIF

Présent
que j'essuie
que tu essuies
qu'il/elle essuie
que nous essuyions
que vous essuyiez
qu'ils/elles essuient

Passé
que j'aie essuyé
que tu aies essuyé
qu'il/elle ait essuyé
que nous ayons essuyé
que vous ayez essuyé
qu'ils/elles aient essuyé

Imparfait
que j'essuyasse
que tu essuyasses
qu'il/elle essuyât
que nous essuyassions
que vous essuyassiez
qu'ils/elles essuyassent

Plus-que-parfait
que j'eusse essuyé
que tu eusses essuyé
qu'il/elle eût essuyé
que nous eussions essuyé
que vous eussiez essuyé
qu'ils/elles eussent essuyé

IMPÉRATIF

Présent
essuie
essuyons
essuyez

Passé
aie essuyé
ayons essuyé
ayez essuyé

INFINITIF

Présent
essuyer

Passé
avoir essuyé

PARTICIPE

Présent
essuyant

Passé
ayant essuyé
essuyé (e, s, es)

- Les verbes en *-uyer* remplacent le *y* par un *i* devant un *e* muet : *nous essuyons*, mais *j'essuie, j'essuierai*.
- Aux 1re et 2e personnes du pluriel de l'indicatif imparfait et du subjonctif présent, on n'entend pas toujours le *i* de la terminaison. Il ne faut pas l'oublier à l'écrit : *nous essuy/ions, que vous essuy/iez.*

27 employer

1er groupe
verbes en *-oyer*

choyer • déployer • foudroyer • nettoyer • noyer • octroyer • rudoyer • tutoyer...

INDICATIF

Présent	Passé composé
j'emploie	j'ai employé
tu emploies	tu as employé
il/elle emploie	il/elle a employé
nous employons	nous avons employé
vous employez	vous avez employé
ils/elles emploient	ils/elles ont employé

Imparfait	Plus-que-parfait
j'employais	j'avais employé
tu employais	tu avais employé
il/elle employait	il/elle avait employé
nous employions	nous avions employé
vous employiez	vous aviez employé
ils/elles employaient	ils/elles avaient employé

Passé simple	Passé antérieur
j'employai	j'eus employé
tu employas	tu eus employé
il/elle employa	il/elle eut employé
nous employâmes	nous eûmes employé
vous employâtes	vous eûtes employé
ils/elles employèrent	ils/elles eurent employé

Futur simple	Futur antérieur
j'emploierai	j'aurai employé
tu emploieras	tu auras employé
il/elle emploiera	il/elle aura employé
nous emploierons	nous aurons employé
vous emploierez	vous aurez employé
ils/elles emploieront	ils/elles auront employé

CONDITIONNEL

Présent	Passé
j'emploierais	j'aurais employé
tu emploierais	tu aurais employé
il/elle emploierait	il/elle aurait employé
nous emploierions	nous aurions employé
vous emploieriez	vous auriez employé
ils/elles emploieraient	ils/elles auraient employé

SUBJONCTIF

Présent	Passé
que j'emploie	que j'aie employé
que tu emploies	que tu aies employé
qu'il/elle emploie	qu'il/elle ait employé
que nous employions	que nous ayons employé
que vous employiez	que vous ayez employé
qu'ils/elles emploient	qu'ils/elles aient employé

Imparfait	Plus-que-parfait
que j'employasse	que j'eusse employé
que tu employasses	que tu eusses employé
qu'il/elle employât	qu'il/elle eût employé
que nous employassions	que nous eussions employé
que vous employassiez	que vous eussiez employé
qu'ils/elles employassent	qu'ils/elles eussent employé

IMPÉRATIF

Présent	Passé
emploie	aie employé
employons	ayons employé
employez	ayez employé

INFINITIF

Présent	Passé
employer	avoir employé

PARTICIPE

Présent	Passé
employant	ayant employé
	employé (e, s, es)

- Tous les verbes en *-oyer* suivent le modèle d'*employer*, sauf *envoyer* et *renvoyer* → tableau 28.
- Les verbes en *-oyer* remplacent le *y* par un *i* devant un *e* muet : *nous employons*, mais *j'emploie*, *j'emploierai*.
- Aux 1re et 2e personnes du pluriel de l'indicatif imparfait et du subjonctif présent, il ne faut pas oublier le *i* de la terminaison à l'écrit : *nous employ/ions*, *que vous employ/iez*.

28 envoyer

1er groupe
verbes en *-oyer* : exceptions

renvoyer

INDICATIF

Présent
j'envoie
tu envoies
il/elle envoie
nous envoyons
vous envoyez
ils/elles envoient

Passé composé
j'ai envoyé
tu as envoyé
il/elle a envoyé
nous avons envoyé
vous avez envoyé
ils/elles ont envoyé

Imparfait
j'envoyais
tu envoyais
il/elle envoyait
nous envoyions
vous envoyiez
ils/elles envoyaient

Plus-que-parfait
j'avais envoyé
tu avais envoyé
il/elle avait envoyé
nous avions envoyé
vous aviez envoyé
ils/elles avaient envoyé

Passé simple
j'envoyai
tu envoyas
il/elle envoya
nous envoyâmes
vous envoyâtes
ils/elles envoyèrent

Passé antérieur
j'eus envoyé
tu eus envoyé
il/elle eut envoyé
nous eûmes envoyé
vous eûtes envoyé
ils/elles eurent envoyé

Futur simple
j'enverrai
tu enverras
il/elle enverra
nous enverrons
vous enverrez
ils/elles enverront

Futur antérieur
j'aurai envoyé
tu auras envoyé
il/elle aura envoyé
nous aurons envoyé
vous aurez envoyé
ils/elles auront envoyé

CONDITIONNEL

Présent
j'enverrais
tu enverrais
il/elle enverrait
nous enverrions
vous enverriez
ils/elles enverraient

Passé
j'aurais envoyé
tu aurais envoyé
il/elle aurait envoyé
nous aurions envoyé
vous auriez envoyé
ils/elles auraient envoyé

SUBJONCTIF

Présent
que j'envoie
que tu envoies
qu'il/elle envoie
que nous envoyions
que vous envoyiez
qu'ils/elles envoient

Passé
que j'aie envoyé
que tu aies envoyé
qu'il/elle ait envoyé
que nous ayons envoyé
que vous ayez envoyé
qu'ils/elles aient envoyé

Imparfait
que j'envoyasse
que tu envoyasses
qu'il/elle envoyât
que nous envoyassions
que vous envoyassiez
qu'ils/elles envoyassent

Plus-que-parfait
que j'eusse envoyé
que tu eusses envoyé
qu'il/elle eût envoyé
que nous eussions envoyé
que vous eussiez envoyé
qu'ils/elles eussent envoyé

IMPÉRATIF

Présent
envoie
envoyons
envoyez

Passé
aie envoyé
ayons envoyé
ayez envoyé

INFINITIF

Présent
envoyer

Passé
avoir envoyé

PARTICIPE

Présent
envoyant

Passé
ayant envoyé
envoyé (e, s, es)

• *Envoyer* et *renvoyer* suivent le modèle d'*employer* (→ tableau 27), sauf :
– au futur simple de l'indicatif : ***j'enverrai, tu enverras***...
– au conditionnel présent : ***j'enverrais, tu enverrais***...

29 haïr

2e groupe
exceptions

se haïr • s'entre-haïr

INDICATIF

Présent
je hais
tu hais
il/elle hait
nous haïssons
vous haïssez
ils/elles haïssent

Passé composé
j'ai haï
tu as haï
il/elle a haï
nous avons haï
vous avez haï
ils/elles ont haï

Imparfait
je haïssais
tu haïssais
il/elle haïssait
nous haïssions
vous haïssiez
ils/elles haïssaient

Plus-que-parfait
j'avais haï
tu avais haï
il/elle avait haï
nous avions haï
vous aviez haï
ils/elles avaient haï

Passé simple
je haïs
tu haïs
il/elle haït
nous haïmes
vous haïtes
ils/elles haïrent

Passé antérieur
j'eus haï
tu eus haï
il/elle eut haï
nous eûmes haï
vous eûtes haï
ils/elles eurent haï

Futur simple
je haïrai
tu haïras
il/elle haïra
nous haïrons
vous haïrez
ils/elles haïront

Futur antérieur
j'aurai haï
tu auras haï
il/elle aura haï
nous aurons haï
vous aurez haï
ils/elles auront haï

CONDITIONNEL

Présent
je haïrais
tu haïrais
il/elle haïrait
nous haïrions
vous haïriez
ils/elles haïraient

Passé
j'aurais haï
tu aurais haï
il/elle aurait haï
nous aurions haï
vous auriez haï
ils/elles auraient haï

SUBJONCTIF

Présent
que je haïsse
que tu haïsses
qu'il/elle haïsse
que nous haïssions
que vous haïssiez
qu'ils/elles haïssent

Passé
que j'aie haï
que tu aies haï
qu'il/elle ait haï
que nous ayons haï
que vous ayez haï
qu'ils/elles aient haï

Imparfait
que je haïsse
que tu haïsses
qu'il/elle haït
que nous haïssions
que vous haïssiez
qu'ils/elles haïssent

Plus-que-parfait
que j'eusse haï
que tu eusses haï
qu'il/elle eût haï
que nous eussions haï
que vous eussiez haï
qu'ils/elles eussent haï

IMPÉRATIF

Présent
hais
haïssons
haïssez

Passé
aie haï
ayons haï
ayez haï

INFINITIF

Présent
haïr

Passé
avoir haï

PARTICIPE

Présent
haïssant

Passé
ayant haï
haï (e, s, es)

- *Haïr* est le seul verbe du 2e groupe qui ne se conjugue pas exactement sur le modèle de *finir* → **tableau 6**.
- Le tréma ne se maintient pas et la prononciation diffère de celle de *finir* : 1. au singulier de l'indicatif présent ***(je hais, tu hais, il hait)*** ; 2. à la 2e personne du singulier de l'impératif présent ***(hais)***.
- Le tréma l'emporte sur l'accent circonflexe : ***nous haïmes, vous haïtes, qu'il haït***.

30 Les verbes du 3e groupe

Voici la liste des principaux verbes du troisième groupe du français, classés par modèle de conjugaison, dans l'ordre des tableaux ci-après.
Pour savoir comment se conjugue un verbe du 3e groupe, **reportez-vous au tableau du verbe modèle** ; les formes sont identiques (seul l'auxiliaire diffère parfois).

31 **aller**
32 **courir**
accourir
concourir
discourir
encourir
parcourir
recourir
secourir
33 **mourir**
34 **dormir**
endormir
rendormir
35 **servir**
desservir
resservir
36 **sentir**
consentir
démentir
départir
mentir
partir
pressentir
repartir
repentir (se)
ressentir
sortir
37 **vêtir**
dévêtir
revêtir
survêtir
38 **fuir**
enfuir (s')
39 **tenir**
abstenir (s')
advenir
appartenir
circonvenir
contenir
contrevenir
convenir
détenir
devenir
entretenir
intervenir
maintenir
obtenir
obvenir
parvenir
prévenir
provenir
redevenir
retenir
revenir
soutenir
souvenir (se)
subvenir
survenir
venir
40 **acquérir**
conquérir
enquérir (s')
quérir
reconquérir
requérir
41 **bouillir**
débouillir
rebouillir
42 **couvrir**
découvrir
entrouvrir
offrir
ouvrir
recouvrir
redécouvrir
rouvrir
souffrir
43 **cueillir**
accueillir
recueillir
44 **défaillir**
assaillir
tressaillir
45 **faillir**
46 **ouïr**
47 **gésir**
48 **recevoir**
apercevoir
concevoir
décevoir
percevoir
49 **voir**
entrevoir
revoir
50 **prévoir**
51 **pourvoir**
dépourvoir
52 **savoir**
53 **devoir**
redevoir
54 **pouvoir**
55 **valoir**
équivaloir
revaloir
56 **prévaloir**
57 **vouloir**
58 **émouvoir**
mouvoir
promouvoir
59 **asseoir (1)**
rasseoir
60 **asseoir (2)**
rasseoir
61 **pleuvoir**
repleuvoir
62 **falloir**
63 **seoir**
64 **surseoir**
65 **choir**
66 **échoir**
67 **déchoir**
68 **faire**
contrefaire
défaire
malfaire
méfaire
parfaire
redéfaire
refaire
satisfaire
surfaire
69 **extraire**
abstraire
distraire
soustraire
70 **taire**
71 **plaire**
complaire
déplaire
72 **croire**
mécroire
73 **boire**
emboire
74 **conduire**
construire
détruire
instruire
introduire

produire
réduire
séduire
75 **rire**
sourire
76 **dire**
redire
77 **médire**
contredire
dédire
interdire
prédire
78 **maudire**
79 **lire**
élire
réélire
relire
80 **écrire**
circonscrire
décrire
inscrire
prescrire
proscrire
récrire
réinscrire
retranscrire
souscrire
transcrire
81 **suffire**
82 **confire**
circoncire
déconfire
frire
83 **rendre**
appendre
confondre
correspondre
défendre
démordre
dépendre
descendre
détendre
détordre
distendre
distordre
entendre
étendre
fendre
fondre
mévendre
mordre
morfondre (se)
pendre
perdre
pondre
pourfendre
prétendre
redescendre
remordre
rependre
reperdre
répondre
retendre
revendre
sous-entendre
sous-tendre
suspendre
tendre
tondre
tordre
vendre
84 **prendre**
apprendre
comprendre
désapprendre
entreprendre
éprendre (s')
méprendre (se)
réapprendre
reprendre
surprendre
85 **répandre**
épandre
86 **peindre**
astreindre
atteindre
ceindre
dépeindre
déteindre
empreindre
enceindre
enfreindre
éteindre
étreindre
feindre
geindre
repeindre
restreindre
reteindre
teindre
87 **craindre**
contraindre
plaindre
88 **joindre**
adjoindre
conjoindre
disjoindre
enjoindre
oindre
poindre
rejoindre
89 **coudre**
découdre
recoudre
90 **moudre**
émoudre
remoudre
91 **résoudre**
absoudre
dissoudre
92 **rompre**
corrompre
interrompre
93 **battre**
abattre
combattre
contrebattre
contrefoutre (se)
débattre
ébattre (s')
embattre
foutre
rabattre
rebattre
94 **mettre**
admettre
commettre
compromettre
démettre
émettre
entremettre (s')
omettre
permettre
promettre
réadmettre
retransmettre
soumettre
transmettre
95 **vaincre**
convaincre
96 **connaître**
apparaître
comparaître
disparaître
méconnaître
paraître
réapparaître
recomparaître
reconnaître
reparaître
transparaître
97 **naître**
renaître
98 **repaître**
paître
99 **croître**
100 **accroître**
décroître
recroître
101 **conclure**
exclure
inclure
occlure
reclure
102 **suivre**
ensuivre (s')
poursuivre
103 **vivre**
revivre
survivre
104 **clore**
déclore
éclore
enclore
forclore

31 aller

3e groupe
verbe irrégulier

s'en aller

INDICATIF

Présent
je vais
tu vas
il/elle va
nous allons
vous allez
ils/elles vont

Passé composé
je suis allé(e)
tu es allé(e)
il/elle est allé(e)
nous sommes allé(e)s
vous êtes allé(e)s
ils/elles sont allé(e)s

Imparfait
j'allais
tu allais
il/elle allait
nous allions
vous alliez
ils/elles allaient

Plus-que-parfait
j'étais allé(e)
tu étais allé(e)
il/elle était allé(e)
nous étions allé(e)s
vous étiez allé(e)s
ils/elles étaient allé(e)s

Passé simple
j'allai
tu allas
il/elle alla
nous allâmes
vous allâtes
ils/elles allèrent

Passé antérieur
je fus allé(e)
tu fus allé(e)
il/elle fut allé(e)
nous fûmes allé(e)s
vous fûtes allé(e)s
ils/elles furent allé(e)s

Futur simple
j'irai
tu iras
il/elle ira
nous irons
vous irez
ils/elles iront

Futur antérieur
je serai allé(e)
tu seras allé(e)
il/elle sera allé(e)
nous serons allé(e)s
vous serez allé(e)s
ils/elles seront allé(e)s

CONDITIONNEL

Présent
j'irais
tu irais
il/elle irait
nous irions
vous iriez
ils/elles iraient

Passé
je serais allé(e)
tu serais allé(e)
il/elle serait allé(e)
nous serions allé(e)s
vous seriez allé(e)s
ils/elles seraient allé(e)s

SUBJONCTIF

Présent
que j'aille
que tu ailles
qu'il/elle aille
que nous allions
que vous alliez
qu'ils/elles aillent

Passé
que je sois allé(e)
que tu sois allé(e)
qu'il/elle soit allé(e)
que nous soyons allé(e)s
que vous soyez allé(e)s
qu'ils/elles soient allé(e)s

Imparfait
que j'allasse
que tu allasses
qu'il/elle allât
que nous allassions
que vous allassiez
qu'ils/elles allassent

Plus-que-parfait
que je fusse allé(e)
que tu fusses allé(e)
qu'il/elle fût allé(e)
que nous fussions allé(e)s
que vous fussiez allé(e)s
qu'ils/elles fussent allé(e)s

IMPÉRATIF

Présent
va
allons
allez

Passé
sois allé(e)
soyons allé(e)s
soyez allé(e)s

INFINITIF

Présent
aller

Passé
être allé

PARTICIPE

Présent
allant

Passé
étant allé
allé (e, s, es)

- *Aller* est le seul verbe en *-er* qui n'appartienne pas au 1er groupe. C'est un verbe irrégulier qui présente d'importantes variations du radical : ***tu va/s, nous all/ons, j'ir/ai, que j'aill/e***.
- ***Vas-y*** : par euphonie, on ajoute un ***s*** à l'impératif ***va***.
- ***Va-t'en*** (impératif présent de ***s'en aller***) : on élide le ***e*** du pronom réfléchi ***te***.

32 courir

3e groupe
courir et ses dérivés

accourir • concourir • discourir • encourir • parcourir • recourir • secourir

INDICATIF

Présent	Passé composé
je cours	j'ai couru
tu cours	tu as couru
il/elle court	il/elle a couru
nous courons	nous avons couru
vous courez	vous avez couru
ils/elles courent	ils/elles ont couru

Imparfait	Plus-que-parfait
je courais	j'avais couru
tu courais	tu avais couru
il/elle courait	il/elle avait couru
nous courions	nous avions couru
vous couriez	vous aviez couru
ils/elles couraient	ils/elles avaient couru

Passé simple	Passé antérieur
je courus	j'eus couru
tu courus	tu eus couru
il/elle courut	il/elle eut couru
nous courûmes	nous eûmes couru
vous courûtes	vous eûtes couru
ils/elles coururent	ils/elles eurent couru

Futur simple	Futur antérieur
je courrai	j'aurai couru
tu courras	tu auras couru
il/elle courra	il/elle aura couru
nous courrons	nous aurons couru
vous courrez	vous aurez couru
ils/elles courront	ils/elles auront couru

CONDITIONNEL

Présent	Passé
je courrais	j'aurais couru
tu courrais	tu aurais couru
il/elle courrait	il/elle aurait couru
nous courrions	nous aurions couru
vous courriez	vous auriez couru
ils/elles courraient	ils/elles auraient couru

SUBJONCTIF

Présent	Passé
que je coure	que j'aie couru
que tu coures	que tu aies couru
qu'il/elle coure	qu'il/elle ait couru
que nous courions	que nous ayons couru
que vous couriez	que vous ayez couru
qu'ils/elles courent	qu'ils/elles aient couru

Imparfait	Plus-que-parfait
que je courusse	que j'eusse couru
que tu courusses	que tu eusses couru
qu'il/elle courût	qu'il/elle eût couru
que nous courussions	que nous eussions couru
que vous courussiez	que vous eussiez couru
qu'ils/elles courussent	qu'ils/elles eussent couru

IMPÉRATIF

Présent	Passé
cours	aie couru
courons	ayons couru
courez	ayez couru

INFINITIF

Présent	Passé
courir	avoir couru

PARTICIPE

Présent	Passé
courant	ayant couru
	couru (e, s, es)

- Le futur simple et le conditionnel présent de *courir* et de ses dérivés présentent deux *r* : le *r* qui termine le radical et le *r* de la terminaison. C'est la présence des deux *r* qui permet de distinguer le futur *(nous cour/rons, vous cour/rez)* du présent *(nous cour/ons, vous cour/ez)*.
- L'ancien infinitif *courre* se retrouve dans la locution *chasse à courre*.

33 mourir

3e groupe

se mourir

INDICATIF

Présent	Passé composé
je meurs	je suis mort(e)
tu meurs	tu es mort(e)
il/elle meurt	il/elle est mort(e)
nous mourons	nous sommes mort(e)s
vous mourez	vous êtes mort(e)s
ils/elles meurent	ils/elles sont mort(e)s

Imparfait	Plus-que-parfait
je mourais	j'étais mort(e)
tu mourais	tu étais mort(e)
il/elle mourait	il/elle était mort(e)
nous mourions	nous étions mort(e)s
vous mouriez	vous étiez mort(e)s
ils/elles mouraient	ils/elles étaient mort(e)s

Passé simple	Passé antérieur
je mourus	je fus mort(e)
tu mourus	tu fus mort(e)
il/elle mourut	il/elle fut mort(e)
nous mourûmes	nous fûmes mort(e)s
vous mourûtes	vous fûtes mort(e)s
ils/elles moururent	ils/elles furent mort(e)s

Futur simple	Futur antérieur
je mourrai	je serai mort(e)
tu mourras	tu seras mort(e)
il/elle mourra	il/elle sera mort(e)
nous mourrons	nous serons mort(e)s
vous mourrez	vous serez mort(e)s
ils/elles mourront	ils/elles seront mort(e)s

CONDITIONNEL

Présent	Passé
je mourrais	je serais mort(e)
tu mourrais	tu serais mort(e)
il/elle mourrait	il/elle serait mort(e)
nous mourrions	nous serions mort(e)s
vous mourriez	vous seriez mort(e)s
ils/elles mourraient	ils/elles seraient mort(e)s

SUBJONCTIF

Présent	Passé
que je meure	que je sois mort(e)
que tu meures	que tu sois mort(e)
qu'il/elle meure	qu'il/elle soit mort(e)
que nous mourions	que nous soyons mort(e)s
que vous mouriez	que vous soyez mort(e)s
qu'ils/elles meurent	qu'ils/elles soient mort(e)s

Imparfait	Plus-que-parfait
que je mourusse	que je fusse mort(e)
que tu mourusses	que tu fusses mort(e)
qu'il/elle mourût	qu'il/elle fût mort(e)
que nous mourussions	que nous fussions mort(e)s
que vous mourussiez	que vous fussiez mort(e)s
qu'ils/elles mourussent	qu'ils/elles fussent mort(e)s

IMPÉRATIF

Présent	Passé
meurs	sois mort(e)
mourons	soyons mort(e)s
mourez	soyez mort(e)s

INFINITIF

Présent	Passé
mourir	être mort

PARTICIPE

Présent	Passé
mourant	étant mort
	mort (e, s, es)

- Le verbe *mourir* suit la conjugaison de *courir* (→ tableau 32), sauf :
  – à l'indicatif présent et au subjonctif présent, où son radical connaît une variante *meur-* ;
  – au participe passé, où il prend la forme de *mort*.
- Le verbe *se mourir* ne se conjugue qu'au présent, à l'imparfait de l'indicatif et au participe présent.

34 dormir

3e groupe
dormir et ses dérivés

endormir • rendormir

INDICATIF

Présent
je dors
tu dors
il/elle dort
nous dormons
vous dormez
ils/elles dorment

Passé composé
j'ai dormi
tu as dormi
il/elle a dormi
nous avons dormi
vous avez dormi
ils/elles ont dormi

Imparfait
je dormais
tu dormais
il/elle dormait
nous dormions
vous dormiez
ils/elles dormaient

Plus-que-parfait
j'avais dormi
tu avais dormi
il/elle avait dormi
nous avions dormi
vous aviez dormi
ils/elles avaient dormi

Passé simple
je dormis
tu dormis
il/elle dormit
nous dormîmes
vous dormîtes
ils/elles dormirent

Passé antérieur
j'eus dormi
tu eus dormi
il/elle eut dormi
nous eûmes dormi
vous eûtes dormi
ils/elles eurent dormi

Futur simple
je dormirai
tu dormiras
il/elle dormira
nous dormirons
vous dormirez
ils/elles dormiront

Futur antérieur
j'aurai dormi
tu auras dormi
il/elle aura dormi
nous aurons dormi
vous aurez dormi
ils/elles auront dormi

CONDITIONNEL

Présent
je dormirais
tu dormirais
il/elle dormirait
nous dormirions
vous dormiriez
ils/elles dormiraient

Passé
j'aurais dormi
tu aurais dormi
il/elle aurait dormi
nous aurions dormi
vous auriez dormi
ils/elles auraient dormi

SUBJONCTIF

Présent
que je dorme
que tu dormes
qu'il/elle dorme
que nous dormions
que vous dormiez
qu'ils/elles dorment

Passé
que j'aie dormi
que tu aies dormi
qu'il/elle ait dormi
que nous ayons dormi
que vous ayez dormi
qu'ils/elles aient dormi

Imparfait
que je dormisse
que tu dormisses
qu'il/elle dormît
que nous dormissions
que vous dormissiez
qu'ils/elles dormissent

Plus-que-parfait
que j'eusse dormi
que tu eusses dormi
qu'il/elle eût dormi
que nous eussions dormi
que vous eussiez dormi
qu'ils/elles eussent dormi

IMPÉRATIF

Présent
dors
dormons
dormez

Passé
aie dormi
ayons dormi
ayez dormi

INFINITIF

Présent
dormir

Passé
avoir dormi

PARTICIPE

Présent
dormant

Passé
ayant dormi
dormi

• Le radical de ***dormir*** et de ses dérivés se termine par deux consonnes. Au singulier de l'indicatif présent et de l'impératif présent, il faudrait ajouter une 3e consonne, celle des terminaisons *-s*, *-s*, *-t*, ce qui n'est pas possible. C'est pourquoi la consonne de la fin du radical disparaît :
– ***nous dorm/ons, vous dorm/ez*** ; ***dorm/ons*** (radical long) ;
– ***je dor/s, tu dor/s, il dor/t*** ; ***dor/s*** (radical court).

35 servir

3e groupe
servir et ses dérivés

desservir • resservir

INDICATIF

Présent
je sers
tu sers
il/elle sert
nous servons
vous servez
ils/elles servent

Passé composé
j'ai servi
tu as servi
il/elle a servi
nous avons servi
vous avez servi
ils/elles ont servi

Imparfait
je servais
tu servais
il/elle servait
nous servions
vous serviez
ils/elles servaient

Plus-que-parfait
j'avais servi
tu avais servi
il/elle avait servi
nous avions servi
vous aviez servi
ils/elles avaient servi

Passé simple
je servis
tu servis
il/elle servit
nous servîmes
vous servîtes
ils/elles servirent

Passé antérieur
j'eus servi
tu eus servi
il/elle eut servi
nous eûmes servi
vous eûtes servi
ils/elles eurent servi

Futur simple
je servirai
tu serviras
il/elle servira
nous servirons
vous servirez
ils/elles serviront

Futur antérieur
j'aurai servi
tu auras servi
il/elle aura servi
nous aurons servi
vous aurez servi
ils/elles auront servi

CONDITIONNEL

Présent
je servirais
tu servirais
il/elle servirait
nous servirions
vous serviriez
ils/elles serviraient

Passé
j'aurais servi
tu aurais servi
il/elle aurait servi
nous aurions servi
vous auriez servi
ils/elles auraient servi

SUBJONCTIF

Présent
que je serve
que tu serves
qu'il/elle serve
que nous servions
que vous serviez
qu'ils/elles servent

Passé
que j'aie servi
que tu aies servi
qu'il/elle ait servi
que nous ayons servi
que vous ayez servi
qu'ils/elles aient servi

Imparfait
que je servisse
que tu servisses
qu'il/elle servît
que nous servissions
que vous servissiez
qu'ils/elles servissent

Plus-que-parfait
que j'eusse servi
que tu eusses servi
qu'il/elle eût servi
que nous eussions servi
que vous eussiez servi
qu'ils/elles eussent servi

IMPÉRATIF

Présent
sers
servons
servez

Passé
aie servi
ayons servi
ayez servi

INFINITIF

Présent
servir

Passé
avoir servi

PARTICIPE

Présent
servant

Passé
ayant servi
servi (e, s, es)

• Le radical de *servir* et de ses dérivés se termine par deux consonnes. Au singulier de l'indicatif présent et de l'impératif, il faudrait ajouter une 3e consonne, celle des terminaisons *-s*, *-s*, *-t*, ce qui n'est pas possible. C'est pourquoi la consonne de la fin du radical disparaît : ***nous serv/ons*** (radical long), ***je ser/s***... (radical court).

• Le verbe ***asservir***, qui est un dérivé de *serf* et non de ***servir***, est un verbe du 2e groupe et se conjugue sur ***finir*** → **tableau 6**.

36 sentir

3ᵉ groupe
verbes en *-tir*

consentir • départir • mentir • partir • pressentir • se repentir • ressentir • sortir...

INDICATIF

Présent	Passé composé
je sens	j'ai senti
tu sens	tu as senti
il/elle sent	il/elle a senti
nous sentons	nous avons senti
vous sentez	vous avez senti
ils/elles sentent	ils/elles ont senti

Imparfait	Plus-que-parfait
je sentais	j'avais senti
tu sentais	tu avais senti
il/elle sentait	il/elle avait senti
nous sentions	nous avions senti
vous sentiez	vous aviez senti
ils/elles sentaient	ils/elles avaient senti

Passé simple	Passé antérieur
je sentis	j'eus senti
tu sentis	tu eus senti
il/elle sentit	il/elle eut senti
nous sentîmes	nous eûmes senti
vous sentîtes	vous eûtes senti
ils/elles sentirent	ils/elles eurent senti

Futur simple	Futur antérieur
je sentirai	j'aurai senti
tu sentiras	tu auras senti
il/elle sentira	il/elle aura senti
nous sentirons	nous aurons senti
vous sentirez	vous aurez senti
ils/elles sentiront	ils/elles auront senti

CONDITIONNEL

Présent	Passé
je sentirais	j'aurais senti
tu sentirais	tu aurais senti
il/elle sentirait	il/elle aurait senti
nous sentirions	nous aurions senti
vous sentiriez	vous auriez senti
ils/elles sentiraient	ils/elles auraient senti

SUBJONCTIF

Présent	Passé
que je sente	que j'aie senti
que tu sentes	que tu aies senti
qu'il/elle sente	qu'il/elle ait senti
que nous sentions	que nous ayons senti
que vous sentiez	que vous ayez senti
qu'ils/elles sentent	qu'ils/elles aient senti

Imparfait	Plus-que-parfait
que je sentisse	que j'eusse senti
que tu sentisses	que tu eusses senti
qu'il/elle sentît	qu'il/elle eût senti
que nous sentissions	que nous eussions senti
que vous sentissiez	que vous eussiez senti
qu'ils/elles sentissent	qu'ils/elles eussent senti

IMPÉRATIF

Présent	Passé
sens	aie senti
sentons	ayons senti
sentez	ayez senti

INFINITIF

Présent	Passé
sentir	avoir senti

PARTICIPE

Présent	Passé
sentant	ayant senti
	senti (e, s, es)

- Les verbes du 3ᵉ groupe en *-tir* (sauf ***vêtir*** et ses dérivés) perdent le *t* du radical aux personnes du singulier de l'indicatif et de l'impératif présent : ***je sen/s, tu sen/s*** ; ***sen/s***.
- ***Répartir***, ***impartir***, ***assortir***, ***ressortir à*** (au sens de « être du ressort de ») sont des verbes du 2ᵉ groupe : ils se conjuguent donc sur ***finir*** → tableau 6.
- ***Se départir*** se conjugue sur ***partir***.

37 vêtir

3e groupe
verbes en *-tir* :
exceptions

dévêtir • revêtir • survêtir

INDICATIF

Présent
je vêts
tu vêts
il/elle vêt
nous vêtons
vous vêtez
ils/elles vêtent

Passé composé
j'ai vêtu
tu as vêtu
il/elle a vêtu
nous avons vêtu
vous avez vêtu
ils/elles ont vêtu

Imparfait
je vêtais
tu vêtais
il/elle vêtait
nous vêtions
vous vêtiez
ils/elles vêtaient

Plus-que-parfait
j'avais vêtu
tu avais vêtu
il/elle avait vêtu
nous avions vêtu
vous aviez vêtu
ils/elles avaient vêtu

Passé simple
je vêtis
tu vêtis
il/elle vêtit
nous vêtîmes
vous vêtîtes
ils/elles vêtirent

Passé antérieur
j'eus vêtu
tu eus vêtu
il/elle eut vêtu
nous eûmes vêtu
vous eûtes vêtu
ils/elles eurent vêtu

Futur simple
je vêtirai
tu vêtiras
il/elle vêtira
nous vêtirons
vous vêtirez
ils/elles vêtiront

Futur antérieur
j'aurai vêtu
tu auras vêtu
il/elle aura vêtu
nous aurons vêtu
vous aurez vêtu
ils/elles auront vêtu

CONDITIONNEL

Présent
je vêtirais
tu vêtirais
il/elle vêtirait
nous vêtirions
vous vêtiriez
ils/elles vêtiraient

Passé
j'aurais vêtu
tu aurais vêtu
il/elle aurait vêtu
nous aurions vêtu
vous auriez vêtu
ils/elles auraient vêtu

SUBJONCTIF

Présent
que je vête
que tu vêtes
qu'il/elle vête
que nous vêtions
que vous vêtiez
qu'ils/elles vêtent

Passé
que j'aie vêtu
que tu aies vêtu
qu'il/elle ait vêtu
que nous ayons vêtu
que vous ayez vêtu
qu'ils/elles aient vêtu

Imparfait
que je vêtisse
que tu vêtisses
qu'il/elle vêtît
que nous vêtissions
que vous vêtissiez
qu'ils/elles vêtissent

Plus-que-parfait
que j'eusse vêtu
que tu eusses vêtu
qu'il/elle eût vêtu
que nous eussions vêtu
que vous eussiez vêtu
qu'ils/elles eussent vêtu

IMPÉRATIF

Présent
vêts
vêtons
vêtez

Passé
aie vêtu
ayons vêtu
ayez vêtu

INFINITIF

Présent
vêtir

Passé
avoir vêtu

PARTICIPE

Présent
vêtant

Passé
ayant vêtu
vêtu (e, s, es)

- Contrairement aux autres verbes du 3e groupe en *-tir* (→ tableau 36), ***vêtir*** et ses dérivés conservent le ***t*** final du radical à toutes les formes : ***je vêt/s, tu vêt/s*** ; ***vêt/s***.
- Des formes comme ⊖ *ils se vêtissent*, ⊖ *vêtissant*, empruntées au 2e groupe, sont fautives. On dit : ***ils se vêtent, vêtant***.
- ***Travestir***, qui est également un dérivé de ***vêtir***, est un verbe du 2e groupe et se conjugue sur ***finir*** → tableau 6.

38 fuir

3e groupe
fuir et son dérivé

s'enfuir

INDICATIF

Présent
je fuis
tu fuis
il/elle fuit
nous fuyons
vous fuyez
ils/elles fuient

Passé composé
j'ai fui
tu as fui
il/elle a fui
nous avons fui
vous avez fui
ils/elles ont fui

Imparfait
je fuyais
tu fuyais
il/elle fuyait
nous fuyions
vous fuyiez
ils/elles fuyaient

Plus-que-parfait
j'avais fui
tu avais fui
il/elle avait fui
nous avions fui
vous aviez fui
ils/elles avaient fui

Passé simple
je fuis
tu fuis
il/elle fuit
nous fuîmes
vous fuîtes
ils/elles fuirent

Passé antérieur
j'eus fui
tu eus fui
il/elle eut fui
nous eûmes fui
vous eûtes fui
ils/elles eurent fui

Futur simple
je fuirai
tu fuiras
il/elle fuira
nous fuirons
vous fuirez
ils/elles fuiront

Futur antérieur
j'aurai fui
tu auras fui
il/elle aura fui
nous aurons fui
vous aurez fui
ils/elles auront fui

CONDITIONNEL

Présent
je fuirais
tu fuirais
il/elle fuirait
nous fuirions
vous fuiriez
ils/elles fuiraient

Passé
j'aurais fui
tu aurais fui
il/elle aurait fui
nous aurions fui
vous auriez fui
ils/elles auraient fui

SUBJONCTIF

Présent
que je fuie
que tu fuies
qu'il/elle fuie
que nous fuyions
que vous fuyiez
qu'ils/elles fuient

Passé
que j'aie fui
que tu aies fui
qu'il/elle ait fui
que nous ayons fui
que vous ayez fui
qu'ils/elles aient fui

Imparfait
que je fuisse
que tu fuisses
qu'il/elle fuît
que nous fuissions
que vous fuissiez
qu'ils/elles fuissent

Plus-que-parfait
que j'eusse fui
que tu eusses fui
qu'il/elle eût fui
que nous eussions fui
que vous eussiez fui
qu'ils/elles eussent fui

IMPÉRATIF

Présent
fuis
fuyons
fuyez

Passé
aie fui
ayons fui
ayez fui

INFINITIF

Présent
fuir

Passé
avoir fui

PARTICIPE

Présent
fuyant

Passé
ayant fui
fui (e, s, es)

• *Fuir* et *s'enfuir* changent le ***i*** en ***y*** devant une terminaison qui commence par une voyelle autre que ***e*** muet. On écrit ***je fui/s, nous fui/rons, qu'il fui/e*** mais ***nous fuy/ons, vous fuy/ez, je fuy/ais***.

• Aux 1re et 2e personnes du pluriel de l'indicatif imparfait et du subjonctif présent, il ne faut pas oublier le ***i*** de la terminaison à l'écrit : ***nous fuy/ions, vous fuy/iez, que nous fuy/ions, que vous fuy/iez***.

39 tenir

3e groupe
verbes en *-enir*

advenir • appartenir • devenir • entretenir • maintenir • soutenir • se souvenir • venir…

INDICATIF

Présent
je tiens
tu tiens
il/elle tient
nous tenons
vous tenez
ils/elles tiennent

Passé composé
j'ai tenu
tu as tenu
il/elle a tenu
nous avons tenu
vous avez tenu
ils/elles ont tenu

Imparfait
je tenais
tu tenais
il/elle tenait
nous tenions
vous teniez
ils/elles tenaient

Plus-que-parfait
j'avais tenu
tu avais tenu
il/elle avait tenu
nous avions tenu
vous aviez tenu
ils/elles avaient tenu

Passé simple
je tins
tu tins
il/elle tint
nous tînmes
vous tîntes
ils/elles tinrent

Passé antérieur
j'eus tenu
tu eus tenu
il/elle eut tenu
nous eûmes tenu
vous eûtes tenu
ils/elles eurent tenu

Futur simple
je tiendrai
tu tiendras
il/elle tiendra
nous tiendrons
vous tiendrez
ils/elles tiendront

Futur antérieur
j'aurai tenu
tu auras tenu
il/elle aura tenu
nous aurons tenu
vous aurez tenu
ils/elles auront tenu

CONDITIONNEL

Présent
je tiendrais
tu tiendrais
il/elle tiendrait
nous tiendrions
vous tiendriez
ils/elles tiendraient

Passé
j'aurais tenu
tu aurais tenu
il/elle aurait tenu
nous aurions tenu
vous auriez tenu
ils/elles auraient tenu

SUBJONCTIF

Présent
que je tienne
que tu tiennes
qu'il/elle tienne
que nous tenions
que vous teniez
qu'ils/elles tiennent

Passé
que j'aie tenu
que tu aies tenu
qu'il/elle ait tenu
que nous ayons tenu
que vous ayez tenu
qu'ils/elles aient tenu

Imparfait
que je tinsse
que tu tinsses
qu'il/elle tînt
que nous tinssions
que vous tinssiez
qu'ils/elles tinssent

Plus-que-parfait
que j'eusse tenu
que tu eusses tenu
qu'il/elle eût tenu
que nous eussions tenu
que vous eussiez tenu
qu'ils/elles eussent tenu

IMPÉRATIF

Présent
tiens
tenons
tenez

Passé
aie tenu
ayons tenu
ayez tenu

INFINITIF

Présent
tenir

Passé
avoir tenu

PARTICIPE

Présent
tenant

Passé
ayant tenu
tenu (e, s, es)

• Le radical de *venir*, *tenir* et de leurs dérivés connaît des formes variées : *tien-*, *tienn-*, *ten-*, *tin-*, *tiend-*.

• *Venir* et ses dérivés se conjuguent avec l'auxiliaire *être*, sauf *circonvenir*, *contrevenir*, *prévenir*, *subvenir*.

• *Attenir* est un dérivé défectif de *tenir*, utilisé essentiellement au participe présent : *le jardin attenant*.

40 acquérir

3e groupe
quérir et ses dérivés

conquérir • s'enquérir • reconquérir • requérir...

INDICATIF

Présent

j'acquiers
tu acquiers
il/elle acquiert
nous acquérons
vous acquérez
ils/elles acquièrent

Passé composé

j'ai acquis
tu as acquis
il/elle a acquis
nous avons acquis
vous avez acquis
ils/elles ont acquis

Imparfait

j'acquérais
tu acquérais
il/elle acquérait
nous acquérions
vous acquériez
ils/elles acquéraient

Plus-que-parfait

j'avais acquis
tu avais acquis
il/elle avait acquis
nous avions acquis
vous aviez acquis
ils/elles avaient acquis

Passé simple

j'acquis
tu acquis
il/elle acquit
nous acquîmes
vous acquîtes
ils/elles acquirent

Passé antérieur

j'eus acquis
tu eus acquis
il/elle eut acquis
nous eûmes acquis
vous eûtes acquis
ils/elles eurent acquis

Futur simple

j'acquerrai
tu acquerras
il/elle acquerra
nous acquerrons
vous acquerrez
ils/elles acquerront

Futur antérieur

j'aurai acquis
tu auras acquis
il/elle aura acquis
nous aurons acquis
vous aurez acquis
ils/elles auront acquis

CONDITIONNEL

Présent

j'acquerrais
tu acquerrais
il/elle acquerrait
nous acquerrions
vous acquerriez
ils/elles acquerraient

Passé

j'aurais acquis
tu aurais acquis
il/elle aurait acquis
nous aurions acquis
vous auriez acquis
ils/elles auraient acquis

SUBJONCTIF

Présent

que j'acquière
que tu acquières
qu'il/elle acquière
que nous acquérions
que vous acquériez
qu'ils/elles acquièrent

Passé

que j'aie acquis
que tu aies acquis
qu'il/elle ait acquis
que nous ayons acquis
que vous ayez acquis
qu'ils/elles aient acquis

Imparfait

que j'acquisse
que tu acquisses
qu'il/elle acquît
que nous acquissions
que vous acquissiez
qu'ils/elles acquissent

Plus-que-parfait

que j'eusse acquis
que tu eusses acquis
qu'il/elle eût acquis
que nous eussions acquis
que vous eussiez acquis
qu'ils/elles eussent acquis

IMPÉRATIF

Présent

acquiers
acquérons
acquérez

Passé

aie acquis
ayons acquis
ayez acquis

INFINITIF

Présent

acquérir

Passé

avoir acquis

PARTICIPE

Présent

acquérant

Passé

ayant acquis
acquis (e, es)

- Le radical de ***quérir*** et de ses dérivés présente les formes ***acquier-***, ***acquér-***, ***acqui-***.
- Le ***e*** de la fin du radical ne prend aucun accent s'il est suivi de deux consonnes : ***j'acquier/s*** ; il prend un accent aigu si la terminaison commence par une voyelle autre qu'un ***e*** muet ***(nous acquér/ons)*** et un accent grave si la terminaison commence par un ***e*** muet ***(ils acquièr/ent)***.
- Le futur simple et le conditionnel présent présentent deux ***r***.

41 bouillir

3e groupe
bouillir et ses dérivés

débouillir • racabouillir • rebouillir

INDICATIF

Présent
je bous
tu bous
il/elle bout
nous bouillons
vous bouillez
ils/elles bouillent

Passé composé
j'ai bouilli
tu as bouilli
il/elle a bouilli
nous avons bouilli
vous avez bouilli
ils/elles ont bouilli

Imparfait
je bouillais
tu bouillais
il/elle bouillait
nous bouillions
vous bouilliez
ils/elles bouillaient

Plus-que-parfait
j'avais bouilli
tu avais bouilli
il/elle avait bouilli
nous avions bouilli
vous aviez bouilli
ils/elles avaient bouilli

Passé simple
je bouillis
tu bouillis
il/elle bouillit
nous bouillîmes
vous bouillîtes
ils/elles bouillirent

Passé antérieur
j'eus bouilli
tu eus bouilli
il/elle eut bouilli
nous eûmes bouilli
vous eûtes bouilli
ils/elles eurent bouilli

Futur simple
je bouillirai
tu bouilliras
il/elle bouillira
nous bouillirons
vous bouillirez
ils/elles bouilliront

Futur antérieur
j'aurai bouilli
tu auras bouilli
il/elle aura bouilli
nous aurons bouilli
vous aurez bouilli
ils/elles auront bouilli

CONDITIONNEL

Présent
je bouillirais
tu bouillirais
il/elle bouillirait
nous bouillirions
vous bouilliriez
ils/elles bouilliraient

Passé
j'aurais bouilli
tu aurais bouilli
il/elle aurait bouilli
nous aurions bouilli
vous auriez bouilli
ils/elles auraient bouilli

SUBJONCTIF

Présent
que je bouille
que tu bouilles
qu'il/elle bouille
que nous bouillions
que vous bouilliez
qu'ils/elles bouillent

Passé
que j'aie bouilli
que tu aies bouilli
qu'il/elle ait bouilli
que nous ayons bouilli
que vous ayez bouilli
qu'ils/elles aient bouilli

Imparfait
que je bouillisse
que tu bouillisses
qu'il/elle bouillît
que nous bouillissions
que vous bouillissiez
qu'ils/elles bouillissent

Plus-que-parfait
que j'eusse bouilli
que tu eusses bouilli
qu'il/elle eût bouilli
que nous eussions bouilli
que vous eussiez bouilli
qu'ils/elles eussent bouilli

IMPÉRATIF

Présent
bous
bouillons
bouillez

Passé
aie bouilli
ayons bouilli
ayez bouilli

INFINITIF

Présent
bouillir

Passé
avoir bouilli

PARTICIPE

Présent
bouillant

Passé
ayant bouilli
bouilli (e, s, es)

• Le radical de ***bouillir*** et de ses dérivés présente les formes ***bou-***, ***bouill-***, ***bouilli-***.

• La forme courte en ***bou-*** n'apparaît qu'au singulier de l'indicatif présent et de l'impératif : ***je bou/s***, ***tu bou/s***, ***il bou/t*** ; ***bou/s***. À toutes les autres formes, le radical comporte une syllabe mouillée.

• Des formes comme ⊖ *ils bouent,* ⊖ *ils boueront,* empruntées au 1er groupe, sont fautives. On dit : ***ils bouillent, ils bouilliront***.

42 couvrir

3e groupe
verbes en *-vrir* et *-frir*

découvrir • entrouvrir • offrir • ouvrir • recouvrir • redécouvrir • rouvrir • souffrir...

INDICATIF

Présent	Passé composé
je couvre	j'ai couvert
tu couvres	tu as couvert
il/elle couvre	il/elle a couvert
nous couvrons	nous avons couvert
vous couvrez	vous avez couvert
ils/elles couvrent	ils/elles ont couvert

Imparfait	Plus-que-parfait
je couvrais	j'avais couvert
tu couvrais	tu avais couvert
il/elle couvrait	il/elle avait couvert
nous couvrions	nous avions couvert
vous couvriez	vous aviez couvert
ils/elles couvraient	ils/elles avaient couvert

Passé simple	Passé antérieur
je couvris	j'eus couvert
tu couvris	tu eus couvert
il/elle couvrit	il/elle eut couvert
nous couvrîmes	nous eûmes couvert
vous couvrîtes	vous eûtes couvert
ils/elles couvrirent	ils/elles eurent couvert

Futur simple	Futur antérieur
je couvrirai	j'aurai couvert
tu couvriras	tu auras couvert
il/elle couvrira	il/elle aura couvert
nous couvrirons	nous aurons couvert
vous couvrirez	vous aurez couvert
ils/elles couvriront	ils/elles auront couvert

CONDITIONNEL

Présent	Passé
je couvrirais	j'aurais couvert
tu couvrirais	tu aurais couvert
il/elle couvrirait	il/elle aurait couvert
nous couvririons	nous aurions couvert
vous couvririez	vous auriez couvert
ils/elles couvriraient	ils/elles auraient couvert

SUBJONCTIF

Présent	Passé
que je couvre	que j'aie couvert
que tu couvres	que tu aies couvert
qu'il/elle couvre	qu'il/elle ait couvert
que nous couvrions	que nous ayons couvert
que vous couvriez	que vous ayez couvert
qu'ils/elles couvrent	qu'ils/elles aient couvert

Imparfait	Plus-que-parfait
que je couvrisse	que j'eusse couvert
que tu couvrisses	que tu eusses couvert
qu'il/elle couvrît	qu'il/elle eût couvert
que nous couvrissions	que nous eussions couvert
que vous couvrissiez	que vous eussiez couvert
qu'ils/elles couvrissent	qu'ils/elles eussent couvert

IMPÉRATIF

Présent	Passé
couvre	aie couvert
couvrons	ayons couvert
couvrez	ayez couvert

INFINITIF

Présent	Passé
couvrir	avoir couvert

PARTICIPE

Présent	Passé
couvrant	ayant couvert
	couvert (e, s, es)

• Au singulier de l'indicatif et de l'impératif présent, les verbes en *-vrir* et en *-frir* ne se terminent pas par *-s*, *-s*, *-t* comme les autres verbes du 3e groupe, mais par *-e*, *-es*, *-e* comme les verbes du 1er groupe. On écrit : ***je couvr/e, tu couvr/es, il couvr/e*** ; ***couvr/e***.

• Seuls *cueillir* et ses dérivés (→ tableau 43) et les verbes en *-aillir* (→ tableau 44) sont dans le même cas.

43 cueillir

3ᵉ groupe
cueillir et ses dérivés

accueillir • recueillir

INDICATIF

Présent	Passé composé
je cueille	j'ai cueilli
tu cueilles	tu as cueilli
il/elle cueille	il/elle a cueilli
nous cueillons	nous avons cueilli
vous cueillez	vous avez cueilli
ils/elles cueillent	ils/elles ont cueilli

Imparfait	Plus-que-parfait
je cueillais	j'avais cueilli
tu cueillais	tu avais cueilli
il/elle cueillait	il/elle avait cueilli
nous cueillions	nous avions cueilli
vous cueilliez	vous aviez cueilli
ils/elles cueillaient	ils/elles avaient cueilli

Passé simple	Passé antérieur
je cueillis	j'eus cueilli
tu cueillis	tu eus cueilli
il/elle cueillit	il/elle eut cueilli
nous cueillîmes	nous eûmes cueilli
vous cueillîtes	vous eûtes cueilli
ils/elles cueillirent	ils/elles eurent cueilli

Futur simple	Futur antérieur
je cueillerai	j'aurai cueilli
tu cueilleras	tu auras cueilli
il/elle cueillera	il/elle aura cueilli
nous cueillerons	nous aurons cueilli
vous cueillerez	vous aurez cueilli
ils/elles cueilleront	ils/elles auront cueilli

CONDITIONNEL

Présent	Passé
je cueillerais	j'aurais cueilli
tu cueillerais	tu aurais cueilli
il/elle cueillerait	il/elle aurait cueilli
nous cueillerions	nous aurions cueilli
vous cueilleriez	vous auriez cueilli
ils/elles cueilleraient	ils/elles auraient cueilli

SUBJONCTIF

Présent	Passé
que je cueille	que j'aie cueilli
que tu cueilles	que tu aies cueilli
qu'il/elle cueille	qu'il/elle ait cueilli
que nous cueillions	que nous ayons cueilli
que vous cueilliez	que vous ayez cueilli
qu'ils/elles cueillent	qu'ils/elles aient cueilli

Imparfait	Plus-que-parfait
que je cueillisse	que j'eusse cueilli
que tu cueillisses	que tu eusses cueilli
qu'il/elle cueillît	qu'il/elle eût cueilli
que nous cueillissions	que nous eussions cueilli
que vous cueillissiez	que vous eussiez cueilli
qu'ils/elles cueillissent	qu'ils/elles eussent cueilli

IMPÉRATIF

Présent	Passé
cueille	aie cueilli
cueillons	ayons cueilli
cueillez	ayez cueilli

INFINITIF

Présent	Passé
cueillir	avoir cueilli

PARTICIPE

Présent	Passé
cueillant	ayant cueilli
	cueilli (e, s, es)

• Comme les verbes en *-vrir* et en *-frir* (→ tableau 42), au singulier de l'indicatif et de l'impératif présent, *cueillir* et ses dérivés ne se terminent pas par *-s*, *-s*, *-t*, mais par *-e*, *-es*, *-e* : ***je cueill/e, tu cueill/es, il cueill/e*** ; ***cueill/e***.

• Au futur simple et au conditionnel présent, le radical prend la forme de ***cueille-*** et non celle de ***cueilli-***. On écrit : ***je cueille/rai, tu cueille/ras*** et ***je cueille/rais, tu cueille/rais*** comme ***j'aime/rai*** et ***j'aime/rais***.

44 défaillir

3e groupe
verbes en *-aillir*

assaillir • saillir • tressaillir

INDICATIF

Présent

je défaille
tu défailles
il/elle défaille
nous défaillons
vous défaillez
ils/elles défaillent

Passé composé

j'ai défailli
tu as défailli
il/elle a défailli
nous avons défailli
vous avez défailli
ils/elles ont défailli

Imparfait

je défaillais
tu défaillais
il/elle défaillait
nous défaillions
vous défailliez
ils/elles défaillaient

Plus-que-parfait

j'avais défailli
tu avais défailli
il/elle avait défailli
nous avions défailli
vous aviez défailli
ils/elles avaient défailli

Passé simple

je défaillis
tu défaillis
il/elle défaillit
nous défaillîmes
vous défaillîtes
ils/elles défaillirent

Passé antérieur

j'eus défailli
tu eus défailli
il/elle eut défailli
nous eûmes défailli
vous eûtes défailli
ils/elles eurent défailli

Futur simple

je défaillirai
tu défailliras
il/elle défaillira
nous défaillirons
vous défaillirez
ils/elles défailliront

Futur antérieur

j'aurai défailli
tu auras défailli
il/elle aura défailli
nous aurons défailli
vous aurez défailli
ils/elles auront défailli

CONDITIONNEL

Présent

je défaillirais
tu défaillirais
il/elle défaillirait
nous défaillirions
vous défailliriez
ils/elles défailliraient

Passé

j'aurais défailli
tu aurais défailli
il/elle aurait défailli
nous aurions défailli
vous auriez défailli
ils/elles auraient défailli

SUBJONCTIF

Présent

que je défaille
que tu défailles
qu'il/elle défaille
que nous défaillions
que vous défailliez
qu'ils/elles défaillent

Passé

que j'aie défailli
que tu aies défailli
qu'il/elle ait défailli
que nous ayons défailli
que vous ayez défailli
qu'ils/elles aient défailli

Imparfait

que je défaillisse
que tu défaillisses
qu'il/elle défaillît
que nous défaillissions
que vous défaillissiez
qu'ils/elles défaillissent

Plus-que-parfait

que j'eusse défailli
que tu eusses défailli
qu'il/elle eût défailli
que nous eussions défailli
que vous eussiez défailli
qu'ils/elles eussent défailli

IMPÉRATIF

Présent

défaille
défaillons
défaillez

Passé

aie défailli
ayons défailli
ayez défailli

INFINITIF

Présent

défaillir

Passé

avoir défailli

PARTICIPE

Présent

défaillant

Passé

ayant défailli
défailli

- Tous les verbes en *-aillir* sauf *faillir* suivent la conjugaison de ***défaillir***.
- ***Saillir*** au sens de « surplomber, avancer » se conjugue sur ***défaillir***. ***Saillir*** au sens de « s'accoupler » est un verbe du 2e groupe → **tableau 6**.
- Comme les verbes en *-vrir* et en *-frir* (→ **tableau 42**), au singulier de l'indicatif et de l'impératif présent, les verbes qui se conjuguent sur ce modèle se terminent par *-e*, *-es*, *-e*.

3e groupe
verbe défectif
en *-aillir*

INDICATIF

Présent	Passé composé
je faux	j'ai failli
tu faux	tu as failli
il/elle faut	il/elle a failli
nous faillons	nous avons failli
vous faillez	vous avez failli
ils/elles faillent	ils/elles ont failli

Imparfait	Plus-que-parfait
je faillais	j'avais failli
tu faillais	tu avais failli
il/elle faillait	il/elle avait failli
nous faillions	nous avions failli
vous failliez	vous aviez failli
ils/elles faillaient	ils/elles avaient failli

Passé simple	Passé antérieur
je faillis	j'eus failli
tu faillis	tu eus failli
il/elle faillit	il/elle eut failli
nous faillîmes	nous eûmes failli
vous faillîtes	vous eûtes failli
ils/elles faillirent	ils/elles eurent failli

Futur simple	Futur antérieur
je faillirai/*faudrai*	j'aurai failli
tu failliras/*faudras*	tu auras failli
il/elle faillira/*faudra*	il/elle aura failli
n. faillirons/*faudrons*	nous aurons failli
v. faillirez/*faudrez*	vous aurez failli
ils failliront/*faudront*	ils/elles auront failli

CONDITIONNEL

Présent	Passé
je faillirais/*faudrais*	j'aurais failli
tu faillirais/*faudrais*	tu aurais failli
il faillirait/*faudrait*	il/elle aurait failli
n. faillirions/*faudrions*	nous aurions failli
v. failliriez/*faudriez*	vous auriez failli
ils failliraient/*faudraient*	ils/elles auraient failli

SUBJONCTIF

Présent	Passé
que je faillisse/*faille*	que j'aie failli
que tu faillisses/*failles*	que tu aies failli
qu'il/elle faillisse/*faille*	qu'il/elle ait failli
que n. faillissions/*faillions*	que nous ayons failli
que v. faillissiez/*failliez*	que vous ayez failli
qu'ils faillissent/*faillent*	qu'ils/elles aient failli

Imparfait	Plus-que-parfait
que je faillisse	que j'eusse failli
que tu faillisses	que tu eusses failli
qu'il/elle faillît	qu'il/elle eût failli
que nous faillissions	que nous eussions failli
que vous faillissiez	que vous eussiez failli
qu'ils/elles faillissent	qu'ils/elles eussent failli

IMPÉRATIF

Présent	Passé
.	.
.	.
.	.

INFINITIF

Présent	Passé
faillir	avoir failli

PARTICIPE

Présent	Passé
faillant	ayant failli
	failli

- *Faillir* comporte d'anciennes formes, désormais inusitées (en bleu dans le tableau). La tendance générale est de conjuguer *faillir* comme un verbe du 2e groupe, sur le modèle de *finir* → tableau 6.
- *Faillir* est essentiellement employé à l'infinitif *(faillir)*, au passé simple *(je faillis)* et aux temps composés.

46 ouïr

3ᵉ groupe
verbe défectif

INDICATIF

Présent
j'ois
tu ois
il/elle oit
nous oyons
vous oyez
ils/elles oient

Passé composé
j'ai ouï
tu as ouï
il/elle a ouï
nous avons ouï
vous avez ouï
ils/elles ont ouï

Imparfait
j'oyais
tu oyais
il/elle oyait
nous oyions
vous oyiez
ils/elles oyaient

Plus-que-parfait
j'avais ouï
tu avais ouï
il/elle avait ouï
nous avions ouï
vous aviez ouï
ils/elles avaient ouï

Passé simple
j'ouïs
tu ouïs
il/elle ouït
nous ouïmes
vous ouïtes
ils/elles ouïrent

Passé antérieur
j'eus ouï
tu eus ouï
il/elle eut ouï
nous eûmes ouï
vous eûtes ouï
ils/elles eurent ouï

Futur simple
j'ouïrai/orrai/oirai
tu ouïras/orras
il ouïra/orra
nous ouïrons/orrons
vous ouïrez/orrez
ils ouïront/orront

Futur antérieur
j'aurai ouï
tu auras ouï
il/elle aura ouï
nous aurons ouï
vous aurez ouï
ils/elles auront ouï

CONDITIONNEL

Présent
j'ouïrais/orrais/oirais
tu ouïrais/orrais
il ouïrait/orrait
nous ouïrions/orrions
vous ouïriez/orriez
ils ouïraient/orraient

Passé
j'aurais ouï
tu aurais ouï
il/elle aurait ouï
nous aurions ouï
vous auriez ouï
ils/elles auraient ouï

SUBJONCTIF

Présent
que j'oie
que tu oies
qu'il/elle oie
que nous oyions
que vous oyiez
qu'ils/elles oient

Passé
que j'aie ouï
que tu aies ouï
qu'il/elle ait ouï
que nous ayons ouï
que vous ayez ouï
qu'ils/elles aient ouï

Imparfait
que j'ouïsse
que tu ouïsses
qu'il/elle ouït
que nous ouïssions
que vous ouïssiez
qu'ils/elles ouïssent

Plus-que-parfait
que j'eusse ouï
que tu eusses ouï
qu'il/elle eût ouï
que nous eussions ouï
que vous eussiez ouï
qu'ils/elles eussent ouï

IMPÉRATIF

Présent
ois
oyons
oyez

Passé
aie ouï
ayons ouï
ayez ouï

INFINITIF

Présent
ouïr

Passé
avoir ouï

PARTICIPE

Présent
oyant

Passé
ayant ouï
ouï

• Le verbe ***ouïr*** n'est plus guère employé qu'à l'infinitif ***(ouïr)***, au participe passé (***ouï***, notamment dans l'expression ***par ouï-dire***) et au passé composé ***(j'ai ouï dire que)***.

• On peut classer ***ouïr*** parmi les verbes défectifs. Les formes en bleu sont tout à fait inusitées.

47 gésir

3e groupe
verbe défectif

INDICATIF

Présent	Passé composé
je gis	.
tu gis	.
il/elle gît	.
nous gisons	.
vous gisez	.
ils/elles gisent	.

Imparfait	Plus-que-parfait
je gisais	.
tu gisais	.
il/elle gisait	.
nous gisions	.
vous gisiez	.
ils/elles gisaient	.

Passé simple	Passé antérieur
.	.
.	.
.	.
.	.
.	.
.	.

Futur simple	Futur antérieur
.	.
.	.
.	.
.	.
.	.
.	.

CONDITIONNEL

Présent	Passé
.	.
.	.
.	.
.	.
.	.
.	.

SUBJONCTIF

Présent	Passé
.	.
.	.
.	.
.	.
.	.
.	.

Imparfait	Plus-que-parfait
.	.
.	.
.	.
.	.
.	.
.	.

IMPÉRATIF

Présent	Passé
.	.
.	.
.	.

INFINITIF

Présent	Passé
gésir	.

PARTICIPE

Présent	Passé
gisant	.
	.

- Le verbe *gésir* est défectif. Il ne se conjugue qu'à l'indicatif présent et imparfait, ainsi qu'au participe présent et à l'infinitif.

N. ORTH. La 3e personne du singulier de l'indicatif présent porte un accent circonflexe sur le *i* : *il gît, ci-gît*. Toutefois la réforme de 1990 autorise à écrire : *il git, ci-git*.

48 recevoir

3e groupe
verbes en *-cevoir*

apercevoir • concevoir • décevoir • entrapercevoir • percevoir

INDICATIF

Présent
je reçois
tu reçois
il/elle reçoit
nous recevons
vous recevez
ils/elles reçoivent

Passé composé
j'ai reçu
tu as reçu
il/elle a reçu
nous avons reçu
vous avez reçu
ils/elles ont reçu

Imparfait
je recevais
tu recevais
il/elle recevait
nous recevions
vous receviez
ils/elles recevaient

Plus-que-parfait
j'avais reçu
tu avais reçu
il/elle avait reçu
nous avions reçu
vous aviez reçu
ils/elles avaient reçu

Passé simple
je reçus
tu reçus
il/elle reçut
nous reçûmes
vous reçûtes
ils/elles reçurent

Passé antérieur
j'eus reçu
tu eus reçu
il/elle eut reçu
nous eûmes reçu
vous eûtes reçu
ils/elles eurent reçu

Futur simple
je recevrai
tu recevras
il/elle recevra
nous recevrons
vous recevrez
ils/elles recevront

Futur antérieur
j'aurai reçu
tu auras reçu
il/elle aura reçu
nous aurons reçu
vous aurez reçu
ils/elles auront reçu

CONDITIONNEL

Présent
je recevrais
tu recevrais
il/elle recevrait
nous recevrions
vous recevriez
ils/elles recevraient

Passé
j'aurais reçu
tu aurais reçu
il/elle aurait reçu
nous aurions reçu
vous auriez reçu
ils/elles auraient reçu

SUBJONCTIF

Présent
que je reçoive
que tu reçoives
qu'il/elle reçoive
que nous recevions
que vous receviez
qu'ils/elles reçoivent

Passé
que j'aie reçu
que tu aies reçu
qu'il/elle ait reçu
que nous ayons reçu
que vous ayez reçu
qu'ils/elles aient reçu

Imparfait
que je reçusse
que tu reçusses
qu'il/elle reçût
que nous reçussions
que vous reçussiez
qu'ils/elles reçussent

Plus-que-parfait
que j'eusse reçu
que tu eusses reçu
qu'il/elle eût reçu
que nous eussions reçu
que vous eussiez reçu
qu'ils/elles eussent reçu

IMPÉRATIF

Présent
reçois
recevons
recevez

Passé
aie reçu
ayons reçu
ayez reçu

INFINITIF

Présent
recevoir

Passé
avoir reçu

PARTICIPE

Présent
recevant

Passé
ayant reçu
reçu (e, s, es)

• Les verbes en *-cevoir* prennent une cédille sous le *c* quand la terminaison commence par *o* ou *u*, afin de conserver la même prononciation en [s] à toutes les formes. On écrit *nous recevons*, mais *je reçois*.

3e groupe
voir et ses dérivés

entrevoir • revoir

INDICATIF

Présent	Passé composé
je vois	j'ai vu
tu vois	tu as vu
il/elle voit	il/elle a vu
nous voyons	nous avons vu
vous voyez	vous avez vu
ils/elles voient	ils/elles ont vu

Imparfait	Plus-que-parfait
je voyais	j'avais vu
tu voyais	tu avais vu
il/elle voyait	il/elle avait vu
nous voyions	nous avions vu
vous voyiez	vous aviez vu
ils/elles voyaient	ils/elles avaient vu

Passé simple	Passé antérieur
je vis	j'eus vu
tu vis	tu eus vu
il/elle vit	il/elle eut vu
nous vîmes	nous eûmes vu
vous vîtes	vous eûtes vu
ils/elles virent	ils/elles eurent vu

Futur simple	Futur antérieur
je verrai	j'aurai vu
tu verras	tu auras vu
il/elle verra	il/elle aura vu
nous verrons	nous aurons vu
vous verrez	vous aurez vu
ils/elles verront	ils/elles auront vu

CONDITIONNEL

Présent	Passé
je verrais	j'aurais vu
tu verrais	tu aurais vu
il/elle verrait	il/elle aurait vu
nous verrions	nous aurions vu
vous verriez	vous auriez vu
ils/elles verraient	ils/elles auraient vu

SUBJONCTIF

Présent	Passé
que je voie	que j'aie vu
que tu voies	que tu aies vu
qu'il/elle voie	qu'il/elle ait vu
que nous voyions	que nous ayons vu
que vous voyiez	que vous ayez vu
qu'ils/elles voient	qu'ils/elles aient vu

Imparfait	Plus-que-parfait
que je visse	que j'eusse vu
que tu visses	que tu eusses vu
qu'il/elle vît	qu'il/elle eût vu
que nous vissions	que nous eussions vu
que vous vissiez	que vous eussiez vu
qu'ils/elles vissent	qu'ils/elles eussent vu

IMPÉRATIF

Présent	Passé
vois	aie vu
voyons	ayons vu
voyez	ayez vu

INFINITIF

Présent	Passé
voir	avoir vu

PARTICIPE

Présent	Passé
voyant	ayant vu
	vu (e, s, es)

- Les dérivés de *voir*, à l'exception de *prévoir* (→ tableau 50) et *pourvoir* (→ tableau 51), suivent la même conjugaison que lui.
- À l'indicatif imparfait et au subjonctif présent, il ne faut pas oublier le *i* de *-ions* et *-iez*, même si on ne l'entend pas toujours après le *y* du radical.
- Le futur simple et le conditionnel présent présentent deux *r* : le *r* qui termine le radical et le *r* de la terminaison : *je ver/rai, je ver/rais*.

3e groupe
dérivé de *voir* : exception

INDICATIF

Présent
je prévois
tu prévois
il/elle prévoit
nous prévoyons
vous prévoyez
ils/elles prévoient

Passé composé
j'ai prévu
tu as prévu
il/elle a prévu
nous avons prévu
vous avez prévu
ils/elles ont prévu

Imparfait
je prévoyais
tu prévoyais
il/elle prévoyait
nous prévoyions
vous prévoyiez
ils/elles prévoyaient

Plus-que-parfait
j'avais prévu
tu avais prévu
il/elle avait prévu
nous avions prévu
vous aviez prévu
ils/elles avaient prévu

Passé simple
je prévis
tu prévis
il/elle prévit
nous prévîmes
vous prévîtes
ils/elles prévirent

Passé antérieur
j'eus prévu
tu eus prévu
il/elle eut prévu
nous eûmes prévu
vous eûtes prévu
ils/elles eurent prévu

Futur simple
je prévoirai
tu prévoiras
il/elle prévoira
nous prévoirons
vous prévoirez
ils/elles prévoiront

Futur antérieur
j'aurai prévu
tu auras prévu
il/elle aura prévu
nous aurons prévu
vous aurez prévu
ils/elles auront prévu

CONDITIONNEL

Présent
je prévoirais
tu prévoirais
il/elle prévoirait
nous prévoirions
vous prévoiriez
ils/elles prévoiraient

Passé
j'aurais prévu
tu aurais prévu
il/elle aurait prévu
nous aurions prévu
vous auriez prévu
ils/elles auraient prévu

SUBJONCTIF

Présent
que je prévoie
que tu prévoies
qu'il/elle prévoie
que nous prévoyions
que vous prévoyiez
qu'ils/elles prévoient

Passé
que j'aie prévu
que tu aies prévu
qu'il/elle ait prévu
que nous ayons prévu
que vous ayez prévu
qu'ils/elles aient prévu

Imparfait
que je prévisse
que tu prévisses
qu'il/elle prévît
que nous prévissions
que vous prévissiez
qu'ils/elles prévissent

Plus-que-parfait
que j'eusse prévu
que tu eusses prévu
qu'il/elle eût prévu
que nous eussions prévu
que vous eussiez prévu
qu'ils/elles eussent prévu

IMPÉRATIF

Présent
prévois
prévoyons
prévoyez

Passé
aie prévu
ayons prévu
ayez prévu

INFINITIF

Présent
prévoir

Passé
avoir prévu

PARTICIPE

Présent
prévoyant

Passé
ayant prévu
prévu (e, s, es)

- ***Prévoir*** se conjugue comme ***voir*** (→ tableau 49), sauf au futur simple et au conditionnel présent, où il est formé de manière plus régulière : ***je prévoi/rai, je prévoi/rais***.
- Noter que l'infinitif se trouve ainsi à la base des formes de futur et de conditionnel présent, comme dans les conjugaisons les plus régulières.

51 pourvoir

3e groupe
dérivés de *voir* :
exceptions

dépourvoir • repourvoir

INDICATIF

Présent
je pourvois
tu pourvois
il/elle pourvoit
nous pourvoyons
vous pourvoyez
ils/elles pourvoient

Passé composé
j'ai pourvu
tu as pourvu
il/elle a pourvu
nous avons pourvu
vous avez pourvu
ils/elles ont pourvu

Imparfait
je pourvoyais
tu pourvoyais
il/elle pourvoyait
nous pourvoyions
vous pourvoyiez
ils/elles pourvoyaient

Plus-que-parfait
j'avais pourvu
tu avais pourvu
il/elle avait pourvu
nous avions pourvu
vous aviez pourvu
ils/elles avaient pourvu

Passé simple
je pourvus
tu pourvus
il/elle pourvut
nous pourvûmes
vous pourvûtes
ils/elles pourvurent

Passé antérieur
j'eus pourvu
tu eus pourvu
il/elle eut pourvu
nous eûmes pourvu
vous eûtes pourvu
ils/elles eurent pourvu

Futur simple
je pourvoirai
tu pourvoiras
il/elle pourvoira
nous pourvoirons
vous pourvoirez
ils/elles pourvoiront

Futur antérieur
j'aurai pourvu
tu auras pourvu
il/elle aura pourvu
nous aurons pourvu
vous aurez pourvu
ils/elles auront pourvu

CONDITIONNEL

Présent
je pourvoirais
tu pourvoirais
il/elle pourvoirait
nous pourvoirions
vous pourvoiriez
ils/elles pourvoiraient

Passé
j'aurais pourvu
tu aurais pourvu
il/elle aurait pourvu
nous aurions pourvu
vous auriez pourvu
ils/elles auraient pourvu

SUBJONCTIF

Présent
que je pourvoie
que tu pourvoies
qu'il/elle pourvoie
que nous pourvoyions
que vous pourvoyiez
qu'ils/elles pourvoient

Passé
que j'aie pourvu
que tu aies pourvu
qu'il/elle ait pourvu
que nous ayons pourvu
que vous ayez pourvu
qu'ils/elles aient pourvu

Imparfait
que je pourvusse
que tu pourvusses
qu'il/elle pourvût
que nous pourvussions
que vous pourvussiez
qu'ils/elles pourvussent

Plus-que-parfait
que j'eusse pourvu
que tu eusses pourvu
qu'il/elle eût pourvu
que nous eussions pourvu
que vous eussiez pourvu
qu'ils/elles eussent pourvu

IMPÉRATIF

Présent
pourvois
pourvoyons
pourvoyez

Passé
aie pourvu
ayons pourvu
ayez pourvu

INFINITIF

Présent
pourvoir

Passé
avoir pourvu

PARTICIPE

Présent
pourvoyant

Passé
ayant pourvu
pourvu (e, s, es)

• ***Pourvoir*** se conjugue comme ***voir*** (→ tableau 49) sauf :
– au futur simple et au conditionnel présent où, comme ***prévoir*** (→ tableau 50), il est formé de manière plus régulière : ***je pourvoi/rai, je pourvoi/rais*** ;
– au passé simple et au subjonctif imparfait, où son radical est en ***-u*** et non en ***-i*** : ***je pourvu/s, que je pourvu/sse.***

• ***Dépourvoir*** s'utilise surtout en construction pronominale : ***je me suis dépourvu.***

52 savoir 3e groupe

INDICATIF

Présent
je sais
tu sais
il/elle sait
nous savons
vous savez
ils/elles savent

Passé composé
j'ai su
tu as su
il/elle a su
nous avons su
vous avez su
ils/elles ont su

Imparfait
je savais
tu savais
il/elle savait
nous savions
vous saviez
ils/elles savaient

Plus-que-parfait
j'avais su
tu avais su
il/elle avait su
nous avions su
vous aviez su
ils/elles avaient su

Passé simple
je sus
tu sus
il/elle sut
nous sûmes
vous sûtes
ils/elles surent

Passé antérieur
j'eus su
tu eus su
il/elle eut su
nous eûmes su
vous eûtes su
ils/elles eurent su

Futur simple
je saurai
tu sauras
il/elle saura
nous saurons
vous saurez
ils/elles sauront

Futur antérieur
j'aurai su
tu auras su
il/elle aura su
nous aurons su
vous aurez su
ils/elles auront su

CONDITIONNEL

Présent
je saurais
tu saurais
il/elle saurait
nous saurions
vous sauriez
ils/elles sauraient

Passé
j'aurais su
tu aurais su
il/elle aurait su
nous aurions su
vous auriez su
ils/elles auraient su

SUBJONCTIF

Présent
que je sache
que tu saches
qu'il/elle sache
que nous sachions
que vous sachiez
qu'ils/elles sachent

Passé
que j'aie su
que tu aies su
qu'il/elle ait su
que nous ayons su
que vous ayez su
qu'ils/elles aient su

Imparfait
que je susse
que tu susses
qu'il/elle sût
que nous sussions
que vous sussiez
qu'ils/elles sussent

Plus-que-parfait
que j'eusse su
que tu eusses su
qu'il/elle eût su
que nous eussions su
que vous eussiez su
qu'ils/elles eussent su

IMPÉRATIF

Présent
sache
sachons
sachez

Passé
aie su
ayons su
ayez su

INFINITIF

Présent
savoir

Passé
avoir su

PARTICIPE

Présent
sachant

Passé
ayant su
su (e, s, es)

- Le verbe *savoir* présente un impératif 1re et 2e personnes du pluriel *(sachons, sachez)* différent à la fois du présent de l'indicatif *(savons, savez)* et du subjonctif *(sachions, sachiez)*.
- Noter l'emploi du subjonctif dans le tour archaïsant ou littéraire : ***je ne sache pas que ce soit défendu*** ou ***ce n'est pas défendu, que je sache***.

53 devoir

3e groupe
devoir et son dérivé

redevoir

INDICATIF

Présent	Passé composé
je dois	j'ai dû
tu dois	tu as dû
il/elle doit	il/elle a dû
nous devons	nous avons dû
vous devez	vous avez dû
ils/elles doivent	ils/elles ont dû

Imparfait	Plus-que-parfait
je devais	j'avais dû
tu devais	tu avais dû
il/elle devait	il/elle avait dû
nous devions	nous avions dû
vous deviez	vous aviez dû
ils/elles devaient	ils/elles avaient dû

Passé simple	Passé antérieur
je dus	j'eus dû
tu dus	tu eus dû
il/elle dut	il/elle eut dû
nous dûmes	nous eûmes dû
vous dûtes	vous eûtes dû
ils/elles durent	ils/elles eurent dû

Futur simple	Futur antérieur
je devrai	j'aurai dû
tu devras	tu auras dû
il/elle devra	il/elle aura dû
nous devrons	nous aurons dû
vous devrez	vous aurez dû
ils/elles devront	ils/elles auront dû

CONDITIONNEL

Présent	Passé
je devrais	j'aurais dû
tu devrais	tu aurais dû
il/elle devrait	il/elle aurait dû
nous devrions	nous aurions dû
vous devriez	vous auriez dû
ils/elles devraient	ils/elles auraient dû

SUBJONCTIF

Présent	Passé
que je doive	que j'aie dû
que tu doives	que tu aies dû
qu'il/elle doive	qu'il/elle ait dû
que nous devions	que nous ayons dû
que vous deviez	que vous ayez dû
qu'ils/elles doivent	qu'ils/elles aient dû

Imparfait	Plus-que-parfait
que je dusse	que j'eusse dû
que tu dusses	que tu eusses dû
qu'il/elle dût	qu'il/elle eût dû
que nous dussions	que nous eussions dû
que vous dussiez	que vous eussiez dû
qu'ils/elles dussent	qu'ils/elles eussent dû

IMPÉRATIF

Présent	Passé
dois	aie dû
devons	ayons dû
devez	ayez dû

INFINITIF

Présent	Passé
devoir	avoir dû

PARTICIPE

Présent	Passé
devant	ayant dû
	dû (due, dus, dues)

• Le participe passé s'écrit avec un accent circonflexe au masculin singulier : ***dû***. Cet accent permet de différencier la forme verbale de l'article contracté ***(Elle vient du Sud)*** et de l'article partitif ***(Elle boit du café noir)***. Il apparaît aussi sur ***redû***.

N. ORTH. La réforme de 1990 autorise à supprimer l'accent sur le participe passé du verbe ***redevoir (redu)*** car, à la différence de ***dû***, ***redu*** n'est pas homonyme d'un autre mot.

54 pouvoir

3e groupe

INDICATIF

Présent	Passé composé
je peux/puis	j'ai pu
tu peux	tu as pu
il/elle peut	il/elle a pu
nous pouvons	nous avons pu
vous pouvez	vous avez pu
ils/elles peuvent	ils/elles ont pu

Imparfait	Plus-que-parfait
je pouvais	j'avais pu
tu pouvais	tu avais pu
il/elle pouvait	il/elle avait pu
nous pouvions	nous avions pu
vous pouviez	vous aviez pu
ils/elles pouvaient	ils/elles avaient pu

Passé simple	Passé antérieur
je pus	j'eus pu
tu pus	tu eus pu
il/elle put	il/elle eut pu
nous pûmes	nous eûmes pu
vous pûtes	vous eûtes pu
ils/elles purent	ils/elles eurent pu

Futur simple	Futur antérieur
je pourrai	j'aurai pu
tu pourras	tu auras pu
il/elle pourra	il/elle aura pu
nous pourrons	nous aurons pu
vous pourrez	vous aurez pu
ils/elles pourront	ils/elles auront pu

CONDITIONNEL

Présent	Passé
je pourrais	j'aurais pu
tu pourrais	tu aurais pu
il/elle pourrait	il/elle aurait pu
nous pourrions	nous aurions pu
vous pourriez	vous auriez pu
ils/elles pourraient	ils/elles auraient pu

SUBJONCTIF

Présent	Passé
que je puisse	que j'aie pu
que tu puisses	que tu aies pu
qu'il/elle puisse	qu'il/elle ait pu
que nous puissions	que nous ayons pu
que vous puissiez	que vous ayez pu
qu'ils/elles puissent	qu'ils/elles aient pu

Imparfait	Plus-que-parfait
que je pusse	que j'eusse pu
que tu pusses	que tu eusses pu
qu'il/elle pût	qu'il/elle eût pu
que nous pussions	que nous eussions pu
que vous pussiez	que vous eussiez pu
qu'ils/elles pussent	qu'ils/elles eussent pu

IMPÉRATIF

Présent	Passé
.	.
.	.
.	.

INFINITIF

Présent	Passé
pouvoir	avoir pu

PARTICIPE

Présent	Passé
pouvant	ayant pu
	pu

- Les terminaisons des deux premières personnes du singulier de l'indicatif présent sont en *-x* : ***je peux***, ***tu peux***.
- La forme courante ***je peux*** possède, dans l'usage soigné, une variante ***je puis***. Cette forme est obligatoire quand le sujet est inversé : ***puis-je ?***
- Les formes du futur simple et du conditionnel présent comportent deux ***r***, bien qu'un seul ***r*** soit effectivement prononcé.

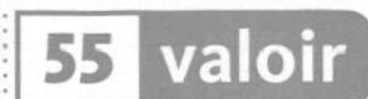

55 valoir — 3e groupe

équivaloir • revaloir

INDICATIF

Présent	Passé composé
je vaux	j'ai valu
tu vaux	tu as valu
il/elle vaut	il/elle a valu
nous valons	nous avons valu
vous valez	vous avez valu
ils/elles valent	ils/elles ont valu

Imparfait	Plus-que-parfait
je valais	j'avais valu
tu valais	tu avais valu
il/elle valait	il/elle avait valu
nous valions	nous avions valu
vous valiez	vous aviez valu
ils/elles valaient	ils/elles avaient valu

Passé simple	Passé antérieur
je valus	j'eus valu
tu valus	tu eus valu
il/elle valut	il/elle eut valu
nous valûmes	nous eûmes valu
vous valûtes	vous eûtes valu
ils/elles valurent	ils/elles eurent valu

Futur simple	Futur antérieur
je vaudrai	j'aurai valu
tu vaudras	tu auras valu
il/elle vaudra	il/elle aura valu
nous vaudrons	nous aurons valu
vous vaudrez	vous aurez valu
ils/elles vaudront	ils/elles auront valu

CONDITIONNEL

Présent	Passé
je vaudrais	j'aurais valu
tu vaudrais	tu aurais valu
il/elle vaudrait	il/elle aurait valu
nous vaudrions	nous aurions valu
vous vaudriez	vous auriez valu
ils/elles vaudraient	ils/elles auraient valu

SUBJONCTIF

Présent	Passé
que je vaille	que j'aie valu
que tu vailles	que tu aies valu
qu'il/elle vaille	qu'il/elle ait valu
que nous valions	que nous ayons valu
que vous valiez	que vous ayez valu
qu'ils/elles vaillent	qu'ils/elles aient valu

Imparfait	Plus-que-parfait
que je valusse	que j'eusse valu
que tu valusses	que tu eusses valu
qu'il/elle valût	qu'il/elle eût valu
que nous valussions	que nous eussions valu
que vous valussiez	que vous eussiez valu
qu'ils/elles valussent	qu'ils/elles eussent valu

IMPÉRATIF

Présent	Passé
vaux	aie valu
valons	ayons valu
valez	ayez valu

INFINITIF

Présent	Passé
valoir	avoir valu

PARTICIPE

Présent	Passé
valant	ayant valu
	valu

- Les terminaisons des deux premières personnes du singulier de l'indicatif présent sont en *-x* : ***je vaux***, ***tu vaux***.
- Les formes à l'impératif sont rares.

56 prévaloir 3e groupe

INDICATIF

Présent

je prévaux
tu prévaux
il/elle prévaut
nous prévalons
vous prévalez
ils/elles prévalent

Passé composé

j'ai prévalu
tu as prévalu
il/elle a prévalu
nous avons prévalu
vous avez prévalu
ils/elles ont prévalu

Imparfait

je prévalais
tu prévalais
il/elle prévalait
nous prévalions
vous prévaliez
ils/elles prévalaient

Plus-que-parfait

j'avais prévalu
tu avais prévalu
il/elle avait prévalu
nous avions prévalu
vous aviez prévalu
ils/elles avaient prévalu

Passé simple

je prévalus
tu prévalus
il/elle prévalut
nous prévalûmes
vous prévalûtes
ils/elles prévalurent

Passé antérieur

j'eus prévalu
tu eus prévalu
il/elle eut prévalu
nous eûmes prévalu
vous eûtes prévalu
ils/elles eurent prévalu

Futur simple

je prévaudrai
tu prévaudras
il/elle prévaudra
nous prévaudrons
vous prévaudrez
ils/elles prévaudront

Futur antérieur

j'aurai prévalu
tu auras prévalu
il/elle aura prévalu
nous aurons prévalu
vous aurez prévalu
ils/elles auront prévalu

CONDITIONNEL

Présent

je prévaudrais
tu prévaudrais
il/elle prévaudrait
nous prévaudrions
vous prévaudriez
ils/elles prévaudraient

Passé

j'aurais prévalu
tu aurais prévalu
il/elle aurait prévalu
nous aurions prévalu
vous auriez prévalu
ils/elles auraient prévalu

SUBJONCTIF

Présent

que je prévale
que tu prévales
qu'il/elle prévale
que nous prévalions
que vous prévaliez
qu'ils/elles prévalent

Passé

que j'aie prévalu
que tu aies prévalu
qu'il/elle ait prévalu
que nous ayons prévalu
que vous ayez prévalu
qu'ils/elles aient prévalu

Imparfait

que je prévalusse
que tu prévalusses
qu'il/elle prévalût
que nous prévalussions
que vous prévalussiez
qu'ils/elles prévalussent

Plus-que-parfait

que j'eusse prévalu
que tu eusses prévalu
qu'il/elle eût prévalu
que nous eussions prévalu
que vous eussiez prévalu
qu'ils/elles eussent prévalu

IMPÉRATIF

Présent

prévaux
prévalons
prévalez

Passé

aie prévalu
ayons prévalu
ayez prévalu

INFINITIF

Présent

prévaloir

Passé

avoir prévalu

PARTICIPE

Présent

prévalant

Passé

ayant prévalu
prévalu

- Le verbe ***prévaloir*** se conjugue sur le modèle de ***valoir*** (→ tableau 55), sauf au subjonctif présent : ***que je prévale***.
- Les formes à l'impératif sont rares.

57 vouloir

3e groupe
vouloir et son dérivé

revouloir

INDICATIF

Présent
je veux
tu veux
il/elle veut
nous voulons
vous voulez
ils/elles veulent

Passé composé
j'ai voulu
tu as voulu
il/elle a voulu
nous avons voulu
vous avez voulu
ils/elles ont voulu

Imparfait
je voulais
tu voulais
il/elle voulait
nous voulions
vous vouliez
ils/elles voulaient

Plus-que-parfait
j'avais voulu
tu avais voulu
il/elle avait voulu
nous avions voulu
vous aviez voulu
ils/elles avaient voulu

Passé simple
je voulus
tu voulus
il/elle voulut
nous voulûmes
vous voulûtes
ils/elles voulurent

Passé antérieur
j'eus voulu
tu eus voulu
il/elle eut voulu
nous eûmes voulu
vous eûtes voulu
ils/elles eurent voulu

Futur simple
je voudrai
tu voudras
il/elle voudra
nous voudrons
vous voudrez
ils/elles voudront

Futur antérieur
j'aurai voulu
tu auras voulu
il/elle aura voulu
nous aurons voulu
vous aurez voulu
ils/elles auront voulu

CONDITIONNEL

Présent
je voudrais
tu voudrais
il/elle voudrait
nous voudrions
vous voudriez
ils/elles voudraient

Passé
j'aurais voulu
tu aurais voulu
il/elle aurait voulu
nous aurions voulu
vous auriez voulu
ils/elles auraient voulu

SUBJONCTIF

Présent
que je veuille
que tu veuilles
qu'il/elle veuille
que nous voulions
que vous vouliez
qu'ils/elles veuillent

Passé
que j'aie voulu
que tu aies voulu
qu'il/elle ait voulu
que nous ayons voulu
que vous ayez voulu
qu'ils/elles aient voulu

Imparfait
que je voulusse
que tu voulusses
qu'il/elle voulût
que nous voulussions
que vous voulussiez
qu'ils/elles voulussent

Plus-que-parfait
que j'eusse voulu
que tu eusses voulu
qu'il/elle eût voulu
que nous eussions voulu
que vous eussiez voulu
qu'ils/elles eussent voulu

IMPÉRATIF

Présent
veux/veuille
voulons
voulez/veuillez

Passé
aie voulu
ayons voulu
ayez voulu

INFINITIF

Présent
vouloir

Passé
avoir voulu

PARTICIPE

Présent
voulant

Passé
ayant voulu
voulu (e, s, es)

- Les terminaisons des deux premières personnes du singulier de l'indicatif présent sont en *-x* : ***je veux, tu veux***.
- Les formes ordinaires de l'impératif correspondent à l'indicatif présent. Mais il existe un impératif modelé sur le subjonctif : ***veuille, veuillez***, utilisé dans les formules de politesse : ***Veuillez agréer, Madame, l'expression de mes salutations distinguées***.

58 émouvoir 3e groupe

mouvoir • promouvoir

INDICATIF

Présent
j'émeus
tu émeus
il/elle émeut
nous émouvons
vous émouvez
ils/elles émeuvent

Passé composé
j'ai ému
tu as ému
il/elle a ému
nous avons ému
vous avez ému
ils/elles ont ému

Imparfait
j'émouvais
tu émouvais
il/elle émouvait
nous émouvions
vous émouviez
ils/elles émouvaient

Plus-que-parfait
j'avais ému
tu avais ému
il/elle avait ému
nous avions ému
vous aviez ému
ils/elles avaient ému

Passé simple
j'émus
tu émus
il/elle émut
nous émûmes
vous émûtes
ils/elles émurent

Passé antérieur
j'eus ému
tu eus ému
il/elle eut ému
nous eûmes ému
vous eûtes ému
ils/elles eurent ému

Futur simple
j'émouvrai
tu émouvras
il/elle émouvra
nous émouvrons
vous émouvrez
ils/elles émouvront

Futur antérieur
j'aurai ému
tu auras ému
il/elle aura ému
nous aurons ému
vous aurez ému
ils/elles auront ému

CONDITIONNEL

Présent
j'émouvrais
tu émouvrais
il/elle émouvrait
nous émouvrions
vous émouvriez
ils/elles émouvraient

Passé
j'aurais ému
tu aurais ému
il/elle aurait ému
nous aurions ému
vous auriez ému
ils/elles auraient ému

SUBJONCTIF

Présent
que j'émeuve
que tu émeuves
qu'il/elle émeuve
que nous émouvions
que vous émouviez
qu'ils/elles émeuvent

Passé
que j'aie ému
que tu aies ému
qu'il/elle ait ému
que nous ayons ému
que vous ayez ému
qu'ils/elles aient ému

Imparfait
que j'émusse
que tu émusses
qu'il/elle émût
que nous émussions
que vous émussiez
qu'ils/elles émussent

Plus-que-parfait
que j'eusse ému
que tu eusses ému
qu'il/elle eût ému
que nous eussions ému
que vous eussiez ému
qu'ils/elles eussent ému

IMPÉRATIF

Présent
émeus
émouvons
émouvez

Passé
aie ému
ayons ému
ayez ému

INFINITIF

Présent
émouvoir

Passé
avoir ému

PARTICIPE

Présent
émouvant

Passé
ayant ému
ému (e, s, es)

• Le verbe ***mouvoir*** se conjugue comme ***émouvoir***, excepté le participe passé qui présente un accent circonflexe au masculin singulier : ***mû***. Le féminin et le pluriel s'écrivent sans accent : ***mue***, ***mus***, ***mues***.

N. ORTH. La réforme de 1990 autorise à supprimer l'accent sur le participe passé de ***mouvoir*** et à écrire ***mu*** comme ***ému*** ou ***promu***. En effet, la forme verbale ***mu*** n'est pas, à la différence de ***dû*** (→ tableau 53), homonyme d'un autre mot.

59 asseoir

3e groupe
formes en *ie* et *ey*

rasseoir

INDICATIF

Présent	Passé composé
j'assieds	j'ai assis
tu assieds	tu as assis
il/elle assied	il/elle a assis
nous asseyons	nous avons assis
vous asseyez	vous avez assis
ils/elles asseyent	ils/elles ont assis

Imparfait	Plus-que-parfait
j'asseyais	j'avais assis
tu asseyais	tu avais assis
il/elle asseyait	il/elle avait assis
nous asseyions	nous avions assis
vous asseyiez	vous aviez assis
ils/elles asseyaient	ils/elles avaient assis

Passé simple	Passé antérieur
j'assis	j'eus assis
tu assis	tu eus assis
il/elle assit	il/elle eut assis
nous assîmes	nous eûmes assis
vous assîtes	vous eûtes assis
ils/elles assirent	ils/elles eurent assis

Futur simple	Futur antérieur
j'assiérai	j'aurai assis
tu assiéras	tu auras assis
il/elle assiéra	il/elle aura assis
nous assiérons	nous aurons assis
vous assiérez	vous aurez assis
ils/elles assiéront	ils/elles auront assis

CONDITIONNEL

Présent	Passé
j'assiérais	j'aurais assis
tu assiérais	tu aurais assis
il/elle assiérait	il/elle aurait assis
nous assiérions	nous aurions assis
vous assiériez	vous auriez assis
ils/elles assiéraient	ils/elles auraient assis

SUBJONCTIF

Présent	Passé
que j'asseye	que j'aie assis
que tu asseyes	que tu aies assis
qu'il/elle asseye	qu'il/elle ait assis
que nous asseyions	que nous ayons assis
que vous asseyiez	que vous ayez assis
qu'ils/elles asseyent	qu'ils/elles aient assis

Imparfait	Plus-que-parfait
que j'assisse	que j'eusse assis
que tu assisses	que tu eusses assis
qu'il/elle assît	qu'il/elle eût assis
que nous assissions	que nous eussions assis
que vous assissiez	que vous eussiez assis
qu'ils/elles assissent	qu'ils/elles eussent assis

IMPÉRATIF

Présent	Passé
assieds	aie assis
asseyons	ayons assis
asseyez	ayez assis

INFINITIF

Présent	Passé
asseoir	avoir assis

PARTICIPE

Présent	Passé
asseyant	ayant assis
	assis (e, es)

• Dans un usage soigné, les formes en *ie* et en *ey* sont préférables aux formes en *oi* → tableau 60. Mais, au figuré, ces formes en *oi* s'imposent : *Ces élections assoiraient son pouvoir*.

• Noter le *d* aux personnes du singulier de l'indicatif présent ainsi qu'à la 2e personne de l'impératif présent : *je m'assieds*.

N. ORTH. La réforme de 1990 autorise à supprimer le *e* d'*asseoir* et de *rasseoir*.

60 asseoir

3e groupe
forme en *oi*

rasseoir

INDICATIF

Présent	Passé composé
j'assois	j'ai assis
tu assois	tu as assis
il/elle assoit	il/elle a assis
nous assoyons	nous avons assis
vous assoyez	vous avez assis
ils/elles assoient	ils/elles ont assis

Imparfait	Plus-que-parfait
j'assoyais	j'avais assis
tu assoyais	tu avais assis
il/elle assoyait	il/elle avait assis
nous assoyions	nous avions assis
vous assoyiez	vous aviez assis
ils/elles assoyaient	ils/elles avaient assis

Passé simple	Passé antérieur
j'assis	j'eus assis
tu assis	tu eus assis
il/elle assit	il/elle eut assis
nous assîmes	nous eûmes assis
vous assîtes	vous eûtes assis
ils/elles assirent	ils/elles eurent assis

Futur simple	Futur antérieur
j'assoirai	j'aurai assis
tu assoiras	tu auras assis
il/elle assoira	il/elle aura assis
nous assoirons	nous aurons assis
vous assoirez	vous aurez assis
ils/elles assoiront	ils/elles auront assis

CONDITIONNEL

Présent	Passé
j'assoirais	j'aurais assis
tu assoirais	tu aurais assis
il/elle assoirait	il/elle aurait assis
nous assoirions	nous aurions assis
vous assoiriez	vous auriez assis
ils/elles assoiraient	ils/elles auraient assis

SUBJONCTIF

Présent	Passé
que j'assoie	que j'aie assis
que tu assoies	que tu aies assis
qu'il/elle assoie	qu'il/elle ait assis
que nous assoyions	que nous ayons assis
que vous assoyiez	que vous ayez assis
qu'ils/elles assoient	qu'ils/elles aient assis

Imparfait	Plus-que-parfait
que j'assisse	que j'eusse assis
que tu assisses	que tu eusses assis
qu'il/elle assît	qu'il/elle eût assis
que nous assissions	que nous eussions assis
que vous assissiez	que vous eussiez assis
qu'ils/elles assissent	qu'ils/elles eussent assis

IMPÉRATIF

Présent	Passé
assois	aie assis
assoyons	ayons assis
assoyez	ayez assis

INFINITIF

Présent	Passé
asseoir	avoir assis

PARTICIPE

Présent	Passé
assoyant	ayant assis
	assis (e, es)

• Le verbe ***asseoir*** présente aussi une 3e série de formes pour le futur simple et le conditionnel présent ***(je m'asseyerais)***, mais ces formes sont considérées comme vieillies ou populaires.

61 pleuvoir

3e groupe
verbe impersonnel

repleuvoir

INDICATIF

Présent	Passé composé
il pleut	il a plu

Imparfait	Plus-que-parfait
il pleuvait	il avait plu

Passé simple	Passé antérieur
il plut	il eut plu

Futur simple	Futur antérieur
il pleuvra	il aura plu

CONDITIONNEL

Présent	Passé
il pleuvrait	il aurait plu

SUBJONCTIF

Présent	Passé
qu'il pleuve	qu'il ait plu

Imparfait	Plus-que-parfait
qu'il plût	qu'il eût plu

IMPÉRATIF

Présent	Passé

INFINITIF

Présent	Passé
pleuvoir	avoir plu

PARTICIPE

Présent	Passé
pleuvant	ayant plu plu

- En tant que verbe impersonnel, ***pleuvoir*** ne peut avoir pour sujet que le pronom ***il***.
- Cependant, il peut apparaître dans une construction personnelle et être doté d'un sujet d'une autre personne, en particulier d'une 3e personne du pluriel : ***Les coups pleuvent sur lui***. Le verbe a alors un sens figuré.

62 falloir

3e groupe
verbe impersonnel

INDICATIF

Présent	Passé composé
.	.
.	.
il faut	il a fallu
.	.
.	.
.	.

Imparfait	Plus-que-parfait
.	.
.	.
il fallait	il avait fallu
.	.
.	.
.	.

Passé simple	Passé antérieur
.	.
.	.
il fallut	il eut fallu
.	.
.	.
.	.

Futur simple	Futur antérieur
.	.
.	.
il faudra	il aura fallu
.	.
.	.
.	.

CONDITIONNEL

Présent	Passé
.	.
.	.
il faudrait	il aurait fallu
.	.
.	.
.	.

SUBJONCTIF

Présent	Passé
.	.
.	.
qu'il faille	qu'il ait fallu
.	.
.	.
.	.

Imparfait	Plus-que-parfait
.	.
.	.
qu'il fallût	qu'il eût fallu
.	.
.	.
.	.

IMPÉRATIF

Présent	Passé
.	.
.	.
.	.

INFINITIF

Présent	Passé
falloir	.

PARTICIPE

Présent	Passé
.	ayant fallu
	fallu

• Historiquement, le même verbe latin *(fallere)* a donné un ensemble de formes qui ont été attribuées à deux verbes différents bien que proches, ***falloir*** et ***faillir*** → **tableau 45**.

63 seoir

3e groupe
(convenir)

messeoir

INDICATIF

Présent	Passé composé
.	.
.	.
il/elle sied	.
.	.
.	.
ils/elles siéent	.

Imparfait	Plus-que-parfait
.	.
.	.
il/elle seyait	.
.	.
.	.
ils/elles seyaient	.

Passé simple	Passé antérieur
.	.
.	.
.	.
.	.
.	.
.	.

Futur simple	Futur antérieur
.	.
.	.
il/elle siéra	.
.	.
.	.
ils/elles siéront	.

SUBJONCTIF

Présent	Passé
.	.
.	.
qu'il/elle siée	.
.	.
.	.
qu'ils/elles siéent	.

Imparfait	Plus-que-parfait
.	.
.	.
.	.
.	.
.	.
.	.

IMPÉRATIF

Présent	Passé
.	.
.	.
.	.

INFINITIF

Présent	Passé
seoir	.

PARTICIPE

Présent	Passé
séant (seyant)	.
	sis (e, es)

CONDITIONNEL

Présent	Passé
.	.
.	.
il/elle siérait	.
.	.
.	.
ils/elles siéraient	.

- *Seoir* et *messeoir* n'ont pas de temps composés. Ces verbes rares s'emploient surtout dans des expressions figées :
Il vous sied mal de lui reprocher ses colères.
Il ne messied pas de lui reprocher ses colères.
- On rencontre encore régulièrement les participes du verbe *seoir* : *séant (le collège électoral séant à Clermont-Ferrand)*, et *sis*, en particulier dans le langage juridique *(le collège, sis 13, rue Jules Ferry)*.

64 surseoir 3e groupe

INDICATIF

Présent
je sursois
tu sursois
il/elle sursoit
nous sursoyons
vous sursoyez
ils/elles sursoient

Passé composé
j'ai sursis
tu as sursis
il/elle a sursis
nous avons sursis
vous avez sursis
ils/elles ont sursis

Imparfait
je sursoyais
tu sursoyais
il/elle sursoyait
nous sursoyions
vous sursoyiez
ils/elles sursoyaient

Plus-que-parfait
j'avais sursis
tu avais sursis
il/elle avait sursis
nous avions sursis
vous aviez sursis
ils/elles avaient sursis

Passé simple
je sursis
tu sursis
il/elle sursit
nous sursîmes
vous sursîtes
ils/elles sursirent

Passé antérieur
j'eus sursis
tu eus sursis
il/elle eut sursis
nous eûmes sursis
vous eûtes sursis
ils/elles eurent sursis

Futur simple
je surseoirai
tu surseoiras
il/elle surseoira
nous surseoirons
vous surseoirez
ils/elles surseoiront

Futur antérieur
j'aurai sursis
tu auras sursis
il/elle aura sursis
nous aurons sursis
vous aurez sursis
ils/elles auront sursis

CONDITIONNEL

Présent
je surseoirais
tu surseoirais
il/elle surseoirait
nous surseoirions
vous surseoiriez
ils/elles surseoiraient

Passé
j'aurais sursis
tu aurais sursis
il/elle aurait sursis
nous aurions sursis
vous auriez sursis
ils/elles auraient sursis

SUBJONCTIF

Présent
que je sursoie
que tu sursoies
qu'il/elle sursoie
que nous sursoyions
que vous sursoyiez
qu'ils/elles sursoient

Passé
que j'aie sursis
que tu aies sursis
qu'il/elle ait sursis
que nous ayons sursis
que vous ayez sursis
qu'ils/elles aient sursis

Imparfait
que je sursisse
que tu sursisses
qu'il/elle sursît
que nous sursissions
que vous sursissiez
qu'ils/elles sursissent

Plus-que-parfait
que j'eusse sursis
que tu eusses sursis
qu'il/elle eût sursis
que nous eussions sursis
que vous eussiez sursis
qu'ils/elles eussent sursis

IMPÉRATIF

Présent
sursois
sursoyons
sursoyez

Passé
aie sursis
ayons sursis
ayez sursis

INFINITIF

Présent
surseoir

Passé
avoir sursis

PARTICIPE

Présent
sursoyant

Passé
ayant sursis
sursis

• La conjugaison de ***surseoir*** repose sur les formes en ***oi*** de ***asseoir*** → tableau 60. Toutefois, le ***e*** de l'infinitif est maintenu au futur simple et au conditionnel présent : ***je surseoirai***, ***je surseoirais***.

N. ORTH. La réforme de 1990 autorise à supprimer le ***e*** de l'infinitif ***surseoir***, comme dans ***asseoir*** et ***rasseoir*** (→ tableau 59), ainsi que dans les formes du futur simple et du conditionnel présent : ***je sursoirai(s)***.

65 choir 3e groupe

INDICATIF

Présent

je chois
tu chois
il/elle choit
nous choyons
vous choyez
ils/elles choient

Passé composé

j'ai chu
tu as chu
il/elle a chu
nous avons chu
vous avez chu
ils/elles ont chu

Imparfait

.
.
.
.
.
.

Plus-que-parfait

j'avais chu
tu avais chu
il/elle avait chu
nous avions chu
vous aviez chu
ils/elles avaient chu

Passé simple

je chus
tu chus
il/elle chut
nous chûmes
vous chûtes
ils/elles churent

Passé antérieur

j'eus chu
tu eus chu
il/elle eut chu
nous eûmes chu
vous eûtes chu
ils/elles eurent chu

Futur simple

je choirai/cherrai
tu choiras/cherras
il/elle choira/cherra
n. choirons/cherrons
v. choirez/cherrez
ils choiront/cherront

Futur antérieur

j'aurai chu
tu auras chu
il/elle aura chu
nous aurons chu
vous aurez chu
ils/elles auront chu

CONDITIONNEL

Présent

je choirais/cherrais
tu choirais/cherrais
il/elle choirait/cherrait
n. choirions/cherrions
v. choiriez/cherriez
ils choiraient/cherraient

Passé

j'aurais chu
tu aurais chu
il/elle aurait chu
nous aurions chu
vous auriez chu
ils/elles auraient chu

SUBJONCTIF

Présent

.
.
.
.
.
.

Passé

que j'aie chu
que tu aies chu
qu'il/elle ait chu
que nous ayons chu
que vous ayez chu
qu'ils/elles aient chu

Imparfait

.
.
qu'il/elle chût
.
.
.

Plus-que-parfait

que j'eusse chu
que tu eusses chu
qu'il/elle eût chu
que nous eussions chu
que vous eussiez chu
qu'ils/elles eussent chu

IMPÉRATIF

Présent

.
.
.

Passé

aie chu
ayons chu
ayez chu

INFINITIF

Présent

choir

Passé

avoir chu

PARTICIPE

Présent

Passé

ayant chu
chu (e, s, es)

- Les formes en bleu sont rares. Le futur simple et le conditionnel présent, de toute façon peu utilisés, présentent deux séries de formes : l'une modelée sur l'infinitif ***(je choirai)***, l'autre en ***err*** (***Tire la chevillette et la bobinette cherra***, Charles Perrault).
→ **tableaux 66, 67.**
- Les temps composés ont recours à l'auxiliaire ***avoir***, mais le verbe est parfois utilisé avec ***être*** : ***elle était chue***.

66 échoir 3e groupe

INDICATIF

Présent
.
.
il/elle échoit/*échet*
.
.
ils échoient/*échéent*

Passé composé
.
.
il/elle est échu(e)
.
.
ils/elles sont échu(e)s

Imparfait
.
.
il/elle échoyait
.
.
ils/elles échoyaient

Plus-que-parfait
.
.
il/elle était échu(e)
.
.
ils/elles étaient échu(e)s

Passé simple
.
.
il/elle échut
.
.
ils/elles échurent

Passé antérieur
.
.
il/elle fut échu(e)
.
.
ils/elles furent échu(e)s

Futur simple
.
.
il/elle échoira/*écherra*
.
.
ils échoiront/*écherront*

Futur antérieur
.
.
il/elle sera échu(e)
.
.
ils/elles seront échu(e)s

CONDITIONNEL

Présent
.
.
il échoirait/*écherrait*
.
.
ils échoiraient/*écherraient*

Passé
.
.
il/elle serait échu(e)
.
.
ils/elles seraient échu(e)s

SUBJONCTIF

Présent
.
.
qu'il/elle échoie
.
.
qu'ils/elles échoient

Passé
.
.
qu'il/elle soit échu(e)
.
.
qu'ils/elles soient échu(e)s

Imparfait
.
.
qu'il/elle échût
.
.
qu'ils/elles échussent

Plus-que-parfait
.
.
qu'il/elle fût échu(e)
.
.
qu'ils/elles fussent échu(e)s

IMPÉRATIF

Présent
.
.
.

Passé
.
.
.

INFINITIF

Présent
échoir

Passé
être échu(e)

PARTICIPE

Présent
échéant

Passé
étant échu
échu (e, s, es)

• Le verbe ***échoir*** n'est aujourd'hui conjugué qu'à la 3e personne. Les formes d'imparfait sont rares, de même que les variantes de l'indicatif présent, du futur simple et du conditionnel présent, signalées en bleu. → **tableaux 65, 67**. On retrouve le participe présent dans la locution ***le cas échéant***.

67 déchoir 3e groupe

INDICATIF

Présent	Passé composé
je déchois	j'ai déchu
tu déchois	tu as déchu
il/elle déchoit/*déchet*	il/elle a déchu
nous déchoyons	nous avons déchu
vous déchoyez	vous avez déchu
ils/elles déchoient	ils/elles ont déchu

Imparfait	Plus-que-parfait
.	j'avais déchu
.	tu avais déchu
.	il/elle avait déchu
.	nous avions déchu
.	vous aviez déchu
.	ils/elles avaient déchu

Passé simple	Passé antérieur
je déchus	j'eus déchu
tu déchus	tu eus déchu
il/elle déchut	il/elle eut déchu
nous déchûmes	nous eûmes déchu
vous déchûtes	vous eûtes déchu
ils/elles déchurent	ils/elles eurent déchu

Futur simple	Futur antérieur
je déchoirai/*décherrai*	j'aurai déchu
tu déchoiras/*décherras*	tu auras déchu
il déchoira/*décherra*	il/elle aura déchu
n. déchoirons/*décherrons*	nous aurons déchu
v. déchoirez/*décherrez*	vous aurez déchu
ils déchoiront/*décherront*	ils/elles auront déchu

CONDITIONNEL

Présent	Passé
je déchoirais/*décherrais*	j'aurais déchu
tu déchoirais/*décherrais*	tu aurais déchu
il déchoirait/*décherrait*	il/elle aurait déchu
n. déchoirions/*décherrions*	nous aurions déchu
v. déchoiriez/*décherriez*	vous auriez déchu
ils déchoiraient/*décherraient*	ils/elles auraient déchu

SUBJONCTIF

Présent	Passé
que je déchoie	que j'aie déchu
que tu déchoies	que tu aies déchu
qu'il/elle déchoie	qu'il/elle ait déchu
que nous déchoyions	que nous ayons déchu
que vous déchoyiez	que vous ayez déchu
qu'ils/elles déchoient	qu'ils/elles aient déchu

Imparfait	Plus-que-parfait
que je déchusse	que j'eusse déchu
que tu déchusses	que tu eusses déchu
qu'il/elle déchût	qu'il/elle eût déchu
que nous déchussions	que nous eussions déchu
que vous déchussiez	que vous eussiez déchu
qu'ils/elles déchussent	qu'ils/elles eussent déchu

IMPÉRATIF

Présent	Passé
.	.
.	.
.	.

INFINITIF

Présent	Passé
déchoir	avoir déchu

PARTICIPE

Présent	Passé
.	ayant déchu
	déchu (e, s, es)

- Le verbe ***déchoir*** est un peu plus fréquent que ***choir*** (→ tableau 65) et qu'échoir (→ tableau 66). Il n'a pas d'imparfait et la variante de l'indicatif présent ***il déchet***, ainsi que les formes en ***err*** du futur simple et du conditionnel présent ***(je décherrai, je décherrais)*** en bleu, restent très rares.
- Selon le sens, ***déchoir*** reçoit l'auxiliaire ***avoir*** ou ***être*** : ***il a déchu*** (déchéance présentée comme un fait passé) ; ***il est déchu*** (accent mis sur le résultat présent).

3e groupe
faire et les verbes associés

contrefaire • défaire • forfaire • parfaire • redéfaire • satisfaire...

INDICATIF

Présent
je fais
tu fais
il/elle fait
nous faisons
vous faites
ils/elles font

Passé composé
j'ai fait
tu as fait
il/elle a fait
nous avons fait
vous avez fait
ils/elles ont fait

Imparfait
je faisais
tu faisais
il/elle faisait
nous faisions
vous faisiez
ils/elles faisaient

Plus-que-parfait
j'avais fait
tu avais fait
il/elle avait fait
nous avions fait
vous aviez fait
ils/elles avaient fait

Passé simple
je fis
tu fis
il/elle fit
nous fîmes
vous fîtes
ils/elles firent

Passé antérieur
j'eus fait
tu eus fait
il/elle eut fait
nous eûmes fait
vous eûtes fait
ils/elles eurent fait

Futur simple
je ferai
tu feras
il/elle fera
nous ferons
vous ferez
ils/elles feront

Futur antérieur
j'aurai fait
tu auras fait
il/elle aura fait
nous aurons fait
vous aurez fait
ils/elles auront fait

CONDITIONNEL

Présent
je ferais
tu ferais
il/elle ferait
nous ferions
vous feriez
ils/elles feraient

Passé
j'aurais fait
tu aurais fait
il/elle aurait fait
nous aurions fait
vous auriez fait
ils/elles auraient fait

SUBJONCTIF

Présent
que je fasse
que tu fasses
qu'il/elle fasse
que nous fassions
que vous fassiez
qu'ils/elles fassent

Passé
que j'aie fait
que tu aies fait
qu'il/elle ait fait
que nous ayons fait
que vous ayez fait
qu'ils/elles aient fait

Imparfait
que je fisse
que tu fisses
qu'il/elle fît
que nous fissions
que vous fissiez
qu'ils/elles fissent

Plus-que-parfait
que j'eusse fait
que tu eusses fait
qu'il/elle eût fait
que nous eussions fait
que vous eussiez fait
qu'ils/elles eussent fait

IMPÉRATIF

Présent
fais
faisons
faites

Passé
aie fait
ayons fait
ayez fait

INFINITIF

Présent
faire

Passé
avoir fait

PARTICIPE

Présent
faisant

Passé
ayant fait
fait (e, s, es)

• Noter la forme ***vous faites*** à la 2e personne du pluriel de l'indicatif présent.

• La graphie ne correspond pas à la prononciation pour des formes en ***ai-*** : ***nous faisons*** (prononcé [fəzɔ̃]), ***je faisais***...
Le futur simple et le conditionnel présent ont en revanche un ***e*** : ***nous fer(i)ons***.

• Les verbes associés à ***faire*** se conjuguent sur ce modèle : ***vous défaites***... Certains sont défectifs (***forfaire***, ***méfaire***, ***parfaire***, ***surfaire*** : voir le répertoire).

69 extraire 3e groupe

abstraire • braire • distraire • soustraire • traire...

INDICATIF

Présent
j'extrais
tu extrais
il/elle extrait
nous extrayons
vous extrayez
ils/elles extraient

Passé composé
j'ai extrait
tu as extrait
il/elle a extrait
nous avons extrait
vous avez extrait
ils/elles ont extrait

Imparfait
j'extrayais
tu extrayais
il/elle extrayait
nous extrayions
vous extrayiez
ils/elles extrayaient

Plus-que-parfait
j'avais extrait
tu avais extrait
il/elle avait extrait
nous avions extrait
vous aviez extrait
ils/elles avaient extrait

Passé simple
.
.
.
.
.
.

Passé antérieur
j'eus extrait
tu eus extrait
il/elle eut extrait
nous eûmes extrait
vous eûtes extrait
ils/elles eurent extrait

Futur simple
j'extrairai
tu extrairas
il/elle extraira
nous extrairons
vous extrairez
ils/elles extrairont

Futur antérieur
j'aurai extrait
tu auras extrait
il/elle aura extrait
nous aurons extrait
vous aurez extrait
ils/elles auront extrait

CONDITIONNEL

Présent
j' extrairais
tu extrairais
il/elle extrairait
nous extrairions
vous extrairiez
ils/elles extrairaient

Passé
j'aurais extrait
tu aurais extrait
il/elle aurait extrait
nous aurions extrait
vous auriez extrait
ils/elles auraient extrait

SUBJONCTIF

Présent
que j'extraie
que tu extraies
qu'il/elle extraie
que nous extrayions
que vous extrayiez
qu'ils/elles extraient

Passé
que j'aie extrait
que tu aies extrait
qu'il/elle ait extrait
que nous ayons extrait
que vous ayez extrait
qu'ils/elles aient extrait

Imparfait
.
.
.
.
.
.

Plus-que-parfait
que j'eusse extrait
que tu eusses extrait
qu'il/elle eût extrait
que nous eussions extrait
que vous eussiez extrait
qu'ils/elles eussent extrait

IMPÉRATIF

Présent
extrais
extrayons
extrayez

Passé
aie extrait
ayons extrait
ayez extrait

INFINITIF

Présent
extraire

Passé
avoir extrait

PARTICIPE

Présent
extrayant

Passé
ayant extrait
extrait (e, s, es)

• Les verbes qui se conjuguent sur ce modèle n'ont ni passé simple ni subjonctif imparfait. On rencontre parfois des formes modelées sur le 1er groupe (⊖ *j'extrayai*), mais elles ne sont pas exactes.

70 taire

3e groupe

INDICATIF

Présent
je tais
tu tais
il/elle tait
nous taisons
vous taisez
ils/elles taisent

Passé composé
j'ai tu
tu as tu
il/elle a tu
nous avons tu
vous avez tu
ils/elles ont tu

Imparfait
je taisais
tu taisais
il/elle taisait
nous taisions
vous taisiez
ils/elles taisaient

Plus-que-parfait
j'avais tu
tu avais tu
il/elle avait tu
nous avions tu
vous aviez tu
ils/elles avaient tu

Passé simple
je tus
tu tus
il/elle tut
nous tûmes
vous tûtes
ils/elles turent

Passé antérieur
j'eus tu
tu eus tu
il/elle eut tu
nous eûmes tu
vous eûtes tu
ils/elles eurent tu

Futur simple
je tairai
tu tairas
il/elle taira
nous tairons
vous tairez
ils/elles tairont

Futur antérieur
j'aurai tu
tu auras tu
il/elle aura tu
nous aurons tu
vous aurez tu
ils/elles auront tu

CONDITIONNEL

Présent
je tairais
tu tairais
il/elle tairait
nous tairions
vous tairiez
ils/elles tairaient

Passé
j'aurais tu
tu aurais tu
il/elle aurait tu
nous aurions tu
vous auriez tu
ils/elles auraient tu

SUBJONCTIF

Présent
que je taise
que tu taises
qu'il/elle taise
que nous taisions
que vous taisiez
qu'ils/elles taisent

Passé
que j'aie tu
que tu aies tu
qu'il/elle ait tu
que nous ayons tu
que vous ayez tu
qu'ils/elles aient tu

Imparfait
que je tusse
que tu tusses
qu'il/elle tût
que nous tussions
que vous tussiez
qu'ils/elles tussent

Plus-que-parfait
que j'eusse tu
que tu eusses tu
qu'il/elle eût tu
que nous eussions tu
que vous eussiez tu
qu'ils/elles eussent tu

IMPÉRATIF

Présent
tais
taisons
taisez

Passé
aie tu
ayons tu
ayez tu

INFINITIF

Présent
taire

Passé
avoir tu

PARTICIPE

Présent
taisant

Passé
ayant tu
tu (e, s, es)

• Le radical de *taire* ne reçoit pas d'accent circonflexe à la 3e personne du singulier de l'indicatif présent *(il tait)*, à la différence de celui de *plaire (il plaît)* → tableau 71.

71 plaire 3e groupe

complaire • déplaire

INDICATIF

Présent	Passé composé
je plais	j'ai plu
tu plais	tu as plu
il/elle plaît	il/elle a plu
nous plaisons	nous avons plu
vous plaisez	vous avez plu
ils/elles plaisent	ils/elles ont plu

Imparfait	Plus-que-parfait
je plaisais	j'avais plu
tu plaisais	tu avais plu
il/elle plaisait	il/elle avait plu
nous plaisions	nous avions plu
vous plaisiez	vous aviez plu
ils/elles plaisaient	ils/elles avaient plu

Passé simple	Passé antérieur
je plus	j'eus plu
tu plus	tu eus plu
il/elle plut	il/elle eut plu
nous plûmes	nous eûmes plu
vous plûtes	vous eûtes plu
ils/elles plurent	ils/elles eurent plu

Futur simple	Futur antérieur
je plairai	j'aurai plu
tu plairas	tu auras plu
il/elle plaira	il/elle aura plu
nous plairons	nous aurons plu
vous plairez	vous aurez plu
ils/elles plairont	ils/elles auront plu

CONDITIONNEL

Présent	Passé
je plairais	j'aurais plu
tu plairais	tu aurais plu
il/elle plairait	il/elle aurait plu
nous plairions	nous aurions plu
vous plairiez	vous auriez plu
ils/elles plairaient	ils/elles auraient plu

SUBJONCTIF

Présent	Passé
que je plaise	que j'aie plu
que tu plaises	que tu aies plu
qu'il/elle plaise	qu'il/elle ait plu
que nous plaisions	que nous ayons plu
que vous plaisiez	que vous ayez plu
qu'ils/elles plaisent	qu'ils/elles aient plu

Imparfait	Plus-que-parfait
que je plusse	que j'eusse plu
que tu plusses	que tu eusses plu
qu'il/elle plût	qu'il/elle eût plu
que nous plussions	que nous eussions plu
que vous plussiez	que vous eussiez plu
qu'ils/elles plussent	qu'ils/elles eussent plu

IMPÉRATIF

Présent	Passé
plais	aie plu
plaisons	ayons plu
plaisez	ayez plu

INFINITIF

Présent	Passé
plaire	avoir plu

PARTICIPE

Présent	Passé
plaisant	ayant plu
	plu

• La 3e personne de l'indicatif présent reçoit un accent circonflexe : ***il plaît***.

N. ORTH. La réforme de 1990 autorise ***il plait (déplait, complait)*** sans accent circonflexe.

72 croire

3e groupe
croire et son dérivé

mécroire

INDICATIF

Présent
je crois
tu crois
il/elle croit
nous croyons
vous croyez
ils/elles croient

Passé composé
j'ai cru
tu as cru
il/elle a cru
nous avons cru
vous avez cru
ils/elles ont cru

Imparfait
je croyais
tu croyais
il/elle croyait
nous croyions
vous croyiez
ils/elles croyaient

Plus-que-parfait
j'avais cru
tu avais cru
il/elle avait cru
nous avions cru
vous aviez cru
ils/elles avaient cru

Passé simple
je crus
tu crus
il/elle crut
nous crûmes
vous crûtes
ils/elles crurent

Passé antérieur
j'eus cru
tu eus cru
il/elle eut cru
nous eûmes cru
vous eûtes cru
ils/elles eurent cru

Futur simple
je croirai
tu croiras
il/elle croira
nous croirons
vous croirez
ils/elles croiront

Futur antérieur
j'aurai cru
tu auras cru
il/elle aura cru
nous aurons cru
vous aurez cru
ils/elles auront cru

CONDITIONNEL

Présent
je croirais
tu croirais
il/elle croirait
nous croirions
vous croiriez
ils/elles croiraient

Passé
j'aurais cru
tu aurais cru
il/elle aurait cru
nous aurions cru
vous auriez cru
ils/elles auraient cru

SUBJONCTIF

Présent
que je croie
que tu croies
qu'il/elle croie
que nous croyions
que vous croyiez
qu'ils/elles croient

Passé
que j'aie cru
que tu aies cru
qu'il/elle ait cru
que nous ayons cru
que vous ayez cru
qu'ils/elles aient cru

Imparfait
que je crusse
que tu crusses
qu'il/elle crût
que nous crussions
que vous crussiez
qu'ils/elles crussent

Plus-que-parfait
que j'eusse cru
que tu eusses cru
qu'il/elle eût cru
que nous eussions cru
que vous eussiez cru
qu'ils/elles eussent cru

IMPÉRATIF

Présent
crois
croyons
croyez

Passé
aie cru
ayons cru
ayez cru

INFINITIF

Présent
croire

Passé
avoir cru

PARTICIPE

Présent
croyant

Passé
ayant cru
cru (e, s, es)

• Les 1re et 2e personnes du pluriel de l'indicatif imparfait et du subjonctif présent font se succéder le *y*, qui appartient au radical, et le *i* de la terminaison *-ions*, *-iez* : *que nous croyions*.

73 boire

3e groupe
boire et son dérivé

reboire

INDICATIF

Présent	Passé composé
je bois	j'ai bu
tu bois	tu as bu
il/elle boit	il/elle a bu
nous buvons	nous avons bu
vous buvez	vous avez bu
ils/elles boivent	ils/elles ont bu

Imparfait	Plus-que-parfait
je buvais	j'avais bu
tu buvais	tu avais bu
il/elle buvait	il/elle avait bu
nous buvions	nous avions bu
vous buviez	vous aviez bu
ils/elles buvaient	ils/elles avaient bu

Passé simple	Passé antérieur
je bus	j'eus bu
tu bus	tu eus bu
il/elle but	il/elle eut bu
nous bûmes	nous eûmes bu
vous bûtes	vous eûtes bu
ils/elles burent	ils/elles eurent bu

Futur simple	Futur antérieur
je boirai	j'aurai bu
tu boiras	tu auras bu
il/elle boira	il/elle aura bu
nous boirons	nous aurons bu
vous boirez	vous aurez bu
ils/elles boiront	ils/elles auront bu

CONDITIONNEL

Présent	Passé
je boirais	j'aurais bu
tu boirais	tu aurais bu
il/elle boirait	il/elle aurait bu
nous boirions	nous aurions bu
vous boiriez	vous auriez bu
ils/elles boiraient	ils/elles auraient bu

SUBJONCTIF

Présent	Passé
que je boive	que j'aie bu
que tu boives	que tu aies bu
qu'il/elle boive	qu'il/elle ait bu
que nous buvions	que nous ayons bu
que vous buviez	que vous ayez bu
qu'ils/elles boivent	qu'ils/elles aient bu

Imparfait	Plus-que-parfait
que je busse	que j'eusse bu
que tu busses	que tu eusses bu
qu'il/elle bût	qu'il/elle eût bu
que nous bussions	que nous eussions bu
que vous bussiez	que vous eussiez bu
qu'ils/elles bussent	qu'ils/elles eussent bu

IMPÉRATIF

Présent	Passé
bois	aie bu
buvons	ayons bu
buvez	ayez bu

INFINITIF

Présent	Passé
boire	avoir bu

PARTICIPE

Présent	Passé
buvant	ayant bu
	bu (e, s, es)

- Le verbe ***imboire*** n'existe guère qu'à travers le participe passé ***imbu***, lequel est devenu un adjectif ***(être imbu de soi-même)***.
- Le mot ***fourbu*** est le participe passé adjectivé de l'ancien verbe ***fourboire***, qui ne se conjugue plus.

74 conduire

3e groupe
verbes en *-uire*

construire • détruire • instruire • introduire • nuire • produire • réduire • séduire...

INDICATIF

Présent	Passé composé
je conduis	j'ai conduit
tu conduis	tu as conduit
il/elle conduit	il/elle a conduit
nous conduisons	nous avons conduit
vous conduisez	vous avez conduit
ils/elles conduisent	ils/elles ont conduit

Imparfait	Plus-que-parfait
je conduisais	j'avais conduit
tu conduisais	tu avais conduit
il/elle conduisait	il/elle avait conduit
nous conduisions	nous avions conduit
vous conduisiez	vous aviez conduit
ils/elles conduisaient	ils/elles avaient conduit

Passé simple	Passé antérieur
je conduisis	j'eus conduit
tu conduisis	tu eus conduit
il/elle conduisit	il/elle eut conduit
nous conduisîmes	nous eûmes conduit
vous conduisîtes	vous eûtes conduit
ils/elles conduisirent	ils/elles eurent conduit

Futur simple	Futur antérieur
je conduirai	j'aurai conduit
tu conduiras	tu auras conduit
il/elle conduira	il/elle aura conduit
nous conduirons	nous aurons conduit
vous conduirez	vous aurez conduit
ils/elles conduiront	ils/elles auront conduit

CONDITIONNEL

Présent	Passé
je conduirais	j'aurais conduit
tu conduirais	tu aurais conduit
il/elle conduirait	il/elle aurait conduit
nous conduirions	nous aurions conduit
vous conduiriez	vous auriez conduit
ils/elles conduiraient	ils/elles auraient conduit

SUBJONCTIF

Présent	Passé
que je conduise	que j'aie conduit
que tu conduises	que tu aies conduit
qu'il/elle conduise	qu'il/elle ait conduit
que nous conduisions	que nous ayons conduit
que vous conduisiez	que vous ayez conduit
qu'ils/elles conduisent	qu'ils/elles aient conduit

Imparfait	Plus-que-parfait
que je conduisisse	que j'eusse conduit
que tu conduisisses	que tu eusses conduit
qu'il/elle conduisît	qu'il/elle eût conduit
que nous conduisissions	que nous eussions conduit
que vous conduisissiez	que vous eussiez conduit
qu'ils/elles conduisissent	qu'ils/elles eussent conduit

IMPÉRATIF

Présent	Passé
conduis	aie conduit
conduisons	ayons conduit
conduisez	ayez conduit

INFINITIF

Présent	Passé
conduire	avoir conduit

PARTICIPE

Présent	Passé
conduisant	ayant conduit
	conduit (e, s, es)

- Tous les verbes en ***-uire*** se conjuguent sur ce modèle.
- Le participe passé des verbes ***luire***, ***reluire*** et ***nuire*** n'a pas de ***-t*** final ***(ils ont lui, relui, nui)*** et n'a ni féminin ni pluriel.
- Les passés simples réguliers de ***luire*** et de ***reluire (je luisis, ils luisirent)*** sont rares et sont souvent remplacés par les formes inexactes : ⊖ *je luis,* ⊖ *ils luirent.*

75 rire 3e groupe

sourire

INDICATIF

Présent
je ris
tu ris
il/elle rit
nous rions
vous riez
ils/elles rient

Passé composé
j'ai ri
tu as ri
il/elle a ri
nous avons ri
vous avez ri
ils/elles ont ri

Imparfait
je riais
tu riais
il/elle riait
nous riions
vous riiez
ils/elles riaient

Plus-que-parfait
j'avais ri
tu avais ri
il/elle avait ri
nous avions ri
vous aviez ri
ils/elles avaient ri

Passé simple
je ris
tu ris
il/elle rit
nous rîmes
vous rîtes
ils/elles rirent

Passé antérieur
j'eus ri
tu eus ri
il/elle eut ri
nous eûmes ri
vous eûtes ri
ils/elles eurent ri

Futur simple
je rirai
tu riras
il/elle rira
nous rirons
vous rirez
ils/elles riront

Futur antérieur
j'aurai ri
tu auras ri
il/elle aura ri
nous aurons ri
vous aurez ri
ils/elles auront ri

CONDITIONNEL

Présent
je rirais
tu rirais
il/elle rirait
nous ririons
vous ririez
ils/elles riraient

Passé
j'aurais ri
tu aurais ri
il/elle aurait ri
nous aurions ri
vous auriez ri
ils/elles auraient ri

SUBJONCTIF

Présent
que je rie
que tu ries
qu'il/elle rie
que nous riions
que vous riiez
qu'ils/elles rient

Passé
que j'aie ri
que tu aies ri
qu'il/elle ait ri
que nous ayons ri
que vous ayez ri
qu'ils/elles aient ri

Imparfait
que je risse
que tu risses
qu'il/elle rît
que nous rissions
que vous rissiez
qu'ils/elles rissent

Plus-que-parfait
que j'eusse ri
que tu eusses ri
qu'il/elle eût ri
que nous eussions ri
que vous eussiez ri
qu'ils/elles eussent ri

IMPÉRATIF

Présent
ris
rions
riez

Passé
aie ri
ayons ri
ayez ri

INFINITIF

Présent
rire

Passé
avoir ri

PARTICIPE

Présent
riant

Passé
ayant ri
ri

• Les 1re et 2e personnes du pluriel de l'indicatif imparfait et du subjonctif présent font se succéder un premier *i*, qui appartient au radical, et un second *i*, qui appartient à la terminaison *-ions*, *-iez* : *(que) nous riions*.

76 dire 3ᵉ groupe

redire

INDICATIF

Présent
je dis
tu dis
il/elle dit
nous disons
vous dites
ils/elles disent

Passé composé
j'ai dit
tu as dit
il/elle a dit
nous avons dit
vous avez dit
ils/elles ont dit

Imparfait
je disais
tu disais
il/elle disait
nous disions
vous disiez
ils/elles disaient

Plus-que-parfait
j'avais dit
tu avais dit
il/elle avait dit
nous avions dit
vous aviez dit
ils/elles avaient dit

Passé simple
je dis
tu dis
il/elle dit
nous dîmes
vous dîtes
ils/elles dirent

Passé antérieur
j'eus dit
tu eus dit
il/elle eut dit
nous eûmes dit
vous eûtes dit
ils/elles eurent dit

Futur simple
je dirai
tu diras
il/elle dira
nous dirons
vous direz
ils/elles diront

Futur antérieur
j'aurai dit
tu auras dit
il/elle aura dit
nous aurons dit
vous aurez dit
ils/elles auront dit

CONDITIONNEL

Présent
je dirais
tu dirais
il/elle dirait
nous dirions
vous diriez
ils/elles diraient

Passé
j'aurais dit
tu aurais dit
il/elle aurait dit
nous aurions dit
vous auriez dit
ils/elles auraient dit

SUBJONCTIF

Présent
que je dise
que tu dises
qu'il/elle dise
que nous disions
que vous disiez
qu'ils/elles disent

Passé
que j'aie dit
que tu aies dit
qu'il/elle ait dit
que nous ayons dit
que vous ayez dit
qu'ils/elles aient dit

Imparfait
que je disse
que tu disses
qu'il/elle dît
que nous dissions
que vous dissiez
qu'ils/elles dissent

Plus-que-parfait
que j'eusse dit
que tu eusses dit
qu'il/elle eût dit
que nous eussions dit
que vous eussiez dit
qu'ils/elles eussent dit

IMPÉRATIF

Présent
dis
disons
dites

Passé
aie dit
ayons dit
ayez dit

INFINITIF

Présent
dire

Passé
avoir dit

PARTICIPE

Présent
disant

Passé
ayant dit
dit (e, s, es)

- Noter la forme ***vous dites*** à la 2ᵉ personne du pluriel de l'indicatif présent.
- Le verbe ***redire*** se conjugue comme ***dire (vous redites)*** mais les autres verbes formés à partir de ***dire*** ont une forme en ***-disez*** → **tableau 77**.
- ***Maudire*** a une conjugaison à part → **tableau 78**.

77 médire

3e groupe

contredire • dédire • interdire • prédire

INDICATIF

Présent
je médis
tu médis
il/elle médit
nous médisons
vous médisez
ils/elles médisent

Passé composé
j'ai médit
tu as médit
il/elle a médit
nous avons médit
vous avez médit
ils/elles ont médit

Imparfait
je médisais
tu médisais
il/elle médisait
nous médisions
vous médisiez
ils/elles médisaient

Plus-que-parfait
j'avais médit
tu avais médit
il/elle avait médit
nous avions médit
vous aviez médit
ils/elles avaient médit

Passé simple
je médis
tu médis
il/elle médit
nous médîmes
vous médîtes
ils/elles médirent

Passé antérieur
j'eus médit
tu eus médit
il/elle eut médit
nous eûmes médit
vous eûtes médit
ils/elles eurent médit

Futur simple
je médirai
tu médiras
il/elle médira
nous médirons
vous médirez
ils/elles médiront

Futur antérieur
j'aurai médit
tu auras médit
il/elle aura médit
nous aurons médit
vous aurez médit
ils/elles auront médit

CONDITIONNEL

Présent
je médirais
tu médirais
il/elle médirait
nous médirions
vous médiriez
ils/elles médiraient

Passé
j'aurais médit
tu aurais médit
il/elle aurait médit
nous aurions médit
vous auriez médit
ils/elles auraient médit

SUBJONCTIF

Présent
que je médise
que tu médises
qu'il/elle médise
que nous médisions
que vous médisiez
qu'ils/elles médisent

Passé
que j'aie médit
que tu aies médit
qu'il/elle ait médit
que nous ayons médit
que vous ayez médit
qu'ils/elles aient médit

Imparfait
que je médisse
que tu médisses
qu'il/elle médît
que nous médissions
que vous médissiez
qu'ils/elles médissent

Plus-que-parfait
que j'eusse médit
que tu eusses médit
qu'il/elle eût médit
que nous eussions médit
que vous eussiez médit
qu'ils/elles eussent médit

IMPÉRATIF

Présent
médis
médisons
médisez

Passé
aie médit
ayons médit
ayez médit

INFINITIF

Présent
médire

Passé
avoir médit

PARTICIPE

Présent
médisant

Passé
ayant médit
médit

- La conjugaison de ***médire*** est identique à celle de ***dire*** et de ***redire*** (→ tableau 76) mais la 2e personne du pluriel de l'indicatif présent est en *-disez*.
- ***Maudire*** a une conjugaison à part → tableau 78.

78 maudire

2e ou 3e groupe

INDICATIF

Présent	Passé composé
je maudis	j'ai maudit
tu maudis	tu as maudit
il/elle maudit	il/elle a maudit
nous maudissons	nous avons maudit
vous maudissez	vous avez maudit
ils/elles maudissent	ils/elles ont maudit

Imparfait	Plus-que-parfait
je maudissais	j'avais maudit
tu maudissais	tu avais maudit
il/elle maudissait	il/elle avait maudit
nous maudissions	nous avions maudit
vous maudissiez	vous aviez maudit
ils/elles maudissaient	ils/elles avaient maudit

Passé simple	Passé antérieur
je maudis	j'eus maudit
tu maudis	tu eus maudit
il/elle maudit	il/elle eut maudit
nous maudîmes	nous eûmes maudit
vous maudîtes	vous eûtes maudit
ils/elles maudirent	ils/elles eurent maudit

Futur simple	Futur antérieur
je maudirai	j'aurai maudit
tu maudiras	tu auras maudit
il/elle maudira	il/elle aura maudit
nous maudirons	nous aurons maudit
vous maudirez	vous aurez maudit
ils/elles maudiront	ils/elles auront maudit

CONDITIONNEL

Présent	Passé
je maudirais	j'aurais maudit
tu maudirais	tu aurais maudit
il/elle maudirait	il/elle aurait maudit
nous maudirions	nous aurions maudit
vous maudiriez	vous auriez maudit
ils/elles maudiraient	ils/elles auraient maudit

SUBJONCTIF

Présent	Passé
que je maudisse	que j'aie maudit
que tu maudisses	que tu aies maudit
qu'il/elle maudisse	qu'il/elle ait maudit
que nous maudissions	que nous ayons maudit
que vous maudissiez	que vous ayez maudit
qu'ils/elles maudissent	qu'ils/elles aient maudit

Imparfait	Plus-que-parfait
que je maudisse	que j'eusse maudit
que tu maudisses	que tu eusses maudit
qu'il/elle maudît	qu'il/elle eût maudit
que nous maudissions	que nous eussions maudit
que vous maudissiez	que vous eussiez maudit
qu'ils/elles maudissent	qu'ils/elles eussent maudit

IMPÉRATIF

Présent	Passé
maudis	aie maudit
maudissons	ayons maudit
maudissez	ayez maudit

INFINITIF

Présent	Passé
maudire	avoir maudit

PARTICIPE

Présent	Passé
maudissant	ayant maudit
	maudit (e, s, es)

• Le verbe ***maudire*** relève du 3e groupe par son infinitif en ***-ire*** et par son participe passé ***maudit*** avec ***t*** final, comme pour *dit* → **tableau 76**. Mais toutes les autres formes du verbe le rattachent au modèle *finir* du 2e groupe → **tableau 6**.

79 lire 3e groupe

élire • réélire • relire

INDICATIF

Présent
je lis
tu lis
il/elle lit
nous lisons
vous lisez
ils/elles lisent

Passé composé
j'ai lu
tu as lu
il/elle a lu
nous avons lu
vous avez lu
ils/elles ont lu

Imparfait
je lisais
tu lisais
il/elle lisait
nous lisions
vous lisiez
ils/elles lisaient

Plus-que-parfait
j'avais lu
tu avais lu
il/elle avait lu
nous avions lu
vous aviez lu
ils/elles avaient lu

Passé simple
je lus
tu lus
il/elle lut
nous lûmes
vous lûtes
ils/elles lurent

Passé antérieur
j'eus lu
tu eus lu
il/elle eut lu
nous eûmes lu
vous eûtes lu
ils/elles eurent lu

Futur simple
je lirai
tu liras
il/elle lira
nous lirons
vous lirez
ils/elles liront

Futur antérieur
j'aurai lu
tu auras lu
il/elle aura lu
nous aurons lu
vous aurez lu
ils/elles auront lu

CONDITIONNEL

Présent
je lirais
tu lirais
il/elle lirait
nous lirions
vous liriez
ils/elles liraient

Passé
j'aurais lu
tu aurais lu
il/elle aurait lu
nous aurions lu
vous auriez lu
ils/elles auraient lu

SUBJONCTIF

Présent
que je lise
que tu lises
qu'il/elle lise
que nous lisions
que vous lisiez
qu'ils/elles lisent

Passé
que j'aie lu
que tu aies lu
qu'il/elle ait lu
que nous ayons lu
que vous ayez lu
qu'ils/elles aient lu

Imparfait
que je lusse
que tu lusses
qu'il/elle lût
que nous lussions
que vous lussiez
qu'ils/elles lussent

Plus-que-parfait
que j'eusse lu
que tu eusses lu
qu'il/elle eût lu
que nous eussions lu
que vous eussiez lu
qu'ils/elles eussent lu

IMPÉRATIF

Présent
lis
lisons
lisez

Passé
aie lu
ayons lu
ayez lu

INFINITIF

Présent
lire

Passé
avoir lu

PARTICIPE

Présent
lisant

Passé
ayant lu
lu (e, s, es)

• Attention au passé simple d'*élire*, qui est bien en ***u*** (comme ***ils lurent***) et non en ***i*** : ***ils élurent***, et non ⊖ *ils élirent.*

80 écrire

3e groupe

circonscrire • décrire • inscrire • prescrire • proscrire • souscrire • transcrire...

INDICATIF

Présent
j'écris
tu écris
il/elle écrit
nous écrivons
vous écrivez
ils/elles écrivent

Passé composé
j'ai écrit
tu as écrit
il/elle a écrit
nous avons écrit
vous avez écrit
ils/elles ont écrit

Imparfait
j'écrivais
tu écrivais
il/elle écrivait
nous écrivions
vous écriviez
ils/elles écrivaient

Plus-que-parfait
j'avais écrit
tu avais écrit
il/elle avait écrit
nous avions écrit
vous aviez écrit
ils/elles avaient écrit

Passé simple
j'écrivis
tu écrivis
il/elle écrivit
nous écrivîmes
vous écrivîtes
ils/elles écrivirent

Passé antérieur
j'eus écrit
tu eus écrit
il/elle eut écrit
nous eûmes écrit
vous eûtes écrit
ils/elles eurent écrit

Futur simple
j'écrirai
tu écriras
il/elle écrira
nous écrirons
vous écrirez
ils/elles écriront

Futur antérieur
j'aurai écrit
tu auras écrit
il/elle aura écrit
nous aurons écrit
vous aurez écrit
ils/elles auront écrit

CONDITIONNEL

Présent
j'écrirais
tu écrirais
il/elle écrirait
nous écririons
vous écririez
ils/elles écriraient

Passé
j'aurais écrit
tu aurais écrit
il/elle aurait écrit
nous aurions écrit
vous auriez écrit
ils/elles auraient écrit

SUBJONCTIF

Présent
que j'écrive
que tu écrives
qu'il/elle écrive
que nous écrivions
que vous écriviez
qu'ils/elles écrivent

Passé
que j'aie écrit
que tu aies écrit
qu'il/elle ait écrit
que nous ayons écrit
que vous ayez écrit
qu'ils/elles aient écrit

Imparfait
que j'écrivisse
que tu écrivisses
qu'il/elle écrivît
que nous écrivissions
que vous écrivissiez
qu'ils/elles écrivissent

Plus-que-parfait
que j'eusse écrit
que tu eusses écrit
qu'il/elle eût écrit
que nous eussions écrit
que vous eussiez écrit
qu'ils/elles eussent écrit

IMPÉRATIF

Présent
écris
écrivons
écrivez

Passé
aie écrit
ayons écrit
ayez écrit

INFINITIF

Présent
écrire

Passé
avoir écrit

PARTICIPE

Présent
écrivant

Passé
ayant écrit
écrit (e, s, es)

• *Écrire* et ses dérivés, ainsi que les verbes en *-scrire*, se conjuguent sur ce modèle.

81 suffire

3e groupe

INDICATIF

Présent

je suffis
tu suffis
il/elle suffit
nous suffisons
vous suffisez
ils/elles suffisent

Passé composé

j'ai suffi
tu as suffi
il/elle a suffi
nous avons suffi
vous avez suffi
ils/elles ont suffi

Imparfait

je suffisais
tu suffisais
il/elle suffisait
nous suffisions
vous suffisiez
ils/elles suffisaient

Plus-que-parfait

j'avais suffi
tu avais suffi
il/elle avait suffi
nous avions suffi
vous aviez suffi
ils/elles avaient suffi

Passé simple

je suffis
tu suffis
il/elle suffit
nous suffîmes
vous suffîtes
ils/elles suffirent

Passé antérieur

j'eus suffi
tu eus suffi
il/elle eut suffi
nous eûmes suffi
vous eûtes suffi
ils/elles eurent suffi

Futur simple

je suffirai
tu suffiras
il/elle suffira
nous suffirons
vous suffirez
ils/elles suffiront

Futur antérieur

j'aurai suffi
tu auras suffi
il/elle aura suffi
nous aurons suffi
vous aurez suffi
ils/elles auront suffi

CONDITIONNEL

Présent

je suffirais
tu suffirais
il/elle suffirait
nous suffirions
vous suffiriez
ils/elles suffiraient

Passé

j'aurais suffi
tu aurais suffi
il/elle aurait suffi
nous aurions suffi
vous auriez suffi
ils/elles auraient suffi

SUBJONCTIF

Présent

que je suffise
que tu suffises
qu'il/elle suffise
que nous suffisions
que vous suffisiez
qu'ils/elles suffisent

Passé

que j'aie suffi
que tu aies suffi
qu'il/elle ait suffi
que nous ayons suffi
que vous ayez suffi
qu'ils/elles aient suffi

Imparfait

que je suffisse
que tu suffisses
qu'il/elle suffît
que nous suffissions
que vous suffissiez
qu'ils/elles suffissent

Plus-que-parfait

que j'eusse suffi
que tu eusses suffi
qu'il/elle eût suffi
que nous eussions suffi
que vous eussiez suffi
qu'ils/elles eussent suffi

IMPÉRATIF

Présent

suffis
suffisons
suffisez

Passé

aie suffi
ayons suffi
ayez suffi

INFINITIF

Présent

suffire

Passé

avoir suffi

PARTICIPE

Présent

suffisant

Passé

ayant suffi
suffi

• Le sens et les constructions dans lesquelles le verbe *suffire* est utilisé expliquent que le participe passé *suffi* soit toujours invariable. Dans la construction pronominale ***elle s'est suffi à elle-même***, par exemple, ***s'*** est un COI ***(elle a suffi à elle-même)*** et le participe passé ne s'accorde pas.

82 confire

3e groupe

circoncire • déconfire • frire

INDICATIF

Présent
je confis
tu confis
il/elle confit
nous confisons
vous confisez
ils/elles confisent

Passé composé
j'ai confit
tu as confit
il/elle a confit
nous avons confit
vous avez confit
ils/elles ont confit

Imparfait
je confisais
tu confisais
il/elle confisait
nous confisions
vous confisiez
ils/elles confisaient

Plus-que-parfait
j'avais confit
tu avais confit
il/elle avait confit
nous avions confit
vous aviez confit
ils/elles avaient confit

Passé simple
je confis
tu confis
il/elle confit
nous confîmes
vous confîtes
ils/elles confirent

Passé antérieur
j'eus confit
tu eus confit
il/elle eut confit
nous eûmes confit
vous eûtes confit
ils/elles eurent confit

Futur simple
je confirai
tu confiras
il/elle confira
nous confirons
vous confirez
ils/elles confiront

Futur antérieur
j'aurai confit
tu auras confit
il/elle aura confit
nous aurons confit
vous aurez confit
ils/elles auront confit

CONDITIONNEL

Présent
je confirais
tu confirais
il/elle confirait
nous confirions
vous confiriez
ils/elles confiraient

Passé
j'aurais confit
tu aurais confit
il/elle aurait confit
nous aurions confit
vous auriez confit
ils/elles auraient confit

SUBJONCTIF

Présent
que je confise
que tu confises
qu'il/elle confise
que nous confisions
que vous confisiez
qu'ils/elles confisent

Passé
que j'aie confit
que tu aies confit
qu'il/elle ait confit
que nous ayons confit
que vous ayez confit
qu'ils/elles aient confit

Imparfait
que je confisse
que tu confisses
qu'il/elle confît
que nous confissions
que vous confissiez
qu'ils/elles confissent

Plus-que-parfait
que j'eusse confit
que tu eusses confit
qu'il/elle eût confit
que nous eussions confit
que vous eussiez confit
qu'ils/elles eussent confit

IMPÉRATIF

Présent
confis
confisons
confisez

Passé
aie confit
ayons confit
ayez confit

INFINITIF

Présent
confire

Passé
avoir confit

PARTICIPE

Présent
confisant

Passé
ayant confit
confit (e, s, es)

• La conjugaison est identique à celle de *suffire* (→ tableau 81), à l'exception du participe passé, qui comporte un *t* et est variable : *déconfit(e)(s)*.

• *Frire*, défectif, existe surtout à l'infinitif et au participe passé *(pommes frites)*. On substitue *faire frire* à *frire* pour combler les lacunes de la conjugaison : *faites d'abord frire votre poulet*.

• Le verbe *circoncire* possède un participe passé particulier, *circoncis(e)(s)*.

83 rendre

3e groupe
verbes en *-endre, -ondre, -erdre, -ordre*

attendre • confondre • descendre • mordre • perdre • pondre • répondre • vendre...

INDICATIF

Présent	Passé composé
je rends	j'ai rendu
tu rends	tu as rendu
il/elle rend	il/elle a rendu
nous rendons	nous avons rendu
vous rendez	vous avez rendu
ils/elles rendent	ils/elles ont rendu

Imparfait	Plus-que-parfait
je rendais	j'avais rendu
tu rendais	tu avais rendu
il/elle rendait	il/elle avait rendu
nous rendions	nous avions rendu
vous rendiez	vous aviez rendu
ils/elles rendaient	ils/elles avaient rendu

Passé simple	Passé antérieur
je rendis	j'eus rendu
tu rendis	tu eus rendu
il/elle rendit	il/elle eut rendu
nous rendîmes	nous eûmes rendu
vous rendîtes	vous eûtes rendu
ils/elles rendirent	ils/elles eurent rendu

Futur simple	Futur antérieur
je rendrai	j'aurai rendu
tu rendras	tu auras rendu
il/elle rendra	il/elle aura rendu
nous rendrons	nous aurons rendu
vous rendrez	vous aurez rendu
ils/elles rendront	ils/elles auront rendu

CONDITIONNEL

Présent	Passé
je rendrais	j'aurais rendu
tu rendrais	tu aurais rendu
il/elle rendrait	il/elle aurait rendu
nous rendrions	nous aurions rendu
vous rendriez	vous auriez rendu
ils/elles rendraient	ils/elles auraient rendu

SUBJONCTIF

Présent	Passé
que je rende	que j'aie rendu
que tu rendes	que tu aies rendu
qu'il/elle rende	qu'il/elle ait rendu
que nous rendions	que nous ayons rendu
que vous rendiez	que vous ayez rendu
qu'ils/elles rendent	qu'ils/elles aient rendu

Imparfait	Plus-que-parfait
que je rendisse	que j'eusse rendu
que tu rendisses	que tu eusses rendu
qu'il/elle rendît	qu'il/elle eût rendu
que nous rendissions	que nous eussions rendu
que vous rendissiez	que vous eussiez rendu
qu'ils/elles rendissent	qu'ils/elles eussent rendu

IMPÉRATIF

Présent	Passé
rends	aie rendu
rendons	ayons rendu
rendez	ayez rendu

INFINITIF

Présent	Passé
rendre	avoir rendu

PARTICIPE

Présent	Passé
rendant	ayant rendu
	rendu (e, s, es)

- Toutes les formes du verbe *rendre* conservent le *d* présent dans *-dre*.
- D'autres verbes en *-endre* tels *prendre* (→ tableau 84) et les verbes en *-oudre* (→ tableaux 89, 90), mais non en *-soudre* (→ tableau 91) conservent le *d* au singulier de l'indicatif et de l'impératif présent, mais le perdent au pluriel et à d'autres temps.

84 prendre

3ᵉ groupe

apprendre • comprendre • se déprendre • entreprendre • s'éprendre • surprendre...

INDICATIF

Présent	Passé composé
je prends	j'ai pris
tu prends	tu as pris
il/elle prend	il/elle a pris
nous prenons	nous avons pris
vous prenez	vous avez pris
ils/elles prennent	ils/elles ont pris

Imparfait	Plus-que-parfait
je prenais	j'avais pris
tu prenais	tu avais pris
il/elle prenait	il/elle avait pris
nous prenions	nous avions pris
vous preniez	vous aviez pris
ils/elles prenaient	ils/elles avaient pris

Passé simple	Passé antérieur
je pris	j'eus pris
tu pris	tu eus pris
il/elle prit	il/elle eut pris
nous prîmes	nous eûmes pris
vous prîtes	vous eûtes pris
ils/elles prirent	ils/elles eurent pris

Futur simple	Futur antérieur
je prendrai	j'aurai pris
tu prendras	tu auras pris
il/elle prendra	il/elle aura pris
nous prendrons	nous aurons pris
vous prendrez	vous aurez pris
ils/elles prendront	ils/elles auront pris

CONDITIONNEL

Présent	Passé
je prendrais	j'aurais pris
tu prendrais	tu aurais pris
il/elle prendrait	il/elle aurait pris
nous prendrions	nous aurions pris
vous prendriez	vous auriez pris
ils/elles prendraient	ils/elles auraient pris

SUBJONCTIF

Présent	Passé
que je prenne	que j'aie pris
que tu prennes	que tu aies pris
qu'il/elle prenne	qu'il/elle ait pris
que nous prenions	que nous ayons pris
que vous preniez	que vous ayez pris
qu'ils/elles prennent	qu'ils/elles aient pris

Imparfait	Plus-que-parfait
que je prisse	que j'eusse pris
que tu prisses	que tu eusses pris
qu'il/elle prît	qu'il/elle eût pris
que nous prissions	que nous eussions pris
que vous prissiez	que vous eussiez pris
qu'ils/elles prissent	qu'ils/elles eussent pris

IMPÉRATIF

Présent	Passé
prends	aie pris
prenons	ayons pris
prenez	ayez pris

INFINITIF

Présent	Passé
prendre	avoir pris

PARTICIPE

Présent	Passé
prenant	ayant pris
	pris (e, s, es)

• La conjugaison de *prendre* se distingue de celle des verbes du type *rendre* :
– par la formation du passé simple et du subjonctif imparfait, qui fait disparaître le *d* présent dans *-dre* ;
– par les formes du pluriel de l'indicatif et de l'impératif présent et par celles de l'indicatif imparfait et du subjonctif présent, qui marquent peut-être l'influence de *tenir* et de *venir* → **tableau 39** ;
– par le participe passé, en *-is* et non en *-u*.

85 répandre 3e groupe

épandre

INDICATIF

Présent
je répands
tu répands
il/elle répand
nous répandons
vous répandez
ils/elles répandent

Passé composé
j'ai répandu
tu as répandu
il/elle a répandu
nous avons répandu
vous avez répandu
ils/elles ont répandu

Imparfait
je répandais
tu répandais
il/elle répandait
nous répandions
vous répandiez
ils/elles répandaient

Plus-que-parfait
j'avais répandu
tu avais répandu
il/elle avait répandu
nous avions répandu
vous aviez répandu
ils/elles avaient répandu

Passé simple
je répandis
tu répandis
il/elle répandit
nous répandîmes
vous répandîtes
ils/elles répandirent

Passé antérieur
j'eus répandu
tu eus répandu
il/elle eut répandu
nous eûmes répandu
vous eûtes répandu
ils/elles eurent répandu

Futur simple
je répandrai
tu répandras
il/elle répandra
nous répandrons
vous répandrez
ils/elles répandront

Futur antérieur
j'aurai répandu
tu auras répandu
il/elle aura répandu
nous aurons répandu
vous aurez répandu
ils/elles auront répandu

CONDITIONNEL

Présent
je répandrais
tu répandrais
il/elle répandrait
nous répandrions
vous répandriez
ils/elles répandraient

Passé
j'aurais répandu
tu aurais répandu
il/elle aurait répandu
nous aurions répandu
vous auriez répandu
ils/elles auraient répandu

SUBJONCTIF

Présent
que je répande
que tu répandes
qu'il/elle répande
que nous répandions
que vous répandiez
qu'ils/elles répandent

Passé
que j'aie répandu
que tu aies répandu
qu'il/elle ait répandu
que nous ayons répandu
que vous ayez répandu
qu'ils/elles aient répandu

Imparfait
que je répandisse
que tu répandisses
qu'il/elle répandît
que nous répandissions
que vous répandissiez
qu'ils/elles répandissent

Plus-que-parfait
que j'eusse répandu
que tu eusses répandu
qu'il/elle eût répandu
que nous eussions répandu
que vous eussiez répandu
qu'ils/elles eussent répandu

IMPÉRATIF

Présent
répands
répandons
répandez

Passé
aie répandu
ayons répandu
ayez répandu

INFINITIF

Présent
répandre

Passé
avoir répandu

PARTICIPE

Présent
répandant

Passé
ayant répandu
répandu (e, s, es)

- Les verbes *répandre* et *épandre* se conjuguent comme *rendre* → **tableau 83**.
- Ils se distinguent à l'écrit de tous les verbes dont l'infinitif se termine par le son [ɑ̃drə] : ils sont les seuls à s'écrire *-andre*.

86 peindre

3e groupe
verbes en *-eindre*

astreindre • atteindre • ceindre • éteindre • enfreindre • geindre • teindre

INDICATIF

Présent	**Passé composé**
je peins	j'ai peint
tu peins	tu as peint
il/elle peint	il/elle a peint
nous peignons	nous avons peint
vous peignez	vous avez peint
ils/elles peignent	ils/elles ont peint

Imparfait	**Plus-que-parfait**
je peignais	j'avais peint
tu peignais	tu avais peint
il/elle peignait	il/elle avait peint
nous peignions	nous avions peint
vous peigniez	vous aviez peint
ils/elles peignaient	ils/elles avaient peint

Passé simple	**Passé antérieur**
je peignis	j'eus peint
tu peignis	tu eus peint
il/elle peignit	il/elle eut peint
nous peignîmes	nous eûmes peint
vous peignîtes	vous eûtes peint
ils/elles peignirent	ils/elles eurent peint

Futur simple	**Futur antérieur**
je peindrai	j'aurai peint
tu peindras	tu auras peint
il/elle peindra	il/elle aura peint
nous peindrons	nous aurons peint
vous peindrez	vous aurez peint
ils/elles peindront	ils/elles auront peint

CONDITIONNEL

Présent	**Passé**
je peindrais	j'aurais peint
tu peindrais	tu aurais peint
il/elle peindrait	il/elle aurait peint
nous peindrions	nous aurions peint
vous peindriez	vous auriez peint
ils/elles peindraient	ils/elles auraient peint

SUBJONCTIF

Présent	**Passé**
que je peigne	que j'aie peint
que tu peignes	que tu aies peint
qu'il/elle peigne	qu'il/elle ait peint
que nous peignions	que nous ayons peint
que vous peigniez	que vous ayez peint
qu'ils/elles peignent	qu'ils/elles aient peint

Imparfait	**Plus-que-parfait**
que je peignisse	que j'eusse peint
que tu peignisses	que tu eusses peint
qu'il/elle peignît	qu'il/elle eût peint
que nous peignissions	que nous eussions peint
que vous peignissiez	que vous eussiez peint
qu'ils/elles peignissent	qu'ils/elles eussent peint

IMPÉRATIF

Présent	**Passé**
peins	aie peint
peignons	ayons peint
peignez	ayez peint

INFINITIF

Présent	**Passé**
peindre	avoir peint

PARTICIPE

Présent	**Passé**
peignant	ayant peint
	peint (e, s, es)

• À la différence des verbes qui se conjuguent comme *rendre* ou comme *prendre* (→ tableaux 83, 84), les verbes de ce type ne gardent le *d* qu'à l'infinitif, au futur simple et au conditionnel présent. Il n'y a donc aucun *d* à l'indicatif présent : *je peins*.

87 craindre

3e groupe
verbes en *-aindre*

contraindre • plaindre

INDICATIF

Présent
je crains
tu crains
il/elle craint
nous craignons
vous craignez
ils/elles craignent

Passé composé
j'ai craint
tu as craint
il/elle a craint
nous avons craint
vous avez craint
ils/elles ont craint

Imparfait
je craignais
tu craignais
il/elle craignait
nous craignions
vous craigniez
ils/elles craignaient

Plus-que-parfait
j'avais craint
tu avais craint
il/elle avait craint
nous avions craint
vous aviez craint
ils/elles avaient craint

Passé simple
je craignis
tu craignis
il/elle craignit
nous craignîmes
vous craignîtes
ils/elles craignirent

Passé antérieur
j'eus craint
tu eus craint
il/elle eut craint
nous eûmes craint
vous eûtes craint
ils/elles eurent craint

Futur simple
je craindrai
tu craindras
il/elle craindra
nous craindrons
vous craindrez
ils/elles craindront

Futur antérieur
j'aurai craint
tu auras craint
il/elle aura craint
nous aurons craint
vous aurez craint
ils/elles auront craint

CONDITIONNEL

Présent
je craindrais
tu craindrais
il/elle craindrait
nous craindrions
vous craindriez
ils/elles craindraient

Passé
j'aurais craint
tu aurais craint
il/elle aurait craint
nous aurions craint
vous auriez craint
ils/elles auraient craint

SUBJONCTIF

Présent
que je craigne
que tu craignes
qu'il/elle craigne
que nous craignions
que vous craigniez
qu'ils/elles craignent

Passé
que j'aie craint
que tu aies craint
qu'il/elle ait craint
que nous ayons craint
que vous ayez craint
qu'ils/elles aient craint

Imparfait
que je craignisse
que tu craignisses
qu'il/elle craignît
que nous craignissions
que vous craignissiez
qu'ils/elles craignissent

Plus-que-parfait
que j'eusse craint
que tu eusses craint
qu'il/elle eût craint
que nous eussions craint
que vous eussiez craint
qu'ils/elles eussent craint

IMPÉRATIF

Présent
crains
craignons
craignez

Passé
aie craint
ayons craint
ayez craint

INFINITIF

Présent
craindre

Passé
avoir craint

PARTICIPE

Présent
craignant

Passé
ayant craint
craint (e, s, es)

• Les verbes en *-aindre* se conjuguent comme *peindre* → tableau 86. Ils se distinguent à l'écrit par les lettres *ain*.

• À la différence des verbes qui se conjuguent comme *rendre* ou comme *prendre* (→ tableaux 83, 84), les verbes de ce type ne gardent le *d* qu'à l'infinitif, au futur simple et au conditionnel présent. Il n'y a donc aucun *d* à l'indicatif présent : *je crains*.

88 joindre

3e groupe
verbes en *-oindre*

adjoindre • conjoindre • disjoindre • enjoindre • oindre • poindre • rejoindre

INDICATIF

Présent
je joins
tu joins
il/elle joint
nous joignons
vous joignez
ils/elles joignent

Passé composé
j'ai joint
tu as joint
il/elle a joint
nous avons joint
vous avez joint
ils/elles ont joint

Imparfait
je joignais
tu joignais
il/elle joignait
nous joignions
vous joigniez
ils/elles joignaient

Plus-que-parfait
j'avais joint
tu avais joint
il/elle avait joint
nous avions joint
vous aviez joint
ils/elles avaient joint

Passé simple
je joignis
tu joignis
il/elle joignit
nous joignîmes
vous joignîtes
ils/elles joignirent

Passé antérieur
j'eus joint
tu eus joint
il/elle eut joint
nous eûmes joint
vous eûtes joint
ils/elles eurent joint

Futur simple
je joindrai
tu joindras
il/elle joindra
nous joindrons
vous joindrez
ils/elles joindront

Futur antérieur
j'aurai joint
tu auras joint
il/elle aura joint
nous aurons joint
vous aurez joint
ils/elles auront joint

CONDITIONNEL

Présent
je joindrais
tu joindrais
il/elle joindrait
nous joindrions
vous joindriez
ils/elles joindraient

Passé
j'aurais joint
tu aurais joint
il/elle aurait joint
nous aurions joint
vous auriez joint
ils/elles auraient joint

SUBJONCTIF

Présent
que je joigne
que tu joignes
qu'il/elle joigne
que nous joignions
que vous joigniez
qu'ils/elles joignent

Passé
que j'aie joint
que tu aies joint
qu'il/elle ait joint
que nous ayons joint
que vous ayez joint
qu'ils/elles aient joint

Imparfait
que je joignisse
que tu joignisses
qu'il/elle joignît
que nous joignissions
que vous joignissiez
qu'ils/elles joignissent

Plus-que-parfait
que j'eusse joint
que tu eusses joint
qu'il/elle eût joint
que nous eussions joint
que vous eussiez joint
qu'ils/elles eussent joint

IMPÉRATIF

Présent
joins
joignons
joignez

Passé
aie joint
ayons joint
ayez joint

INFINITIF

Présent
joindre

Passé
avoir joint

PARTICIPE

Présent
joignant

Passé
ayant joint
joint (e, s, es)

- Les verbes en *-oindre* se conjuguent comme *peindre* → tableau 86.
- À la différence des verbes qui se conjuguent comme *rendre* ou comme *prendre* (→ tableaux 83, 84), les verbes de ce type ne gardent le *d* qu'à l'infinitif, au futur simple et au conditionnel présent. Il n'y a donc aucun *d* à l'indicatif présent : *je joins*.
- Le verbe *oindre*, d'emploi rare, est surtout utilisé à l'infinitif et au participe passé.

89 coudre

3e groupe

découdre • recoudre

INDICATIF

Présent	Passé composé
je couds	j'ai cousu
tu couds	tu as cousu
il/elle coud	il/elle a cousu
nous cousons	nous avons cousu
vous cousez	vous avez cousu
ils/elles cousent	ils/elles ont cousu

Imparfait	Plus-que-parfait
je cousais	j'avais cousu
tu cousais	tu avais cousu
il/elle cousait	il/elle avait cousu
nous cousions	nous avions cousu
vous cousiez	vous aviez cousu
ils/elles cousaient	ils/elles avaient cousu

Passé simple	Passé antérieur
je cousis	j'eus cousu
tu cousis	tu eus cousu
il/elle cousit	il/elle eut cousu
nous cousîmes	nous eûmes cousu
vous cousîtes	vous eûtes cousu
ils/elles cousirent	ils/elles eurent cousu

Futur simple	Futur antérieur
je coudrai	j'aurai cousu
tu coudras	tu auras cousu
il/elle coudra	il/elle aura cousu
nous coudrons	nous aurons cousu
vous coudrez	vous aurez cousu
ils/elles coudront	ils/elles auront cousu

CONDITIONNEL

Présent	Passé
je coudrais	j'aurais cousu
tu coudrais	tu aurais cousu
il/elle coudrait	il/elle aurait cousu
nous coudrions	nous aurions cousu
vous coudriez	vous auriez cousu
ils/elles coudraient	ils/elles auraient cousu

SUBJONCTIF

Présent	Passé
que je couse	que j'aie cousu
que tu couses	que tu aies cousu
qu'il/elle couse	qu'il/elle ait cousu
que nous cousions	que nous ayons cousu
que vous cousiez	que vous ayez cousu
qu'ils/elles cousent	qu'ils/elles aient cousu

Imparfait	Plus-que-parfait
que je cousisse	que j'eusse cousu
que tu cousisses	que tu eusses cousu
qu'il/elle cousît	qu'il/elle eût cousu
que nous cousissions	que nous eussions cousu
que vous cousissiez	que vous eussiez cousu
qu'ils/elles cousissent	qu'ils/elles eussent cousu

IMPÉRATIF

Présent	Passé
couds	aie cousu
cousons	ayons cousu
cousez	ayez cousu

INFINITIF

Présent	Passé
coudre	avoir cousu

PARTICIPE

Présent	Passé
cousant	ayant cousu
	cousu (e, s, es)

• Noter le *d* présent, bien que non prononcé, au singulier de l'indicatif présent et de l'impératif présent : ***je couds*** ; ***couds*** → **tableaux 83, 84.**

90 moudre 3e groupe

émoudre • remoudre

INDICATIF

Présent
je mouds
tu mouds
il/elle moud
nous moulons
vous moulez
ils/elles moulent

Passé composé
j'ai moulu
tu as moulu
il/elle a moulu
nous avons moulu
vous avez moulu
ils/elles ont moulu

Imparfait
je moulais
tu moulais
il/elle moulait
nous moulions
vous mouliez
ils/elles moulaient

Plus-que-parfait
j'avais moulu
tu avais moulu
il/elle avait moulu
nous avions moulu
vous aviez moulu
ils/elles avaient moulu

Passé simple
je moulus
tu moulus
il/elle moulut
nous moulûmes
vous moulûtes
ils/elles moulurent

Passé antérieur
j'eus moulu
tu eus moulu
il/elle eut moulu
nous eûmes moulu
vous eûtes moulu
ils/elles eurent moulu

Futur simple
je moudrai
tu moudras
il/elle moudra
nous moudrons
vous moudrez
ils/elles moudront

Futur antérieur
j'aurai moulu
tu auras moulu
il/elle aura moulu
nous aurons moulu
vous aurez moulu
ils/elles auront moulu

CONDITIONNEL

Présent
je moudrais
tu moudrais
il/elle moudrait
nous moudrions
vous moudriez
ils/elles moudraient

Passé
j'aurais moulu
tu aurais moulu
il/elle aurait moulu
nous aurions moulu
vous auriez moulu
ils/elles auraient moulu

SUBJONCTIF

Présent
que je moule
que tu moules
qu'il/elle moule
que nous moulions
que vous mouliez
qu'ils/elles moulent

Passé
que j'aie moulu
que tu aies moulu
qu'il/elle ait moulu
que nous ayons moulu
que vous ayez moulu
qu'ils/elles aient moulu

Imparfait
que je moulusse
que tu moulusses
qu'il/elle moulût
que nous moulussions
que vous moulussiez
qu'ils/elles moulussent

Plus-que-parfait
que j'eusse moulu
que tu eusses moulu
qu'il/elle eût moulu
que nous eussions moulu
que vous eussiez moulu
qu'ils/elles eussent moulu

IMPÉRATIF

Présent
mouds
moulons
moulez

Passé
aie moulu
ayons moulu
ayez moulu

INFINITIF

Présent
moudre

Passé
avoir moulu

PARTICIPE

Présent
moulant

Passé
ayant moulu
moulu (e, s, es)

• Noter le *d* présent, bien que non prononcé, au singulier de l'indicatif présent et de l'impératif présent : ***je mouds*** ; ***mouds du poivre !*** → tableaux 83, 84.

• Beaucoup de formes sont rares : le pluriel de l'indicatif et de l'impératif présent, le singulier et le pluriel de l'indicatif imparfait, du passé simple, des subjonctifs présent et imparfait... On a recours, quand c'est possible, à une périphrase :
je moulais → j'étais en train de moudre.

91 résoudre

3e groupe
verbes en *-soudre*

absoudre • dissoudre • redissoudre

INDICATIF

Présent	Passé composé
je résous	j'ai résolu
tu résous	tu as résolu
il/elle résout	il/elle a résolu
nous résolvons	nous avons résolu
vous résolvez	vous avez résolu
ils/elles résolvent	ils/elles ont résolu

Imparfait	Plus-que-parfait
je résolvais	j'avais résolu
tu résolvais	tu avais résolu
il/elle résolvait	il/elle avait résolu
nous résolvions	nous avions résolu
vous résolviez	vous aviez résolu
ils/elles résolvaient	ils/elles avaient résolu

Passé simple	Passé antérieur
je résolus	j'eus résolu
tu résolus	tu eus résolu
il/elle résolut	il/elle eut résolu
nous résolûmes	nous eûmes résolu
vous résolûtes	vous eûtes résolu
ils/elles résolurent	ils/elles eurent résolu

Futur simple	Futur antérieur
je résoudrai	j'aurai résolu
tu résoudras	tu auras résolu
il/elle résoudra	il/elle aura résolu
nous résoudrons	nous aurons résolu
vous résoudrez	vous aurez résolu
ils/elles résoudront	ils/elles auront résolu

CONDITIONNEL

Présent	Passé
je résoudrais	j'aurais résolu
tu résoudrais	tu aurais résolu
il/elle résoudrait	il/elle aurait résolu
nous résoudrions	nous aurions résolu
vous résoudriez	vous auriez résolu
ils/elles résoudraient	ils/elles auraient résolu

SUBJONCTIF

Présent	Passé
que je résolve	que j'aie résolu
que tu résolves	que tu aies résolu
qu'il/elle résolve	qu'il/elle ait résolu
que nous résolvions	que nous ayons résolu
que vous résolviez	que vous ayez résolu
qu'ils/elles résolvent	qu'ils/elles aient résolu

Imparfait	Plus-que-parfait
que je résolusse	que j'eusse résolu
que tu résolusses	que tu eusses résolu
qu'il/elle résolût	qu'il/elle eût résolu
que nous résolussions	que nous eussions résolu
que vous résolussiez	que vous eussiez résolu
qu'ils/elles résolussent	qu'ils/elles eussent résolu

IMPÉRATIF

Présent	Passé
résous	aie résolu
résolvons	ayons résolu
résolvez	ayez résolu

INFINITIF

Présent	Passé
résoudre	avoir résolu

PARTICIPE

Présent	Passé
résolvant	ayant résolu
	résolu (e, s, es)

• À la différence des verbes en *-oudre* les verbes en *-soudre* ne comportent aucun *d* à l'indicatif présent ni à l'impératif présent : ***je résous*** ; ***résous ce problème !***

• Les participes passés de *absoudre* et de ***(re)dissoudre*** sont : ***absous***, ***(re)dissous***, mais ***absoute(s)***, ***(re)dissoute(s)***.

N. ORTH. La réforme de 1990 autorise à écrire ***absout*** et ***(re)dissout***, sur le modèle de ***absoute***, ***(re)dissoute***.

92 rompre 3e groupe

corrompre • interrompre

INDICATIF

Présent
je romps
tu romps
il/elle rompt
nous rompons
vous rompez
ils/elles rompent

Passé composé
j'ai rompu
tu as rompu
il/elle a rompu
nous avons rompu
vous avez rompu
ils/elles ont rompu

Imparfait
je rompais
tu rompais
il/elle rompait
nous rompions
vous rompiez
ils/elles rompaient

Plus-que-parfait
j'avais rompu
tu avais rompu
il/elle avait rompu
nous avions rompu
vous aviez rompu
ils/elles avaient rompu

Passé simple
je rompis
tu rompis
il/elle rompit
nous rompîmes
vous rompîtes
ils/elles rompirent

Passé antérieur
j'eus rompu
tu eus rompu
il/elle eut rompu
nous eûmes rompu
vous eûtes rompu
ils/elles eurent rompu

Futur simple
je romprai
tu rompras
il/elle rompra
nous romprons
vous romprez
ils/elles rompront

Futur antérieur
j'aurai rompu
tu auras rompu
il/elle aura rompu
nous aurons rompu
vous aurez rompu
ils/elles auront rompu

CONDITIONNEL

Présent
je romprais
tu romprais
il/elle romprait
nous romprions
vous rompriez
ils/elles rompraient

Passé
j'aurais rompu
tu aurais rompu
il/elle aurait rompu
nous aurions rompu
vous auriez rompu
ils/elles auraient rompu

SUBJONCTIF

Présent
que je rompe
que tu rompes
qu'il/elle rompe
que nous rompions
que vous rompiez
qu'ils/elles rompent

Passé
que j'aie rompu
que tu aies rompu
qu'il/elle ait rompu
que nous ayons rompu
que vous ayez rompu
qu'ils/elles aient rompu

Imparfait
que je rompisse
que tu rompisses
qu'il/elle rompît
que nous rompissions
que vous rompissiez
qu'ils/elles rompissent

Plus-que-parfait
que j'eusse rompu
que tu eusses rompu
qu'il/elle eût rompu
que nous eussions rompu
que vous eussiez rompu
qu'ils/elles eussent rompu

IMPÉRATIF

Présent
romps
rompons
rompez

Passé
aie rompu
ayons rompu
ayez rompu

INFINITIF

Présent
rompre

Passé
avoir rompu

PARTICIPE

Présent
rompant

Passé
ayant rompu
rompu (e, s, es)

• À l'instar des verbes en *-dre* qui se conjuguent sur le modèle de *rendre* (→ tableau 83), toutes les formes de ***rompre***, ***corrompre*** et ***interrompre*** conservent le ***p*** du radical, que ce ***p*** soit prononcé ou non.

93 battre 3e groupe

abattre • combattre • débattre • s'ébattre • rabattre...

INDICATIF

Présent
je bats
tu bats
il/elle bat
nous battons
vous battez
ils/elles battent

Passé composé
j'ai battu
tu as battu
il/elle a battu
nous avons battu
vous avez battu
ils/elles ont battu

Imparfait
je battais
tu battais
il/elle battait
nous battions
vous battiez
ils/elles battaient

Plus-que-parfait
j'avais battu
tu avais battu
il/elle avait battu
nous avions battu
vous aviez battu
ils/elles avaient battu

Passé simple
je battis
tu battis
il/elle battit
nous battîmes
vous battîtes
ils/elles battirent

Passé antérieur
j'eus battu
tu eus battu
il/elle eut battu
nous eûmes battu
vous eûtes battu
ils/elles eurent battu

Futur simple
je battrai
tu battras
il/elle battra
nous battrons
vous battrez
ils/elles battront

Futur antérieur
j'aurai battu
tu auras battu
il/elle aura battu
nous aurons battu
vous aurez battu
ils/elles auront battu

CONDITIONNEL

Présent
je battrais
tu battrais
il/elle battrait
nous battrions
vous battriez
ils/elles battraient

Passé
j'aurais battu
tu aurais battu
il/elle aurait battu
nous aurions battu
vous auriez battu
ils/elles auraient battu

SUBJONCTIF

Présent
que je batte
que tu battes
qu'il/elle batte
que nous battions
que vous battiez
qu'ils/elles battent

Passé
que j'aie battu
que tu aies battu
qu'il/elle ait battu
que nous ayons battu
que vous ayez battu
qu'ils/elles aient battu

Imparfait
que je battisse
que tu battisses
qu'il/elle battît
que nous battissions
que vous battissiez
qu'ils/elles battissent

Plus-que-parfait
que j'eusse battu
que tu eusses battu
qu'il/elle eût battu
que nous eussions battu
que vous eussiez battu
qu'ils/elles eussent battu

IMPÉRATIF

Présent
bats
battons
battez

Passé
aie battu
ayons battu
ayez battu

INFINITIF

Présent
battre

Passé
avoir battu

PARTICIPE

Présent
battant

Passé
ayant battu
battu (e, s, es)

- Les verbes dérivés de *battre* se conjuguent sur ce modèle. Les formes qui ne font pas entendre le son [t] s'écrivent avec un *t* muet *(je bats)*, celles qui font entendre ce son [t] s'écrivent avec les deux *t* du radical *(nous battons)*.
- Les verbes vulgaires *foutre* et *se contrefoutre* se conjuguent comme *battre*, mais on écrit *je fous, tu te contrefous* sans *t* ; *nous foutons, vous vous contrefoutiez* avec un *t*.

94 mettre

3e groupe

admettre • commettre • démettre • émettre • permettre • promettre • remettre • soumettre...

INDICATIF

Présent

je mets
tu mets
il/elle met
nous mettons
vous mettez
ils/elles mettent

Passé composé

j'ai mis
tu as mis
il/elle a mis
nous avons mis
vous avez mis
ils/elles ont mis

Imparfait

je mettais
tu mettais
il/elle mettait
nous mettions
vous mettiez
ils/elles mettaient

Plus-que-parfait

j'avais mis
tu avais mis
il/elle avait mis
nous avions mis
vous aviez mis
ils/elles avaient mis

Passé simple

je mis
tu mis
il/elle mit
nous mîmes
vous mîtes
ils/elles mirent

Passé antérieur

j'eus mis
tu eus mis
il/elle eut mis
nous eûmes mis
vous eûtes mis
ils/elles eurent mis

Futur simple

je mettrai
tu mettras
il/elle mettra
nous mettrons
vous mettrez
ils/elles mettront

Futur antérieur

j'aurai mis
tu auras mis
il/elle aura mis
nous aurons mis
vous aurez mis
ils/elles auront mis

CONDITIONNEL

Présent

je mettrais
tu mettrais
il/elle mettrait
nous mettrions
vous mettriez
ils/elles mettraient

Passé

j'aurais mis
tu aurais mis
il/elle aurait mis
nous aurions mis
vous auriez mis
ils/elles auraient mis

SUBJONCTIF

Présent

que je mette
que tu mettes
qu'il/elle mette
que nous mettions
que vous mettiez
qu'ils/elles mettent

Passé

que j'aie mis
que tu aies mis
qu'il/elle ait mis
que nous ayons mis
que vous ayez mis
qu'ils/elles aient mis

Imparfait

que je misse
que tu misses
qu'il/elle mît
que nous missions
que vous missiez
qu'ils/elles missent

Plus-que-parfait

que j'eusse mis
que tu eusses mis
qu'il/elle eût mis
que nous eussions mis
que vous eussiez mis
qu'ils/elles eussent mis

IMPÉRATIF

Présent

mets
mettons
mettez

Passé

aie mis
ayons mis
ayez mis

INFINITIF

Présent

mettre

Passé

avoir mis

PARTICIPE

Présent

mettant

Passé

ayant mis
mis (e, es)

• Les formes prononcées [mɛ] (sans le son [t]) s'écrivent avec un *t (je mets)* ; celles qui sont prononcées [mɛt] (avec le son [t]) s'écrivent avec les deux *t* du radical *(nous mettons)*.

• Les verbes qui se conjuguent sur ce modèle se différencient de *battre* (→ tableau 93) par leur passé simple et leur subjonctif imparfait *(je mis, que je misse)* et par leur participe passé en *-is*.

95 vaincre 3e groupe

convaincre

INDICATIF

Présent

je vaincs
tu vaincs
il/elle vainc
nous vainquons
vous vainquez
ils/elles vainquent

Passé composé

j'ai vaincu
tu as vaincu
il/elle a vaincu
nous avons vaincu
vous avez vaincu
ils/elles ont vaincu

Imparfait

je vainquais
tu vainquais
il/elle vainquait
nous vainquions
vous vainquiez
ils/elles vainquaient

Plus-que-parfait

j'avais vaincu
tu avais vaincu
il/elle avait vaincu
nous avions vaincu
vous aviez vaincu
ils/elles avaient vaincu

Passé simple

je vainquis
tu vainquis
il/elle vainquit
nous vainquîmes
vous vainquîtes
ils/elles vainquirent

Passé antérieur

j'eus vaincu
tu eus vaincu
il/elle eut vaincu
nous eûmes vaincu
vous eûtes vaincu
ils/elles eurent vaincu

Futur simple

je vaincrai
tu vaincras
il/elle vaincra
nous vaincrons
vous vaincrez
ils/elles vaincront

Futur antérieur

j'aurai vaincu
tu auras vaincu
il/elle aura vaincu
nous aurons vaincu
vous aurez vaincu
ils/elles auront vaincu

CONDITIONNEL

Présent

je vaincrais
tu vaincrais
il/elle vaincrait
nous vaincrions
vous vaincriez
ils/elles vaincraient

Passé

j'aurais vaincu
tu aurais vaincu
il/elle aurait vaincu
nous aurions vaincu
vous auriez vaincu
ils/elles auraient vaincu

SUBJONCTIF

Présent

que je vainque
que tu vainques
qu'il/elle vainque
que nous vainquions
que vous vainquiez
qu'ils/elles vainquent

Passé

que j'aie vaincu
que tu aies vaincu
qu'il/elle ait vaincu
que nous ayons vaincu
que vous ayez vaincu
qu'ils/elles aient vaincu

Imparfait

que je vainquisse
que tu vainquisses
qu'il/elle vainquît
que nous vainquissions
que vous vainquissiez
qu'ils/elles vainquissent

Plus-que-parfait

que j'eusse vaincu
que tu eusses vaincu
qu'il/elle eût vaincu
que nous eussions vaincu
que vous eussiez vaincu
qu'ils/elles eussent vaincu

IMPÉRATIF

Présent

vaincs
vainquons
vainquez

Passé

aie vaincu
ayons vaincu
ayez vaincu

INFINITIF

Présent

vaincre

Passé

avoir vaincu

PARTICIPE

Présent

vainquant

Passé

ayant vaincu
vaincu (e, s, es)

- Noter le *c* présent, bien que non prononcé, au singulier de l'indicatif présent et de l'impératif présent : ***je vaincs, tu vaincs, il vainc*** (sans *t*) ; ***vaincs !***
- La forme longue du radical, avec le son [k] prononcé, s'écrit ***vainqu- (nous vainquons, je vainquis)***, sauf devant *r* (infinitif ***vaincre***, futur simple ***je vaincrai***, conditionnel présent ***je vaincrais***) et au participe passé ***(vaincu)***.

96 connaître

3e groupe
verbes en *-aître*

apparaître • comparaître • disparaître • méconnaître • paraître • reconnaître...

INDICATIF

Présent
je connais
tu connais
il/elle connaît
nous connaissons
vous connaissez
ils/elles connaissent

Passé composé
j'ai connu
tu as connu
il/elle a connu
nous avons connu
vous avez connu
ils/elles ont connu

Imparfait
je connaissais
tu connaissais
il/elle connaissait
nous connaissions
vous connaissiez
ils/elles connaissaient

Plus-que-parfait
j'avais connu
tu avais connu
il/elle avait connu
nous avions connu
vous aviez connu
ils/elles avaient connu

Passé simple
je connus
tu connus
il/elle connut
nous connûmes
vous connûtes
ils/elles connurent

Passé antérieur
j'eus connu
tu eus connu
il/elle eut connu
nous eûmes connu
vous eûtes connu
ils/elles eurent connu

Futur simple
je connaîtrai
tu connaîtras
il/elle connaîtra
nous connaîtrons
vous connaîtrez
ils/elles connaîtront

Futur antérieur
j'aurai connu
tu auras connu
il/elle aura connu
nous aurons connu
vous aurez connu
ils/elles auront connu

CONDITIONNEL

Présent
je connaîtrais
tu connaîtrais
il/elle connaîtrait
nous connaîtrions
vous connaîtriez
ils/elles connaîtraient

Passé
j'aurais connu
tu aurais connu
il/elle aurait connu
nous aurions connu
vous auriez connu
ils/elles auraient connu

SUBJONCTIF

Présent
que je connaisse
que tu connaisses
qu'il/elle connaisse
que nous connaissions
que vous connaissiez
qu'ils/elles connaissent

Passé
que j'aie connu
que tu aies connu
qu'il/elle ait connu
que nous ayons connu
que vous ayez connu
qu'ils/elles aient connu

Imparfait
que je connusse
que tu connusses
qu'il/elle connût
que nous connussions
que vous connussiez
qu'ils/elles connussent

Plus-que-parfait
que j'eusse connu
que tu eusses connu
qu'il/elle eût connu
que nous eussions connu
que vous eussiez connu
qu'ils/elles eussent connu

IMPÉRATIF

Présent
connais
connaissons
connaissez

Passé
aie connu
ayons connu
ayez connu

INFINITIF

Présent
connaître

Passé
avoir connu

PARTICIPE

Présent
connaissant

Passé
ayant connu
connu (e, s, es)

• La voyelle *i* du radical reçoit un accent circonflexe quand elle est suivie de *t* : infinitif *(connaître)*, 3e personne du singulier de l'indicatif présent *(il connaît)*, futur simple et conditionnel présent à toutes les personnes *(je connaîtrai, nous connaîtrions)*.

N. ORTH. La réforme de 1990 autorise la suppression de l'accent circonflexe sur *i* devant *t* : *connaitre, il connait, il connaitra(it)*.

97 naître

3e groupe

renaître

INDICATIF

Présent	Passé composé
je nais	je suis né(e)
tu nais	tu es né(e)
il/elle naît	il/elle est né(e)
nous naissons	nous sommes né(e)s
vous naissez	vous êtes né(e)s
ils/elles naissent	ils/elles sont né(e)s

Imparfait	Plus-que-parfait
je naissais	j'étais né(e)
tu naissais	tu étais né(e)
il/elle naissait	il/elle était né(e)
nous naissions	nous étions né(e)s
vous naissiez	vous étiez né(e)s
ils/elles naissaient	ils/elles étaient né(e)s

Passé simple	Passé antérieur
je naquis	je fus né(e)
tu naquis	tu fus né(e)
il/elle naquit	il/elle fut né(e)
nous naquîmes	nous fûmes né(e)s
vous naquîtes	vous fûtes né(e)s
ils/elles naquirent	ils/elles furent né(e)s

Futur simple	Futur antérieur
je naîtrai	je serai né(e)
tu naîtras	tu seras né(e)
il/elle naîtra	il/elle sera né(e)
nous naîtrons	nous serons né(e)s
vous naîtrez	vous serez né(e)s
ils/elles naîtront	ils/elles seront né(e)s

CONDITIONNEL

Présent	Passé
je naîtrais	je serais né(e)
tu naîtrais	tu serais né(e)
il/elle naîtrait	il/elle serait né(e)
nous naîtrions	nous serions né(e)s
vous naîtriez	vous seriez né(e)s
ils/elles naîtraient	ils/elles seraient né(e)s

SUBJONCTIF

Présent	Passé
que je naisse	que je sois né(e)
que tu naisses	que tu sois né(e)
qu'il/elle naisse	qu'il/elle soit né(e)
que nous naissions	que nous soyons né(e)s
que vous naissiez	que vous soyez né(e)s
qu'ils/elles naissent	qu'ils/elles soient né(e)s

Imparfait	Plus-que-parfait
que je naquisse	que je fusse né(e)
que tu naquisses	que tu fusses né(e)
qu'il/elle naquît	qu'il/elle fût né(e)
que nous naquissions	que nous fussions né(e)s
que vous naquissiez	que vous fussiez né(e)s
qu'ils/elles naquissent	qu'ils/elles fussent né(e)s

IMPÉRATIF

Présent	Passé
nais	sois né(e)
naissons	soyons né(e)s
naissez	soyez né(e)s

INFINITIF

Présent	Passé
naître	être né

PARTICIPE

Présent	Passé
naissant	étant né
	né (e, s, es)

- Le verbe *naître* se distingue des verbes du type *connaître* par son passé simple et son subjonctif imparfait en *-aqui*.
- La voyelle *i* du radical reçoit un accent circonflexe quand elle est suivie de *t* : *naître, il naît, tu naîtras, ils naîtraient*.

N. ORTH. La réforme de 1990 autorise la suppression de l'accent circonflexe sur *i* devant *t* : *naitre, il nait, il naitra(it)*. Mais *vous naquîtes* garde l'accent.

98 repaître 3e groupe

paître

INDICATIF

Présent
je repais
tu repais
il/elle repaît
nous repaissons
vous repaissez
ils/elles repaissent

Passé composé
j'ai repu
tu as repu
il/elle a repu
nous avons repu
vous avez repu
ils/elles ont repu

Imparfait
je repaissais
tu repaissais
il/elle repaissait
nous repaissions
vous repaissiez
ils/elles repaissaient

Plus-que-parfait
j'avais repu
tu avais repu
il/elle avait repu
nous avions repu
vous aviez repu
ils/elles avaient repu

Passé simple
je repus
tu repus
il/elle reput
nous repûmes
vous repûtes
ils/elles repurent

Passé antérieur
j'eus repu
tu eus repu
il/elle eut repu
nous eûmes repu
vous eûtes repu
ils/elles eurent repu

Futur simple
je repaîtrai
tu repaîtras
il/elle repaîtra
nous repaîtrons
vous repaîtrez
ils/elles repaîtront

Futur antérieur
j'aurai repu
tu auras repu
il/elle aura repu
nous aurons repu
vous aurez repu
ils/elles auront repu

CONDITIONNEL

Présent
je repaîtrais
tu repaîtrais
il/elle repaîtrait
nous repaîtrions
vous repaîtriez
ils/elles repaîtraient

Passé
j'aurais repu
tu aurais repu
il/elle aurait repu
nous aurions repu
vous auriez repu
ils/elles auraient repu

SUBJONCTIF

Présent
que je repaisse
que tu repaisses
qu'il/elle repaisse
que nous repaissions
que vous repaissiez
qu'ils/elles repaissent

Passé
que j'aie repu
que tu aies repu
qu'il/elle ait repu
que nous ayons repu
que vous ayez repu
qu'ils/elles aient repu

Imparfait
que je repusse
que tu repusses
qu'il/elle repût
que nous repussions
que vous repussiez
qu'ils/elles repussent

Plus-que-parfait
que j'eusse repu
que tu eusses repu
qu'il/elle eût repu
que nous eussions repu
que vous eussiez repu
qu'ils/elles eussent repu

IMPÉRATIF

Présent
repais
repaissons
repaissez

Passé
aie repu
ayons repu
ayez repu

INFINITIF

Présent
repaître

Passé
avoir repu

PARTICIPE

Présent
repaissant

Passé
ayant repu
repu (e, s, es)

- La voyelle *i* du radical reçoit un accent circonflexe quand elle est suivie de *t* : ***paître, repaître, il repaît, il repaîtra, ils repaîtraient.***
- Le verbe ***paître*** se conjugue sur ce modèle, mais il n'existe pas aux temps composés et, aux temps simples, n'a ni passé simple ni subjonctif imparfait.

N. ORTH. La réforme de 1990 autorise la suppression de l'accent circonflexe sur *i* devant *t* : ***repaitre, il repait, il repaitra(it).***

99 croître

3e groupe

décroître • recroître

INDICATIF

Présent
je croîs
tu croîs
il/elle croît
nous croissons
vous croissez
ils/elles croissent

Passé composé
j'ai crû
tu as crû
il/elle a crû
nous avons crû
vous avez crû
ils/elles ont crû

Imparfait
je croissais
tu croissais
il/elle croissait
nous croissions
vous croissiez
ils/elles croissaient

Plus-que-parfait
j'avais crû
tu avais crû
il/elle avait crû
nous avions crû
vous aviez crû
ils/elles avaient crû

Passé simple
je crûs
tu crûs
il/elle crût
nous crûmes
vous crûtes
ils/elles crûrent

Passé antérieur
j'eus crû
tu eus crû
il/elle eut crû
nous eûmes crû
vous eûtes crû
ils/elles eurent crû

Futur simple
je croîtrai
tu croîtras
il/elle croîtra
nous croîtrons
vous croîtrez
ils/elles croîtront

Futur antérieur
j'aurai crû
tu auras crû
il/elle aura crû
nous aurons crû
vous aurez crû
ils/elles auront crû

CONDITIONNEL

Présent
je croîtrais
tu croîtrais
il/elle croîtrait
nous croîtrions
vous croîtriez
ils/elles croîtraient

Passé
j'aurais crû
tu aurais crû
il/elle aurait crû
nous aurions crû
vous auriez crû
ils/elles auraient crû

SUBJONCTIF

Présent
que je croisse
que tu croisses
qu'il/elle croisse
que nous croissions
que vous croissiez
qu'ils/elles croissent

Passé
que j'aie crû
que tu aies crû
qu'il/elle ait crû
que nous ayons crû
que vous ayez crû
qu'ils/elles aient crû

Imparfait
que je crûsse
que tu crûsses
qu'il/elle crût
que nous crûssions
que vous crûssiez
qu'ils/elles crûssent

Plus-que-parfait
que j'eusse crû
que tu eusses crû
qu'il/elle eût crû
que nous eussions crû
que vous eussiez crû
qu'ils/elles eussent crû

IMPÉRATIF

Présent
croîs
croissons
croissez

Passé
aie crû
ayons crû
ayez crû

INFINITIF

Présent
croître

Passé
avoir crû

PARTICIPE

Présent
croissant

Passé
ayant crû
crû (e, s, es)

• La voyelle *i* de ***croître*** reçoit un accent circonflexe quand elle est suivie d'un *t* ***(il croît)*** et quand la forme est homonyme d'une forme de ***croire*** : ***je croîs, croîs***. Plusieurs formes en ***cru-*** se distinguent aussi de celles de ***croire*** : ***je crûs, que je crûsse***.

N. ORTH. La réforme de 1990 autorise la suppression de l'accent circonflexe sur l'infinitif ***(croitre)***, sur le futur simple et le conditionnel présent ***(je croitrai(s))***, mais pas sur les autres formes.

100 accroître

3e groupe

décroître • recroître

INDICATIF

Présent
j'accrois
tu accrois
il/elle accroît
nous accroissons
vous accroissez
ils/elles accroissent

Passé composé
j'ai accru
tu as accru
il/elle a accru
nous avons accru
vous avez accru
ils/elles ont accru

Imparfait
j'accroissais
tu accroissais
il/elle accroissait
nous accroissions
vous accroissiez
ils/elles accroissaient

Plus-que-parfait
j'avais accru
tu avais accru
il/elle avait accru
nous avions accru
vous aviez accru
ils/elles avaient accru

Passé simple
j'accrus
tu accrus
il/elle accrut
nous accrûmes
vous accrûtes
ils/elles accrurent

Passé antérieur
j'eus accru
tu eus accru
il/elle eut accru
nous eûmes accru
vous eûtes accru
ils/elles eurent accru

Futur simple
j'accroîtrai
tu accroîtras
il/elle accroîtra
nous accroîtrons
vous accroîtrez
ils/elles accroîtront

Futur antérieur
j'aurai accru
tu auras accru
il/elle aura accru
nous aurons accru
vous aurez accru
ils/elles auront accru

CONDITIONNEL

Présent
j'accroîtrais
tu accroîtrais
il/elle accroîtrait
nous accroîtrions
vous accroîtriez
ils/elles accroîtraient

Passé
j'aurais accru
tu aurais accru
il/elle aurait accru
nous aurions accru
vous auriez accru
ils/elles auraient accru

SUBJONCTIF

Présent
que j'accroisse
que tu accroisses
qu'il/elle accroisse
que nous accroissions
que vous accroissiez
qu'ils/elles accroissent

Passé
que j'aie accru
que tu aies accru
qu'il/elle ait accru
que nous ayons accru
que vous ayez accru
qu'ils/elles aient accru

Imparfait
que j'accrusse
que tu accrusses
qu'il/elle accrût
que nous accrussions
que vous accrussiez
qu'ils/elles accrussent

Plus-que-parfait
que j'eusse accru
que tu eusses accru
qu'il/elle eût accru
que nous eussions accru
que vous eussiez accru
qu'ils/elles eussent accru

IMPÉRATIF

Présent
accrois
accroissons
accroissez

Passé
aie accru
ayons accru
ayez accru

INFINITIF

Présent
accroître

Passé
avoir accru

PARTICIPE

Présent
accroissant

Passé
ayant accru
accru (e, s, es)

• Les verbes en *-oître* qui se conjuguent sur ce modèle se différencient de *croître* → tableau 99 : ils ne reçoivent un accent circonflexe que devant un *t*, comme les verbes en *-aître*. Fait exception le participe passé de *recroître* qui est *recrû* (mais *recrue*, *recrus*, *recrues*).

N. ORTH. La réforme de 1990 autorise la suppression de l'accent circonflexe sur *i* devant *t*. Le participe passé *recrû* conserve son accent circonflexe.

101 conclure

3e groupe
verbes en *-clure*

exclure • inclure • occlure

INDICATIF

Présent
je conclus
tu conclus
il/elle conclut
nous concluons
vous concluez
ils/elles concluent

Passé composé
j'ai conclu
tu as conclu
il/elle a conclu
nous avons conclu
vous avez conclu
ils/elles ont conclu

Imparfait
je concluais
tu concluais
il/elle concluait
nous concluions
vous concluiez
ils/elles concluaient

Plus-que-parfait
j'avais conclu
tu avais conclu
il/elle avait conclu
nous avions conclu
vous aviez conclu
ils/elles avaient conclu

Passé simple
je conclus
tu conclus
il/elle conclut
nous conclûmes
vous conclûtes
ils/elles conclurent

Passé antérieur
j'eus conclu
tu eus conclu
il/elle eut conclu
nous eûmes conclu
vous eûtes conclu
ils/elles eurent conclu

Futur simple
je conclurai
tu concluras
il/elle conclura
nous conclurons
vous conclurez
ils/elles concluront

Futur antérieur
j'aurai conclu
tu auras conclu
il/elle aura conclu
nous aurons conclu
vous aurez conclu
ils/elles auront conclu

CONDITIONNEL

Présent
je conclurais
tu conclurais
il/elle conclurait
nous conclurions
vous concluriez
ils/elles concluraient

Passé
j'aurais conclu
tu aurais conclu
il/elle aurait conclu
nous aurions conclu
vous auriez conclu
ils/elles auraient conclu

SUBJONCTIF

Présent
que je conclue
que tu conclues
qu'il/elle conclue
que nous concluions
que vous concluiez
qu'ils/elles concluent

Passé
que j'aie conclu
que tu aies conclu
qu'il/elle ait conclu
que nous ayons conclu
que vous ayez conclu
qu'ils/elles aient conclu

Imparfait
que je conclusse
que tu conclusses
qu'il/elle conclût
que nous conclussions
que vous conclussiez
qu'ils/elles conclussent

Plus-que-parfait
que j'eusse conclu
que tu eusses conclu
qu'il/elle eût conclu
que nous eussions conclu
que vous eussiez conclu
qu'ils/elles eussent conclu

IMPÉRATIF

Présent
conclus
concluons
concluez

Passé
aie conclu
ayons conclu
ayez conclu

INFINITIF

Présent
conclure

Passé
avoir conclu

PARTICIPE

Présent
concluant

Passé
ayant conclu
conclu (e, s, es)

• Noter la terminaison *-s*, *-s*, *-t* à l'indicatif présent : ***je conclus***, ***tu conclus***, ***il conclut***. La forme ⊖ *il conclue* est une faute fréquente ; elle n'est exacte qu'au subjonctif : ***qu'il conclue***.

• Les autres verbes en *-clure* se conjuguent sur ce modèle, mais ***inclure*** et ***occlure*** ont un participe passé avec *-s* : ***inclus(e)(s)***. L'adjectif ***reclus*** vient du participe passé du verbe ***reclure*** qui ne se conjugue plus.

102 suivre

3e groupe

s'ensuivre • poursuivre

INDICATIF

Présent
je suis
tu suis
il/elle suit
nous suivons
vous suivez
ils/elles suivent

Passé composé
j'ai suivi
tu as suivi
il/elle a suivi
nous avons suivi
vous avez suivi
ils/elles ont suivi

Imparfait
je suivais
tu suivais
il/elle suivait
nous suivions
vous suiviez
ils/elles suivaient

Plus-que-parfait
j'avais suivi
tu avais suivi
il/elle avait suivi
nous avions suivi
vous aviez suivi
ils/elles avaient suivi

Passé simple
je suivis
tu suivis
il/elle suivit
nous suivîmes
vous suivîtes
ils/elles suivirent

Passé antérieur
j'eus suivi
tu eus suivi
il/elle eut suivi
nous eûmes suivi
vous eûtes suivi
ils/elles eurent suivi

Futur simple
je suivrai
tu suivras
il/elle suivra
nous suivrons
vous suivrez
ils/elles suivront

Futur antérieur
j'aurai suivi
tu auras suivi
il/elle aura suivi
nous aurons suivi
vous aurez suivi
ils/elles auront suivi

CONDITIONNEL

Présent
je suivrais
tu suivrais
il/elle suivrait
nous suivrions
vous suivriez
ils/elles suivraient

Passé
j'aurais suivi
tu aurais suivi
il/elle aurait suivi
nous aurions suivi
vous auriez suivi
ils/elles auraient suivi

SUBJONCTIF

Présent
que je suive
que tu suives
qu'il/elle suive
que nous suivions
que vous suiviez
qu'ils/elles suivent

Passé
que j'aie suivi
que tu aies suivi
qu'il/elle ait suivi
que nous ayons suivi
que vous ayez suivi
qu'ils/elles aient suivi

Imparfait
que je suivisse
que tu suivisses
qu'il/elle suivît
que nous suivissions
que vous suivissiez
qu'ils/elles suivissent

Plus-que-parfait
que j'eusse suivi
que tu eusses suivi
qu'il/elle eût suivi
que nous eussions suivi
que vous eussiez suivi
qu'ils/elles eussent suivi

IMPÉRATIF

Présent
suis
suivons
suivez

Passé
aie suivi
ayons suivi
ayez suivi

INFINITIF

Présent
suivre

Passé
avoir suivi

PARTICIPE

Présent
suivant

Passé
ayant suivi
suivi (e, s, es)

• La 1re personne de l'indicatif présent *(je suis)* est homonyme de celle de ***être***.

103 vivre 3e groupe

revivre • survivre

INDICATIF

Présent	Passé composé
je vis	j'ai vécu
tu vis	tu as vécu
il/elle vit	il/elle a vécu
nous vivons	nous avons vécu
vous vivez	vous avez vécu
ils/elles vivent	ils/elles ont vécu

Imparfait	Plus-que-parfait
je vivais	j'avais vécu
tu vivais	tu avais vécu
il/elle vivait	il/elle avait vécu
nous vivions	nous avions vécu
vous viviez	vous aviez vécu
ils/elles vivaient	ils/elles avaient vécu

Passé simple	Passé antérieur
je vécus	j'eus vécu
tu vécus	tu eus vécu
il/elle vécut	il/elle eut vécu
nous vécûmes	nous eûmes vécu
vous vécûtes	vous eûtes vécu
ils/elles vécurent	ils/elles eurent vécu

Futur simple	Futur antérieur
je vivrai	j'aurai vécu
tu vivras	tu auras vécu
il/elle vivra	il/elle aura vécu
nous vivrons	nous aurons vécu
vous vivrez	vous aurez vécu
ils/elles vivront	ils/elles auront vécu

CONDITIONNEL

Présent	Passé
je vivrais	j'aurais vécu
tu vivrais	tu aurais vécu
il/elle vivrait	il/elle aurait vécu
nous vivrions	nous aurions vécu
vous vivriez	vous auriez vécu
ils/elles vivraient	ils/elles auraient vécu

SUBJONCTIF

Présent	Passé
que je vive	que j'aie vécu
que tu vives	que tu aies vécu
qu'il/elle vive	qu'il/elle ait vécu
que nous vivions	que nous ayons vécu
que vous viviez	que vous ayez vécu
qu'ils/elles vivent	qu'ils/elles aient vécu

Imparfait	Plus-que-parfait
que je vécusse	que j'eusse vécu
que tu vécusses	que tu eusses vécu
qu'il/elle vécût	qu'il/elle eût vécu
que nous vécussions	que nous eussions vécu
que vous vécussiez	que vous eussiez vécu
qu'ils/elles vécussent	qu'ils/elles eussent vécu

IMPÉRATIF

Présent	Passé
vis	aie vécu
vivons	ayons vécu
vivez	ayez vécu

INFINITIF

Présent	Passé
vivre	avoir vécu

PARTICIPE

Présent	Passé
vivant	ayant vécu
	vécu (e, s, es)

• Les formes de l'indicatif présent *(je vis, tu vis, il vit)* sont homonymes du passé simple de *voir*.

3e groupe

déclore • reclore

INDICATIF

Présent	Passé composé
je clos	j'ai clos
tu clos	tu as clos
il/elle clôt	il/elle a clos
.	nous avons clos
.	vous avez clos
ils/elles closent	ils/elles ont clos

Imparfait	Plus-que-parfait
.	j'avais clos
.	tu avais clos
.	il/elle avait clos
.	nous avions clos
.	vous aviez clos
.	ils/elles avaient clos

Passé simple	Passé antérieur
.	j'eus clos
.	tu eus clos
.	il/elle eut clos
.	nous eûmes clos
.	vous eûtes clos
.	ils/elles eurent clos

Futur simple	Futur antérieur
je clorai	j'aurai clos
tu cloras	tu auras clos
il/elle clora	il/elle aura clos
nous clorons	nous aurons clos
vous clorez	vous aurez clos
ils/elles cloront	ils/elles auront clos

CONDITIONNEL

Présent	Passé
je clorais	j'aurais clos
tu clorais	tu aurais clos
il/elle clorait	il/elle aurait clos
nous clorions	nous aurions clos
vous cloriez	vous auriez clos
ils/elles cloraient	ils/elles auraient clos

SUBJONCTIF

Présent	Passé
que je close	que j'aie clos
que tu closes	que tu aies clos
qu'il/elle close	qu'il/elle ait clos
que nous closions	que nous ayons clos
que vous closiez	que vous ayez clos
qu'ils/elles closent	qu'ils/elles aient clos

Imparfait	Plus-que-parfait
.	que j'eusse clos
.	que tu eusses clos
.	qu'il/elle eût clos
.	que nous eussions clos
.	que vous eussiez clos
.	qu'ils/elles eussent clos

IMPÉRATIF

Présent	Passé
clos	aie clos
.	ayons clos
.	ayez clos

INFINITIF

Présent	Passé
clore	avoir clos

PARTICIPE

Présent	Passé
closant	ayant clos
	clos (e, es)

- Le verbe *clore* possède peu de formes vivantes et la langue ordinaire préfère *fermer*. Noter l'accent circonflexe à la 3e personne de l'indicatif présent : *il clôt*.
- *Reclore* se conjugue comme *clore*.
- *Enclore* et *renclore* acceptent en outre *nous (r)enclosons, vous (r)enclosez*.
- *Éclore* se conjugue surtout, en raison de son sens, aux 3es personnes.
- *Déclore* et *forclore* existent surtout à l'infinitif et au participe passé : *déclos, forclos*.

LES RÈGLES DE CONJUGAISON ET D'ACCORD

Qu'est-ce qu'un verbe ?

Selon la grammaire traditionnelle, le verbe est un mot qui exprime une action faite ou subie par le sujet. Ce critère de sens permet bien de dire pourquoi ***danser*** est un verbe, mais certains noms expriment aussi des actions (le nom ***danse***) et certains verbes n'expriment aucune action ***(être)***.
Ce sont donc d'autres propriétés qui distinguent le verbe des autres catégories grammaticales (nom, adjectif, adverbe...).

LA DÉFINITION DU VERBE

105 Le verbe est un mot qui se conjugue

- Le verbe est un mot qui présente différentes formes.

Tu dans<u>es</u>. La fille dans<u>e</u>. Les filles dans<u>ent</u>.

- D'autres catégories de mots que le verbe peuvent connaître plusieurs formes ***(la fille / les filles)***. Cependant, seul le verbe présente un aussi grand nombre de formes différentes. L'ensemble des formes prises par un verbe définit sa **conjugaison**.

106 Le verbe est un élément structurant de la phrase

- Les deux catégories grammaticales les plus importantes en français sont le **nom** et le **verbe**. Elles suffisent pour construire une phrase complète.

Ariane	*dansait.*
nom propre (sujet)	verbe

- Le verbe constitue le **pivot** par rapport auquel s'organise le reste de la phrase.

Ariane <u>a envoyé</u> une carte postale à ses parents.

Le verbe ***a envoyé*** distribue les fonctions du nom propre ***Ariane*** (sujet), du groupe nominal ***une carte postale*** (COD) et du groupe prépositionnel ***à ses parents*** (COS).

Le verbe, en tant que pivot, est **ce qui permet d'affirmer quelque chose à propos du sujet**.

Dans la phrase précédente, ce qui est affirmé à propos d'Ariane est précisé par le COD.

LES CONSTRUCTIONS DU VERBE

Les verbes diffèrent entre eux par la façon dont ils se construisent dans la phrase. On distingue ainsi trois grands types de verbes.

107 Les verbes intransitifs

• **Ils se construisent sans complément d'objet** : *trembler, ronfler, tousser, récidiver...*

Pierre tremble.

• Un verbe intransitif peut néanmoins être suivi d'un complément qui n'est pas un complément d'objet direct.

Pierre tremble ce soir.

L'expression *ce soir* n'est pas un COD, mais un complément circonstanciel. Un complément circonstanciel peut être déplacé en début de phrase ***(Ce soir, Pierre tremble)***, au contraire d'un COD qui dépend toujours étroitement de son verbe (on ne peut pas dire ⊖ *Un livre, Pierre lit*). Le verbe ***trembler***, dans cette phrase, est donc bien intransitif.

108 Les verbes transitifs

• **Ils se construisent avec un complément d'objet** : *lire, regarder, aimer...*

Pierre lit le journal.

À la différence de ***trembler***, le verbe ***lire*** suppose un COD : on lit nécessairement quelque chose. Le verbe ***lire*** est transitif.

• On distingue :
– les verbes **transitifs directs**, qui se construisent avec un complément d'objet direct ***(lire un livre)*** ;
– les verbes **transitifs indirects**, qui se construisent avec un complément d'objet indirect (***penser*** : on pense nécessairement à quelqu'un ou à quelque chose) ;
– les verbes **doublement transitifs**, qui se construisent avec deux compléments d'objet, dont l'un est en général un complément d'objet direct et l'autre un complément d'objet indirect (alors appelé complément d'objet second).

Pierre a prêté le journal à Marie.

Le verbe ***prêter*** suppose à la fois un COD désignant ce qui est prêté ***(le journal)*** et un COI, ou complément d'objet second, désignant la personne à qui quelque chose est prêté ***(à Marie)***. C'est un verbe doublement transitif.

	VERBE INTRANSITIF	VERBE TRANSITIF DIRECT	VERBE TRANSITIF INDIRECT	VERBE DOUBLEMENT TRANSITIF
VERBE SANS COMPLÉMENT D'OBJET	*Pierre* ***tremble****.*			
VERBE AVEC COMPLÉMENT D'OBJET		*Pierre* ***lit*** *le journal.* (COD)	*Pierre* ***pense*** *à Marie.* (COI)	
VERBE AVEC DEUX COMPLÉMENTS D'OBJET				*Pierre* ***a prêté*** *le journal à Marie.* (COD + COI/COS)

REMARQUE

La plupart des verbes transitifs peuvent s'employer sans complément d'objet tout en gardant le même sens. On parle alors d'**emploi absolu** du verbe transitif.

Pierre lit.

Le verbe ***lire*** est transitif (direct), mais il est employé sans COD. La phrase peut signifier, par exemple, que Pierre aime lire toutes sortes de livres, ou bien que celui qui parle voit Pierre lire sans pouvoir préciser ce qu'il lit.

109 Les verbes attributifs

- **Ils introduisent un attribut** : *être, devenir...*

Ariane est une danseuse.

Le verbe ***être*** est ici attributif. Il sert à exprimer une propriété, une caractéristique d'Ariane. ***Une danseuse*** n'est pas COD du verbe, il est attribut du sujet ***Ariane***.

LES VERBES *ÊTRE* ET *AVOIR*

Les verbes ***être*** et ***avoir*** peuvent avoir deux rôles distincts.

110 *Être* et *avoir* : des verbes ordinaires

Les verbes ***être*** et ***avoir*** peuvent, comme n'importe quel verbe, constituer le pivot de la phrase → 106.

- Le verbe ***être*** peut avoir le sens de ***vivre, exister***.

L'avenir n'est pas encore.

Il peut aussi, en tant que verbe attributif, relier un attribut à son sujet.

Ariane est une danseuse.

• Le verbe ***avoir*** est transitif direct et signifie généralement que le sujet possède l'objet désigné par le COD.

Ariane a une belle robe rose.

111 *Être* et *avoir* : des verbes auxiliaires

• Les verbes ***être*** et ***avoir*** fonctionnent aussi comme verbes auxiliaires. Ils servent alors à conjuguer un verbe en s'associant au participe passé de ce verbe.

Ariane est encore arrivée en retard.

Le verbe ***être*** s'associe au participe passé du verbe ***arriver*** pour construire le passé composé de ce verbe.

Ariane avait dansé ce soir-là.

Le verbe ***avoir*** ne signifie pas la possession de quelque chose par Ariane, mais permet de construire le plus-que-parfait du verbe ***danser***.

• Dans ces emplois, le pivot de la phrase n'est pas seulement l'auxiliaire, mais l'ensemble formé par l'auxiliaire et le participe passé qui le suit.

REMARQUE

Les **formes simples** combinent uniquement un radical et sa terminaison → 140-141.

danse, dansait, dansera.

Les **formes composées** font apparaître également l'auxiliaire ***être*** ou ***avoir*** → 180.
Les valeurs des formes simples et des formes composées sont examinées plus loin.

LES VERBES *ALLER, VENIR, COMMENCER, FAIRE...*

Comme les auxiliaires, les verbes ***aller, venir, commencer, faire...*** peuvent avoir deux rôles distincts.

112 *Aller, venir, commencer, faire...* : des verbes ordinaires

• Ces verbes peuvent, comme n'importe quel verbe, constituer le pivot de la phrase → 106.

Marie va à la plage tous les matins.

Le verbe ***aller*** indique que le sujet se déplace dans une certaine direction.

Marie fait des tours de magie.

Le verbe ***faire*** indique que le sujet produit ou accomplit quelque chose.

113 *Aller, venir, commencer, faire...* : des verbes semi-auxiliaires

• Ces verbes sont parfois employés comme semi-auxiliaires. Ils précèdent alors un infinitif et portent une indication grammaticale (temps, aspect...).

Ariane va venir cet après-midi.

Le verbe ***aller*** situe la venue d'Ariane dans le futur proche. Il est employé comme semi-auxiliaire de temps.

L'ensemble formé par un semi-auxiliaire et un infinitif constitue une **périphrase verbale**. Le pivot de la phrase n'est pas seulement le semi-auxiliaire, mais la périphrase verbale.

Ariane va venir cet après-midi.

Le verbe ***venir*** n'est pas un complément de ***va***. On a un seul verbe, ***va venir***, qui est une périphrase verbale.

REMARQUE

Toutes les périphrases verbales ne font pas apparaître un infinitif.

La situation va empirant.

• On distingue quatre types de semi-auxiliaires :
– des semi-auxiliaires de **temps** : ***aller, venir de*** + infinitif ;
– des semi-auxiliaires d'**aspect** → 129, qui envisagent le début, le déroulement ou la fin de l'action : ***commencer à, être en train de, finir de,*** etc. + infinitif ;
– des semi-auxiliaires (dits **modaux**) qui expriment la possibilité ou l'impossibilité, l'obligation ou l'interdiction, la nécessité : ***pouvoir, devoir, sembler,*** etc. + infinitif ;
– les semi-auxiliaires **de voix** *faire, laisser* + infinitif qui indiquent que le sujet ne fait pas l'action exprimée par l'infinitif, mais la fait faire ou la laisse faire par quelqu'un d'autre.

Les catégories associées au verbe

Six catégories permettent de décrire un verbe : la personne, le nombre, le mode, le temps, l'aspect et la voix.
Ces catégories expliquent la variété des formes que peut prendre un verbe dans une phrase.

LA PERSONNE

114 La personne du verbe dépend du sujet

• **Le verbe s'accorde avec le sujet.** Il peut donc être à la première, à la deuxième ou à la troisième personne.

J'irai à la piscine demain.
irai, qui a pour sujet *j'*, est à la première personne.

Tu iras à la piscine demain.
iras, qui a pour sujet *tu*, est à la deuxième personne.

• Au singulier, les tableaux de conjugaison d'un verbe présentent ainsi successivement :
– la première personne, qui parle ***(je)*** ;
– la deuxième personne, à qui l'on parle ***(tu)*** ;
– la troisième personne, dont on parle ***(il, elle)***.

115 Les personnes et la situation de communication

Les première et deuxième personnes se distinguent de la troisième.

• Les **première** et **deuxième personnes** correspondent à des personnes de la situation de communication :
– ***je*** fait référence à celui qui parle : le **locuteur** ;
– ***tu*** fait référence à celui à qui parle ce locuteur : le **destinataire** (ou l'allocutaire).

• La **troisième personne**, elle, n'est pas un partenaire de la communication. Un sujet de troisième personne désigne simplement la personne ou la chose dont parle le locuteur.

REMARQUE

Le fait que la troisième personne ne soit pas un partenaire de la communication explique aussi qu'un sujet de troisième personne puisse avoir toutes sortes de natures grammaticales : pronom, nom, groupe nominal, etc.

Ce champignon a une jolie couleur.

Le verbe ***a*** exprime la troisième personne, qui est celle de son sujet, le groupe nominal *ce champignon*.

116 Les verbes impersonnels et les constructions impersonnelles

• Les **verbes impersonnels** ne s'emploient qu'à la troisième personne du singulier : ***il pleut, il vente, il neige***. Le pronom ***il***, qui représente la personne unique de ces verbes, est bien le sujet du verbe, mais il ne désigne pas un agent précis qui ferait l'action de pleuvoir, de venter ou de neiger. Il permet seulement de fournir un point de départ à la phrase.

• Les **constructions impersonnelles** associent ce pronom impersonnel ***il*** à un verbe qui connaît par ailleurs des emplois personnels.

Il lui est arrivé quelque chose de terrible.

Le verbe ***arriver*** n'est pas en emploi personnel, comme dans la phrase : *Ariane est encore arrivée en retard cet après-midi*. Associé au pronom impersonnel ***il***, il est en construction impersonnelle.

• Une construction impersonnelle résulte toujours d'une transformation.

Quelque chose de terrible lui est arrivé.

→ *Il lui est arrivé quelque chose de terrible.*

quelque chose de terrible est le sujet du verbe en emploi personnel.

Une telle transformation est impossible avec les verbes impersonnels.

LE NOMBRE

117 Le nombre du verbe dépend du sujet

• Le nombre, **singulier** ou **pluriel**, du verbe dépend, comme la personne, de son sujet.

Il ira à la piscine demain.

ira est au singulier (sujet : *il*) ; un seul individu ira à la piscine demain.

Ils iront à la piscine demain.

iront est au pluriel (sujet : *ils*) ; au moins deux individus iront à la piscine demain.

118 Personnes du singulier et personnes du pluriel

• Les tableaux de conjugaison distinguent :
– trois personnes du singulier : ***je, tu, il/elle*** ;
– trois personnes du pluriel : ***nous, vous, ils/elles***.

• La **troisième personne du pluriel** est le vrai pluriel de la troisième personne du singulier : le pluriel d'***il***, comme celui d'***elle***, se forme en ajoutant un ***s*** ; les êtres et les choses auxquels renvoie ce pluriel sont tous de troisième personne.

• Les **pronoms *nous* et *vous*** ne sont pas, eux, formés par l'ajout d'un ***s*** à ***je*** et à ***tu***, et ***nous*** ne désigne jamais plusieurs ***je*** (puisque ***je*** est unique), tandis que ***vous*** peut désigner un ou plusieurs ***tu*** et un ou plusieurs ***ils***.

Pierre et toi, vous irez chercher des œufs chez l'épicier.

Ici, ***vous*** ne désigne pas deux ***tu***. Il désigne ***tu*** (le destinataire) et ***Pierre***, qui est une troisième personne.

LE MODE

Le tableau de conjugaison d'un verbe fait aussi apparaître différents modes. Les **modes impersonnels** regroupent des formes qui ne varient pas en fonction de la personne, tandis que les **modes personnels** regroupent des formes qui varient en fonction de la personne.

 119 Les modes impersonnels

• Les modes impersonnels sont l'**infinitif *(danser)***, le **participe** (présent : ***dansant*** ; passé : ***dansé***) et le **gérondif *(en dansant)***.

• Les modes impersonnels ne marquent ni la personne – ils n'ont donc pas un « vrai » sujet – ni le temps. Ainsi, l'infinitif ***danser*** est utilisé quelle que soit la personne qui est supposée faire l'action de danser et quelle que soit l'époque (passée, présente ou future).

Je voulais aller à la piscine. Tu veux aller à la piscine.
Il voudra aller à la piscine.

L'infinitif ***aller*** ne varie pas. Seul le verbe ***vouloir*** est conjugué.

120 Les modes personnels

• Les modes personnels sont l'**indicatif**, le **subjonctif** et l'**impératif**.

• Ces modes distinguent différentes personnes grammaticales et présentent donc une conjugaison fournie.

Je vais, tu vas, il va, nous allons, vous allez, ils vont... à la piscine.

121 Modes personnels et expression du temps

• De tous les modes personnels, seul l'**indicatif** est un **mode temporel** : lui seul permet de faire la **distinction entre le passé, le présent et le futur**.

• Le **subjonctif** est un mode personnel, mais il n'est **pas un mode temporel**. Il ne possède, par exemple, aucun futur, et une forme dite de subjonctif « présent » peut évoquer indistinctement le présent ou le futur.

J'espère qu'il viendra demain. (indicatif)

Je veux qu'il vienne demain. (subjonctif)

L'indicatif possède un futur ***(viendra)***, mais pas le subjonctif ***(vienne)***.

• L'**impératif** est un mode personnel qui ne comporte que la deuxième personne du singulier, les première et deuxième personnes du pluriel. Il n'est **pas non plus un mode temporel**.

Ouvre ton manuel. Ouvrons nos manuels. Ouvrez vos manuels.

122 Le conditionnel

• Dans les tableaux de conjugaison, le conditionnel a conservé son statut de mode à part entière. Cependant, les grammairiens tendent aujourd'hui, pour des raisons de forme et de sens, à le classer dans l'indicatif.

Elle m'a dit : « J'aurai du retard. »

Elle m'a dit qu'elle aurait du retard.

Le conditionnel « présent » ***aurait*** équivaut à un futur simple transposé dans le passé. Il apparaît dans cet emploi comme un temps de l'indicatif, plutôt que comme un mode.

123 Tableau récapitulatif des modes

MODES IMPERSONNELS	MODES PERSONNELS	
MODES NON TEMPORELS		MODE TEMPOREL
infinitif participe (présent et passé) gérondif	subjonctif impératif	indicatif

LE TEMPS

124 Le temps du verbe et le temps de l'action

• Le mot **temps** désigne à la fois :
– le **moment** où l'action se réalise (passé, présent, futur);
– la **forme** que peut prendre le verbe (imparfait, passé simple, futur simple, etc.) pour marquer ce moment.

• Le **moment où l'on parle** (ou présent de l'énonciation) constitue le **principal repère** par rapport auquel on situe chronologiquement une action. L'action peut se dérouler :
– **avant** le moment où l'on parle (passé);

Ils ont installé de nouveaux logiciels hier.

– **au moment** où l'on parle (présent);

En ce moment, ils installent de nouveaux logiciels.

– **après** le moment où l'on parle (futur).

Ils installeront bientôt de nouveaux logiciels.

125 Les temps simples et les temps composés

• Le français distingue les temps simples et les temps composés :
– les **temps simples** sont constitués d'un seul mot à la voix active;

je chante, je chantais, je chanterais, que je chante

– les **temps composés** sont constitués de l'auxiliaire ***être*** ou ***avoir*** suivi du participe passé.

j'ai chanté, j'aurais chanté, que j'aie chanté

• Chaque temps composé est associé à un temps simple : le temps de son auxiliaire.

	TEMPS SIMPLES		TEMPS COMPOSÉS	
INDICATIF	Présent	*il change*	Passé composé	*il a changé* (auxiliaire au présent)
	Imparfait	*il changeait*	Plus-que-parfait	*il avait changé* (auxiliaire à l'imparfait)
	Passé simple	*il changea*	Passé antérieur	*il eut changé* (auxiliaire au passé simple)
	Futur simple	*il changera*	Futur antérieur	*il aura changé* (auxiliaire au futur simple)
CONDITIONNEL	Présent	*il changerait*	Passé	*il aurait changé* (auxiliaire au présent)
SUBJONCTIF	Présent	*qu'il change*	Passé	*qu'il ait changé* (auxiliaire au présent)
	Imparfait	*qu'il changeât*	Plus-que-parfait	*qu'il eût changé* (auxiliaire à l'imparfait)
IMPÉRATIF	Présent	*change*	Passé	*aie changé* (auxiliaire au présent)
INFINITIF	Présent	*changer*	Passé	*avoir changé* (auxiliaire au présent)
PARTICIPE	Présent	*changeant*	Passé	*ayant changé* (auxiliaire au présent)

126 Les temps surcomposés

• Il existe des formes surcomposées, formées de l'auxiliaire ***être*** ou ***avoir*** à un temps composé et du participe passé. Ces formes sont essentiellement utilisées dans le sud de la France. La forme surcomposée la plus employée est le passé surcomposé.

Quand il a eu gravi son premier sommet, il a su qu'il ne quitterait plus la montagne.

A eu gravi est formé de l'auxiliaire ***avoir*** au passé composé suivi du participe passé.
Le passé surcomposé ***a eu gravi*** marque l'antériorité par rapport au passé composé ***a su***.

L'ASPECT

La forme d'un verbe donne également des indications sur le déroulement de l'action. Ces indications constituent l'**aspect du verbe**.

127 L'aspect accompli et l'aspect inaccompli

- Une action peut être envisagée alors qu'elle est en train de se dérouler (aspect inaccompli) ou lorsqu'elle est achevée (aspect accompli) :

– les **temps simples** marquent l'aspect **inaccompli** ;

Ce soir-là, le saxophoniste jouait merveilleusement bien.

Le concert était en train de se dérouler : l'imparfait (temps simple) marque l'aspect inaccompli.

– les **temps composés** marquent l'aspect **accompli**.

Ce soir-là, le saxophoniste avait joué merveilleusement bien.

Le concert est présenté comme achevé dans le passé : le plus-que-parfait (temps composé) marque l'aspect accompli.

- Dans une même phrase, l'action du temps composé, parce qu'elle est accomplie, se passe avant l'action du temps simple, qui est inaccomplie. C'est pourquoi l'on dit parfois que le temps composé marque l'antériorité par rapport au temps simple.

Quand le saxophoniste aura joué, nous partirons.

C'est seulement lorsque le saxophoniste aura fini de jouer (aspect accompli du futur antérieur) que nous partirons. Par conséquent, le saxophoniste jouera d'abord, et ensuite nous partirons.

- L'aspect **accompli** peut également être marqué par la **voix passive**.

On construit une nouvelle salle de concert.

La construction est en train de se faire : aspect inaccompli du temps simple à la voix active.

La nouvelle salle de concert est construite.

La construction est terminée : aspect accompli de la voix passive.

REMARQUE

Avec un complément d'agent, la voix passive perd sa valeur d'aspect accompli.

La nouvelle salle de concert est construite par des ouvriers chevronnés.

La voix passive suggère ici que les ouvriers sont encore à l'œuvre.

128 L'aspect global et l'aspect sécant

• Une action peut être envisagée dans sa globalité, avec **un début et une fin** précis : c'est l'aspect **global**. Elle peut être envisagée **sans fin précise** et comme coupée en deux, avec une partie qu'on ne peut pas limiter dans le temps : c'est l'aspect **sécant**.

• Cette opposition vaut notamment pour le couple passé simple/imparfait.

Le saxophoniste joua un dernier morceau avant de quitter la scène.

Il le joua après tous les autres morceaux et juste avant la fin du concert : aspect global du passé simple.

Lorsque nous avons quitté la salle, le saxophoniste jouait encore.

Il jouait avant notre départ et il a continué après, mais on ignore combien de temps : aspect sécant de l'imparfait.

129 L'aspect inchoatif, l'aspect duratif et l'aspect terminatif

• Une action peut être envisagée :
– au moment où elle commence : aspect **inchoatif** ;
– dans son déroulement : aspect **duratif** ;
– au moment où elle finit : aspect **terminatif**.

• Dans les trois cas, le français a recours à des **semi-auxiliaires d'aspect** → 113 : ***se mettre à, commencer à*** ; ***être en train de*** ; ***cesser de, achever de, terminer de***.

Je commence à jouer du saxophone.

Commence à jouer est une périphrase verbale composée du semi-auxiliaire d'aspect ***commencer à*** et du verbe ***jouer***.

VOIX ACTIVE ET VOIX PASSIVE

130 La notion de voix

La voix d'un verbe indique de quelle façon le sujet prend part à l'action.

• Si le sujet **effectue** l'action, le verbe est à la voix **active**.

L'entraîneur sélectionnera bientôt ses joueurs.
sujet — voix active — COD

Le sujet ***l'entraîneur*** effectue la sélection. Il est l'agent de l'action : voix active.

• Si le sujet **subit** l'action, le même verbe est à la voix **passive**.

Les joueurs seront sélectionnés par l'entraîneur.
sujet — voix passive — complément d'agent

Le sujet ***les joueurs*** subit la sélection. Il est le patient de l'action : voix passive.

• Les verbes transitifs directs (construits avec un complément d'objet direct) ont une voix passive, puisque leur complément d'objet direct peut devenir sujet à la voix passive.

REMARQUES

1. Quelques verbes transitifs directs comme *pouvoir, valoir, comporter* ne s'emploient jamais à la voix passive.

2. Quelques verbes transitifs indirects (construits avec un complément d'objet indirect) comme *obéir à, désobéir à, pardonner à* se construisaient autrefois avec un complément d'objet direct. C'est pourquoi ils peuvent encore aujourd'hui se mettre à la voix passive.

Autrefois, les parents étaient obéis.
(*les parents* : sujet ; *étaient obéis* : voix passive)

131 La formation de la voix passive

• Le verbe à la voix passive est constitué de l'**auxiliaire *être*** suivi du **participe passé**. C'est l'auxiliaire qui porte la marque du temps et du mode.

je suis aimé
Auxiliaire ***être*** au présent + participe passé → indicatif présent à la voix passive.

j'avais été aimé
Auxiliaire ***être*** au plus-que-parfait + participe passé → indicatif plus-que-parfait à la voix passive.

LA FORME PRONOMINALE

On parle de forme pronominale lorsque le verbe est précédé d'un **pronom réfléchi**, c'est-à-dire d'un pronom qui représente la même personne que le sujet.

Je me perds dans la ville, tu te perds dans la ville, il se perd dans la ville.

Il faut distinguer les verbes pronominaux et les constructions pronominales.

132 Les verbes pronominaux

• Les verbes qui n'existent qu'à la forme pronominale sont appelés **verbes essentiellement pronominaux** (notés **Esp** dans le répertoire des verbes).

Les voyageurs se méfiaient du soleil au zénith.
Le verbe ⊖ *méfier* n'existe pas. ***Se méfier*** est un verbe essentiellement pronominal.

• Les verbes qui changent de sens à la forme pronominale sont appelés **verbes pronominaux autonomes**.

Ils s'aperçurent tardivement que le bateau était reparti.

Le verbe ***apercevoir*** existe, mais il a le sens concret de ***voir***, alors que ***s'apercevoir*** a le sens abstrait de ***se rendre compte que. S'apercevoir*** est un verbe pronominal autonome.

• Le pronom réfléchi des verbes essentiellement pronominaux et des verbes pronominaux autonomes est inanalysable (il n'est ni COD ni COI).

133 La construction pronominale

• Certains verbes non pronominaux peuvent se mettre à la forme pronominale tout en conservant le même sens. On parle alors de **construction pronominale**.

Les touristes se sont perdus.

Le verbe ***perdre*** existe. Il conserve le même sens dans la forme ***se perdre***; ***se sont perdus*** est une construction pronominale.

REMARQUE

Certaines grammaires parlent de « voix pronominale », considérant que la construction pronominale est une sorte d'intermédiaire entre la voix active et la voix passive.

Les touristes se sont perdus.

Les touristes sont à la fois acteurs et victimes de leur égarement.

Néanmoins, le terme de « voix » est essentiellement utilisé pour l'actif et pour le passif et il paraît préférable de parler de « construction pronominale » ou de « tournure pronominale » plutôt que de « voix pronominale ».

134 La construction pronominale à valeur réfléchie

• Dans une construction pronominale réfléchie, le sujet exerce l'action sur lui-même. Le pronom réfléchi est l'**objet** ou le **bénéficiaire** de l'action. Il peut être analysé comme le COD ou le COI (ou COS) du verbe.

Le jeune homme se prépara à visiter le centre historique de la ville.

On pourrait à la limite écrire : *Il prépara lui-même à visiter le centre historique de la ville.*

Nous nous sommes accordé huit jours pour découvrir la capitale.

On pourrait à la limite écrire : *Nous avons accordé à nous-mêmes huit jours pour découvrir la capitale.*

135 La construction pronominale à valeur réciproque

- Dans une construction pronominale réciproque, les éléments qui composent le sujet exercent leur action **les uns sur les autres**. Le pronom réfléchi peut être analysé comme le COD ou le COI du verbe.

Les deux hommes s'observaient depuis longtemps.

Il faut comprendre : *L'un observait l'autre et l'autre observait l'un.*

136 La construction pronominale à valeur passive

- La construction pronominale peut avoir une valeur passive.

La traversée du fleuve ne se fit pas sans mal.

On pourrait écrire : *La traversée du fleuve ne fut pas faite sans mal.*

- Dans cette construction, le pronom réfléchi est inanalysable.

137 Tableau récapitulatif des formes pronominales

PRONOM RÉFLÉCHI	FORMES PRONOMINALES	EXEMPLES
INANALYSABLE	Verbe essentiellement pronominal	*Elle s'est évanouie.* Le verbe ⊖ *évanouir* n'existe pas.
	Verbe pronominal autonome	*Tu te défies de tout le monde.* *Défier* signifie *provoquer quelqu'un*, et non *se méfier*.
COD	Réfléchie	*Il s'abrite sous un auvent.*
	Réciproque	*Nous nous retrouverons au sommet.*
COI (ou COS)	Réfléchie	*Je me suis acheté un parapluie.*
	Réciproque	*Ils se prêtent leurs affaires.*
INANALYSABLE	Passive	*Cette habitude se transmet de père en fils.*

LES VERBES DÉFECTIFS

Certains verbes ne peuvent pas être conjugués à tous les temps, à tous les modes ou à toutes les personnes. Ils appartiennent à la catégorie des verbes défectifs.

138 Les verbes impersonnels

• Par définition, les verbes impersonnels → 116 sont des verbes défectifs car ils ne peuvent s'employer qu'à la **troisième personne du singulier**. Ils n'ont ni impératif, ni participe présent. Par exemple, ***falloir*** ne s'emploie que dans la tournure impersonnelle ***il faut***. ***Il*** ne représente pas une personne : c'est un pronom impersonnel. ***Falloir*** ne s'utilise jamais aux autres personnes.

139 Les autres verbes défectifs

• Certains verbes sortis de l'usage courant ne s'emploient plus que dans des tournures ou des expressions particulières. Ils n'existent alors qu'à certains temps (voir le répertoire des verbes). Par exemple, ***accroire*** existe uniquement à l'infinitif dans les expressions : ***faire, laisser accroire***. De même, ***quérir*** existe uniquement à l'infinitif après un verbe de mouvement : ***aller, envoyer quérir quelqu'un***.

Classer les verbes

Certaines similitudes de formes permettent de classer les verbes en trois groupes. Pour les repérer, il faut savoir décomposer une forme verbale.

LA STRUCTURE D'UNE FORME VERBALE

Une forme verbale simple combine deux éléments : le **radical** et la **terminaison**. Le radical porte le sens lexical du verbe.
La terminaison porte la marque du temps, du mode, de la personne et du nombre.

140 Identifier le radical des verbes

• De nombreux verbes ont un **radical qui ne change pas**. Pour l'identifier, il suffit donc de retrancher de la forme verbale l'élément qui varie.

je	***rentr**e*
nous	***rentr**ons*
il	***rentr**erait*

Si l'on compare ces trois formes verbales de ***rentrer***, on constate que l'élément invariable est ***rentr-*** : ***rentr-*** est le radical du verbe ***rentrer***.

• D'autres verbes ont un **radical qui varie** d'un mode à l'autre, d'un temps à l'autre, d'une personne à l'autre. Un même radical peut ainsi prendre jusqu'à sept formes différentes.

je	***doi**s*
tu	***doi**s*
il	***doi**t*

nous	***dev**ons*
je	***dev**rai*
ils	***dev**aient*

• Si l'on compare ***je dois*** et ***je devrai***, il est difficile de déterminer le radical.
• En revanche, si l'on compare ***je dois, tu dois, il doit***, on peut facilement affirmer que l'une des formes du radical de ***devoir*** est ***doi-***.
• Si l'on compare ***nous devons, je devrai, ils devaient***, on constate qu'une autre forme du radical de ***devoir*** est ***dev-***.
• Par comparaisons successives, on pourra ainsi conclure que le radical du verbe ***devoir*** connaît quatre formes : ***doi-, dev-, doiv-, du-***.

141 Analyser la terminaison des verbes

• La terminaison est composée de différents éléments que l'on appelle des **affixes** et qui portent les marques du mode et du temps, de la personne et du nombre. Pour différencier les **affixes de mode** et de **temps**, les **affixes de personne** et les **affixes de nombre**, on peut procéder par comparaisons successives.

nous	*attend**ons***
nous	*attendr**ons***
nous	*attendi**ons***

j'	*attend**r**ai*
tu	*attend**r**as*
nous	*attend**r**ons*

• Si l'on compare les trois formes verbales de première personne du pluriel, on constate qu'elles se terminent toutes par ***-ons*** : ***-ons*** est l'affixe de la première personne du pluriel.
• Si l'on compare les trois formes verbales du futur simple, on constate qu'entre le radical et l'affixe de personne, on trouve systématiquement *-r-* : *-r-* est l'affixe du futur.

LES TROIS GROUPES DE VERBES

Le classement traditionnel des verbes se fait en **trois groupes**. Il tient compte à la fois de la terminaison des infinitifs et des variations du radical. Il est loin de faire l'unanimité chez les grammairiens, qui lui reprochent notamment d'être déséquilibré. Il reste néanmoins le plus utilisé. Ce classement est donc retenu ici.

142 Les verbes du premier groupe

• Les verbes du premier groupe ont un **infinitif en *-er***. À quelques exceptions près, leur radical est fixe. Même lorsqu'il connaît des variations, celles-ci sont faibles et il reste en général très facile à reconnaître.

aimer

j'	***aim**e*
nous	***aim**ions*
ils	***aim**eraient*

La terminaison de l'infinitif est ***-er***. Le radical à toutes les personnes et à tous les temps est ***aim-***.

voyager

je	***voyag**e*
nous	***voyage**ons*

La terminaison de l'infinitif est *-er*. La variation du radical se limite à l'ajout d'un *e* à certaines personnes.

REMARQUES

1. Le verbe *aller* ne fait pas partie des verbes du premier groupe, puisqu'il présente d'importantes variations de radical. Ce verbe irrégulier du troisième groupe est le seul verbe en *-er* à ne pas être classé dans le premier groupe.

2. Les verbes du premier groupe, qui sont les plus faciles à conjuguer, sont largement majoritaires. Leur nombre a par ailleurs toutes les raisons d'augmenter, puisque les verbes nouvellement créés (*budgéter, zoomer, stariser,* etc.) appartiennent surtout à ce groupe.

143 Les verbes du deuxième groupe

• Les verbes du deuxième groupe ont un **infinitif en *-ir***, un participe présent en ***-issant***, ainsi qu'une première et une deuxième personnes du pluriel en ***-issons*** et ***-issez***.

finir

je	***fini**s*
nous	***finiss**ons*
vous	***finiss**ez*
	***finiss**ant*

• Le radical des verbes du deuxième groupe connaît deux formes : une forme en ***i*** et une forme en *iss*.

REMARQUE

Les verbes du deuxième groupe sont beaucoup moins nombreux que les verbes du premier groupe. Certaines formations récentes comme *alunir, atterrir, amerrir* ont pu se faire sur leur modèle, mais ce n'est plus la tendance actuelle.

144 Les verbes du troisième groupe

• Le troisième groupe réunit tous les autres verbes. Il comporte :
– les verbes en ***-ir*** qui ne font pas leur participe présent en *-issant (courir, partir)* ;
– les verbes en ***-oir (devoir, pouvoir)*** ;
– les verbes en ***-re (conclure, prendre, vaincre)***.

145 Les verbes irréguliers

• On appelle en général verbes irréguliers les verbes ***être, avoir, aller, dire, faire,*** parce que :

– leur radical connaît des formes à la fois nombreuses et très différentes les unes des autres ;

je	**sui***s*	*il*	**se***ra*
tu	**e***s*	*qu'il*	**soi***t*
ils	**s***ont*		**soy***ons*
il	**ét***ait*	*il*	**f***ut*

Le radical du verbe ***être*** compte huit variantes et le lien entre des formes aussi différentes que *se-*, *e-* et *f-* n'est pas évident.

– l'affixe et le radical sont parfois difficiles à séparer ;

il	***a***
il	*v**a***

Si l'on rapproche ***a*** de ***va***, la troisième personne du singulier du verbe ***avoir*** ressemble à un affixe. Mais un verbe ne peut pas se réduire à un affixe. On considère que ce genre de formes résulte de la fusion du radical et de l'affixe.

– certains affixes ont des formes inattendues.

ils	*s**ont***
nous	*s**ommes***

Si l'on rapproche ***nous sommes*** de ***ils sont***, l'affixe est bien ***-ommes***, mais c'est un affixe unique, que l'on ne retrouve dans aucune autre forme verbale.

Conjuguer un verbe

LES TEMPS FONDAMENTAUX

Si l'on excepte quelques verbes, dont les verbes irréguliers → 145, il existe quatre temps fondamentaux à partir desquels il est possible de former tous les autres temps.

146 Tableau de la formation des temps

LES TEMPS FONDAMENTAUX		LES AUTRES TEMPS FORMÉS À PARTIR DES TEMPS FONDAMENTAUX	
Indicatif présent	*j'écris* *nous écrivons*	– Indicatif imparfait – Impératif présent – Subjonctif présent – Participe présent et gérondif	*j'écrivais* *écris !* *que j'écrive* *(en) écrivant*
Passé simple	*j'écrivis*	Subjonctif imparfait	*que j'écrivisse*
Futur simple	*j'écrirai*	Conditionnel présent	*j'écrirais*
Participe passé	*écrit*	Tous les temps composés du verbe – Passé composé – Plus-que-parfait – Passé antérieur – Futur antérieur – Subjonctif passé – Subjonctif plus-que-parfait etc.	 *j'ai écrit* *j'avais écrit* *j'eus écrit* *j'aurai écrit* *que j'aie écrit* *que j'eusse écrit*

LES TEMPS SIMPLES DE L'INDICATIF

L'indicatif présent

147 Les valeurs de l'indicatif présent

• L'indicatif présent est le temps le plus employé. En général, il indique que l'action ou l'événement sont **contemporains du moment où l'on parle**.

Gabrielle danse maintenant dans le salon.

• Un verbe à l'indicatif présent peut aussi couvrir un **intervalle de temps large**.

Gabrielle a les cheveux châtains.

• Le **présent de vérité générale** couvre tout le passé et tout le futur imaginables.

Quand le chat n'est pas là, les souris dansent.

• L'indicatif présent peut évoquer le **passé récent** ou le **futur proche**.

Elle arrive à l'instant de Brest.
Elle repart demain pour Marseille.

• Il peut aussi exprimer un **passé lointain**. C'est le **présent de narration**.

Il lui donna un grand coup du plat de son épée sur le visage.
Candide dans l'instant tire la sienne. (VOLTAIRE, *Candide*)

148 L'indicatif présent des verbes du premier groupe

• Il se forme sur le **radical de l'indicatif présent** auquel on ajoute les terminaisons ***-e, -es, -e, -ons, -ez, -ent***.

*aimer : j'aim**e**, tu aim**es**, il/elle aim**e**,*
*nous aim**ons**, vous aim**ez**, ils/elles aim**ent***

• La plupart des verbes du premier groupe ont un **radical unique**, mais certains verbes présentent un radical variable.

• La variation du radical peut se produire uniquement **à l'écrit**. Dans les verbes en ***-cer***, il faut mettre une cédille sous le ***c*** devant ***o*** : ***nous plaçons***. Dans les verbes en ***-ger***, il faut garder le ***e*** devant ***o*** : ***nous mangeons***.

• La variation du radical peut se produire **à l'écrit et à l'oral**. Dans les verbes du type ***céder***, le ***é*** se change en ***è*** devant une syllabe finale comportant un ***e*** muet : ***je cède, tu cèdes, il cède, ils cèdent***.

• **Les verbes en *-eler* et en *-eter*** doublent en général la consonne *l* ou *t* devant un *e* muet : ***je jette, tu jettes, il jette, ils jettent***.
Quelques verbes, cependant, ne doublent pas la consonne devant un *e* muet, mais prennent un accent grave sur le *e* du radical : ***j'achète, tu achètes, il achète, ils achètent***.

N. ORTH. La réforme de 1990 autorise l'utilisation de l'accent grave pour tous les verbes en *-eler* et en *-eter*, sauf pour ***appeler***, ***jeter*** et les verbes de leurs familles.

• **Les verbes en *-yer* transforment l'*y* en *i*** quand disparaît le son [j] ***(y)*** : ***nous employons*** mais ***j'emploie, tu emploies, il emploie***... Les verbes en ***-ayer*** acceptent deux prononciations et deux graphies devant un ***e*** muet : ***je paie / je paye, tu paies / tu payes, il paie / il paye, ils paient / ils payent.***

REMARQUE
Quand, dans la langue écrite, le pronom *je* est placé après le verbe, *-e* devient sonore et s'écrit avec un accent aigu *(-é)*.

Me trompé-je vraiment ?

N. ORTH. Cet *-é* est en fait souvent prononcé [ɛ] (è). Aussi la réforme de 1990 autorise-t-elle l'accent grave : ***me trompè-je vraiment ?***

149 L'indicatif présent des verbes du deuxième groupe

• Il se forme sur le **radical de l'indicatif présent** auquel on ajoute les terminaisons ***-s, -s, -t, -ons, -ez, -ent***.

*finir : je fini**s**, tu fini**s**, il/elle fini**t**,*
*nous finiss**ons**, vous finiss**ez**, ils/elles finiss**ent***

• Un verbe du deuxième groupe a un **radical variable** au présent : en ***i*** au singulier, en ***iss*** au pluriel.

150 L'indicatif présent des verbes du troisième groupe

• Il se forme sur le **radical de l'indicatif présent** auquel on ajoute les terminaisons. On distingue **quatre séries de terminaisons** :
– **les terminaisons en *-s, -s, -t, -ons, -ez, -ent*** se retrouvent dans la plupart des verbes du troisième groupe ;

*courir : je cour**s**, tu cour**s**, il/elle cour**t**,*
*nous cour**ons**, vous cour**ez**, ils/elles cour**ent***

– **les terminaisons en** ***-s, -s, -, -ons, -ez, -ent*** se retrouvent dans les verbes en *-cre*, en *-dre* et en *-tre*, à l'exception des verbes en *-indre* ou en *-soudre*. Ces verbes n'ont pas de terminaison à la troisième personne du singulier. La consonne *t* disparaît en effet derrière la consonne muette ;

*il vain**c*** (et non ⊖ *il vainct*) ; *il pren**d*** (et non ⊖ *il prendt*) ; *il ba**t***

Dans ***il prend***, le ***d*** final fait partie du radical. De même, le ***t*** de ***il bat*** n'est pas la terminaison ***t***, mais la consonne finale du radical, ***bat-*** (on n'écrit pas ⊖ *il batt*).

– **les terminaisons en** ***-x, -x, -t, -ons, -ez, -ent*** se retrouvent dans les verbes *pouvoir (je peu**x**)*, *vouloir (je veu**x**)*, *valoir (je vau**x**)* ;

– **les terminaisons en** ***-e, -es, -e, -ons, -ez, -ent*** se retrouvent dans quelques verbes du troisième groupe dont le radical se termine par deux *l* ou par un groupe de consonnes.

*ouvrir : j'ouvr**e**, tu ouvr**es**, il/elle ouvr**e**,*
*nous ouvr**ons**, vous ouvr**ez**, ils/elles ouvr**ent***

• **Le radical d'un verbe du troisième groupe est rarement unique**. Beaucoup de verbes présentent au moins deux formes.

*j'**écri**s, nous **écriv**ons*

La conjugaison au présent de l'indicatif du verbe ***écrire*** fait apparaître deux formes de radical, une courte, qu'on trouve aux personnes du singulier, et une longue (avec consonne ***v***), qu'on trouve aux personnes du pluriel.

Les verbes en ***-aître*** et en ***-oître*** reçoivent à l'écrit un accent circonflexe sur le *i* quand cette voyelle précède un *t* : ***il paraît***.

N. ORTH. La réforme de 1990 autorise ***il parait*** sans accent circonflexe. Seules font exception certaines formes du verbe ***croître***, qu'on pourrait confondre avec celles du verbe ***croire***.

L'indicatif imparfait

151 Les valeurs de l'indicatif imparfait

• L'indicatif imparfait est employé le plus souvent comme **temps du passé**. Il sert, dans un récit, à évoquer les circonstances secondaires, à décrire les personnages, les lieux, les objets, ou à commenter l'action principale qui est, elle, au passé simple.

Nous marchions déjà depuis de nombreuses heures quand, tout d'un coup, nous vîmes à l'est une étrange lumière.

• Cependant, il est fréquent que l'imparfait ne prenne **aucune valeur temporelle**. Dans un système conditionnel, il sert à exprimer un fait possible ou impossible selon les contextes. On dit alors que l'imparfait n'est pas temporel, mais **modal**. La modalité est la manière dont le locuteur conçoit le degré de réalité de ce qu'il dit.

Que feriez-vous si vous receviez à 14 h un dossier à traiter pour le soir ?

L'imparfait du verbe ***receviez*** ne place pas l'événement dans le passé, mais indique simplement que cet événement est envisagé comme possible.

152 La formation de l'imparfait

• L'imparfait se forme, pour tous les groupes, sur le **radical de la première personne du pluriel de l'indicatif présent** auquel on ajoute les terminaisons ***-ais, -ais, -ait, -ions, -iez, -aient***.

• Ces terminaisons combinent l'affixe de temps, ***ai*** ou *i*, et l'affixe de personne : *-s*, *-s*, *-t*, *-ons*, *-ez*, *-ent*.

*céder : je céd**ais**, tu céd**ais**, il/elle céd**ait**,*
*nous céd**ions**, vous céd**iez**, ils/elles céd**aient***

Le verbe ***céder*** (premier groupe) adopte la forme ***céd-*** présente dans ***nous cédons***. Cette forme sert à construire toutes les personnes de l'imparfait du verbe.

*finir : je finiss**ais**, tu finiss**ais**, il/elle finiss**ait**,*
*nous finiss**ions**, vous finiss**iez**, ils/elles finiss**aient***

Le verbe ***finir*** (deuxième groupe) adopte la forme élargie ***finiss-*** présente dans ***nous finissons***.

*écrire : j'écriv**ais**, tu écriv**ais**, il/elle écriv**ait**,*
*nous écriv**ions**, vous écriv**iez**, ils/elles écriv**aient***

Le verbe ***écrire*** (troisième groupe) adopte la forme ***écriv-*** présente dans ***nous écrivons***.

153 L'imparfait des verbes dont le radical se termine par *i* ou *y*

• Les verbes dont le radical se termine par ***i*** ou ***y*** conservent cet *i* ou cet *y* même lorsqu'il doit être **suivi d'un *i* aux première et deuxième personnes du pluriel**. À l'oral, on ne prononce pas toujours nettement ce *i*. Il ne faut pourtant pas l'oublier à l'écrit : *nous pri**ions**, vous pri**iez**, nous croy**ions**, vous croy**iez***.

L'indicatif passé simple

154 Les valeurs de l'indicatif passé simple

• Le passé simple a une pure **valeur temporelle de passé**. Un événement ou un état évoqués au passé simple sont toujours situés dans le passé, sans aucun lien avec le présent du locuteur. C'est le **temps du récit écrit**.

Ensuite, il ferma la porte, et s'alla coucher dans le lit de la Mère-grand, en attendant le Petit Chaperon rouge, qui quelque temps après vint heurter à la porte. Toc, toc. (CHARLES PERRAULT, *Le Petit Chaperon rouge*)

155 Le passé simple des verbes du premier groupe

• Il se forme sur le **radical du passé simple** auquel on ajoute les terminaisons ***-ai, -as, -a, -âmes, -âtes, -èrent***.

• Ces terminaisons combinent l'affixe de temps, ***a*** (ou *è*), et l'affixe de personne.

*aimer : j'aim**ai**, tu aim**as**, il/elle aim**a**,*
*nous aim**âmes**, vous aim**âtes**, ils/elles aim**èrent***

• Il ne faut pas oublier l'accent circonflexe sur le ***a*** aux première et deuxième personnes du pluriel : ***nous aimâmes, vous aimâtes***.

LE CONSEIL ***Il ne faut pas confondre le passé simple et l'imparfait.***

Pour les verbes du premier groupe, les terminaisons des premières personnes du singulier du passé simple et de l'imparfait sont très proches : ***j'aimai/j'aimais***. Il faut donc bien veiller à distinguer les deux temps, qui peuvent intervenir tous deux dans un contexte passé. Dans la phrase suivante, le verbe du premier groupe est associé à un verbe du troisième groupe qui est au passé simple.

J'attendis une demi-heure, puis je regardai ma montre.

Il faut écrire *-ai*, car l'événement évoqué par le verbe, mis sur le même plan que *attendis*, constitue un événement important du récit. Si l'on remplace le verbe *regarder* par un verbe du troisième groupe, par exemple *voir*, il apparaît clairement que le passé simple est requis :

J'attendis une demi-heure, puis je la vis (et non ⊖ *voyais*) *arriver.*

156 Le passé simple des verbes du deuxième groupe

• Il se forme sur le **radical du passé simple** auquel on ajoute les terminaisons ***-is, -is, -it, -îmes, -îtes, -irent***.

• Ces terminaisons combinent l'affixe de temps, ***i***, et l'affixe de personne. L'affixe ***i*** se confond cependant avec l'***i*** qui termine le radical du verbe.

*finir : je fin**is**, tu fin**is**, il/elle fin**it**,*
*nous fin**îmes**, vous fin**îtes**, ils/elles fin**irent***

• Il ne faut pas oublier l'accent circonflexe sur le ***i*** aux première et deuxième personnes du pluriel. Cet accent est remplacé par un tréma dans ***nous haïmes, vous haïtes***.

157 Le passé simple des verbes du troisième groupe

• Il se forme sur le **radical du passé simple** auquel on ajoute les terminaisons.

• Ces terminaisons combinent l'affixe de temps, ***i, u,*** ou ***in,*** et l'affixe de personne :

– les terminaisons reposant sur l'affixe *i* sont : *-is, -is, -it, -îmes, -îtes, -irent* ; elles se retrouvent dans les verbes en ***-ir*** (sauf ***courir, mourir, tenir*** et ***venir***), la majorité des verbes en ***-re, asseoir, voir*** et les verbes de leurs familles (sauf ***pourvoir***) ;

*sentir : je sent**is**, tu sent**is**, il/elle sent**it**,*
*nous sent**îmes**, vous sent**îtes**, ils/elles sent**irent***

– les terminaisons reposant sur l'affixe *u* sont : *-us, -us, -ut, -ûmes, -ûtes, -urent* ; elles se retrouvent dans les verbes en ***-oir*** (sauf ceux qui prennent ***i***), ***courir, mourir***, quelques verbes en ***-re*** et ceux de leurs familles (***boire, conclure, connaître, croire, lire, vivre***, etc.) ;

*courir : je cour**us**, tu cour**us**, il/elle cour**ut**,*
*nous cour**ûmes**, vous cour**ûtes**, ils/elles cour**urent***

– les terminaisons reposant sur l'affixe *in* sont : *-(in)s, -(in)s, -(in)t, -(în)mes, -(în)tes, -(in)rent* ; elles se retrouvent dans ***tenir, venir*** et les verbes de leurs familles.

*venir : je vin**s**, tu vin**s**, il/elle vin**t**,*
*nous vîn**mes**, vous vîn**tes**, ils/elles vin**rent***

• Un accent circonflexe porté sur la voyelle ***i, u*** ou ***i*** de ***in*** caractérise les deux premières personnes du pluriel.

158 Quel radical permet de former le passé simple ?

• Le radical peut être obtenu par suppression de la terminaison de l'infinitif : ***sent-*** pour le verbe *sentir*.

• Il peut présenter une forme réduite, en particulier pour les verbes dont le passé simple est en ***u*** : *je **pus**, tu **pus*** pour le verbe ***pouvoir***.

• D'autres verbes présentent des radicaux encore plus singuliers : ***naître*** donne *je **naquis***, ***vivre*** donne *je **vécus***. On peut conseiller de retenir la **troisième personne du singulier** *(il vint, il put, il naquit...)*, la conjugaison entière du verbe pouvant être restituée à partir de cette forme.

L'indicatif futur simple

159 Les valeurs du futur simple

• Le plus souvent, le futur simple a une **valeur temporelle** et il évoque **l'avenir à partir du présent du locuteur**. Bien que l'avenir soit, par nature, incertain, le futur simple pose l'événement à venir comme certain.

Demain, nous irons à la piscine.

• Le futur simple peut avoir d'autres valeurs. Il n'est pas temporel, mais **modal** dans les phrases, fréquentes à l'oral, qui servent à atténuer poliment une demande, un reproche, etc.

Je vous demanderai de ne pas fumer dans le bureau.

160 La formation du futur simple : cas général

• Le futur simple se forme sur le **radical du futur** auquel on ajoute les terminaisons ***-rai, -ras, -ra, -rons, -rez, -ront***.

• Ces terminaisons combinent l'affixe de temps, ***r***, et l'affixe de personne.

*sentir : je senti**rai**, tu senti**ras**, il/elle senti**ra**,*
*nous senti**rons**, vous senti**rez**, ils/elles senti**ront***

• Historiquement, le futur est formé à partir de l'infinitif. On ajoute donc souvent les terminaisons à l'infinitif *(je **sentirai**)* ou à une forme proche de l'infinitif *(je **prendrai**)*.

161 La formation du futur simple : cas particuliers

• **Les futurs de plusieurs verbes du premier groupe présentent certaines particularités :**
– pour les verbes en *-eler* ou en *-eter*, les mêmes règles s'appliquent au présent de l'indicatif et au futur. On écrit donc ***nous jetterons***, mais ***nous achèterons*** ;
– on ne doit pas oublier l'*e* devant les terminaisons des verbes ***créer***, ***prier***, etc. : ***nous créerons***, ***nous prierons*** ;
– les verbes en *-**y**er* transforment l'***y*** en ***i*** à toutes les personnes du futur simple : ***j'emploierai***, ***nous emploierons***. Font exception ***envoyer*** et ***renvoyer***, dont le futur est imité de celui de ***voir*** : ***j'enverrai***, ***nous enverrons*** (avec deux ***r***) ;
– les verbes en -***ayer*** acceptent, eux, ***i*** et ***y*** à toutes les personnes : ***je balaierai/ balayerai***.

• **Beaucoup de verbes du troisième groupe ne font pas apparaître l'infinitif du verbe :**
– ***cueillir*** forme son futur avec la voyelle ***e*** : ***je cueillerai*** ;
– ***courir*** et ***mourir*** ne font pas entendre l'***i*** final, mais se conjuguent avec deux ***r***, le premier appartenant au radical, le second étant l'affixe de futur : ***je courrai*** ;
– ***acquérir*** donne ***j'acquerrai***, avec deux ***r*** également ;
– le futur des verbes en ***-voir (devoir, recevoir...)*** est formé à partir du radical de la première personne du pluriel de l'indicatif présent : ***nous devrons***. Font exception *pouvoir (je **pourrai**)*, *pourvoir (je **pourvoirai**)*, *savoir (je **saurai**)*, *voir (je **verrai**)* ;
– *asseoir* donne *j'**assiérai*** ;
– d'autres verbes présentent un radical spécifique : *aller (j'**irai**)*, *avoir (j'**aurai**)*, *être (je **serai**)*, *faire (je **ferai**)*, *falloir (il **faudra**)*, *tenir (je **tiendrai**)*, *valoir (je **vaudrai**)*, *venir (je **viendrai**)*, *vouloir (je **voudrai**)*.

LE CONDITIONNEL

162 Les valeurs du conditionnel

• La tradition grammaticale fait du conditionnel un **mode** à part entière. Cela signifie qu'elle met en valeur les emplois dans lesquels le conditionnel exprime la **conséquence d'une condition**.

Si les vacances étaient plus longues, nous <u>resterions</u> une semaine de plus.

Cette phrase envisage une hypothèse, ***si les vacances étaient plus longues***, et le conditionnel n'a pas une valeur temporelle, mais modale. L'événement est seulement possible, pouvant même être irréalisable.

• Toutefois, le conditionnel a aussi une **valeur temporelle**. Il sert à exprimer **le futur à partir du passé**.

Mes parents avaient alors décidé que nous resterions une semaine de plus.

La forme simple du conditionnel, bien mal appelée « conditionnel présent », n'exprime pas un présent, mais un futur, repéré par rapport à un point du passé, ici le moment où les parents ont décidé de prolonger les vacances.

Le conditionnel « présent » est ainsi le temps complémentaire du futur simple de l'indicatif, qui exprime, lui, le futur à partir du présent.

• Le conditionnel, en conséquence, n'est pas un mode particulier. Il se rattache à l'indicatif. Comme l'imparfait → 151 ou le futur → 159, le conditionnel « présent » (ou « passé ») possède des emplois temporels et des emplois non temporels, ou **modaux**. Néanmoins, il n'a pas paru souhaitable de bouleverser la présentation traditionnelle et les tableaux de conjugaison isolent un « mode » conditionnel.

163 La formation du conditionnel présent

• Le conditionnel présent se forme sur le **radical du futur** auquel on ajoute les terminaisons ***-rais, -rais, -rait, -rions, -riez, -raient***.

*recevoir : je recev**rais**, tu recev**rais**, il/elle recev**rait**,*
*nous recev**rions**, vous recev**riez**, ils/elles recev**raient***

• Les terminaisons combinent l'affixe temporel du futur, ***r***, et les terminaisons de l'imparfait : *-ais, -ais, -ait, -ions, -iez, -aient*. Cette combinaison indique bien que, fondamentalement, le « conditionnel présent » n'est pas un « présent », mais un **futur situé dans le passé**.

LE CONSEIL ***Il ne faut pas confondre le futur simple et le conditionnel présent.***

Les terminaisons des premières personnes du singulier du futur simple et du conditionnel présent sont très proches : ***je resterai/je resterais***. Il faut donc bien veiller à distinguer les deux temps.

Si les vacances étaient plus longues, je resterais une semaine de plus.

Cette phrase comporte un conditionnel.

Comme les vacances sont plus longues cette année, je resterai une semaine de plus.

L'action exprimée au futur se réalisera. La substitution d'une deuxième personne indique bien que c'est un futur qui est requis, non un conditionnel : *Comme les vacances sont plus longues cette année, tu resteras* (et non ⊖ *tu resterais*) *une semaine de plus.*

LE SUBJONCTIF

164 Les valeurs du subjonctif

• Le subjonctif est un mode lié à la **notion de possibilité**. Il est essentiellement employé dans :
– les propositions principales et indépendantes pour marquer l'ordre, la défense, le souhait, l'indignation ou la supposition ;
– les subordonnées complétives après un verbe, un nom ou un adjectif exprimant un jugement, un souhait, un sentiment, une possibilité, une nécessité ou un doute ***(il craint que, il veut que, il faut que...)*** ;
– les subordonnées temporelles introduites par ***avant que*** et ***jusqu'à ce que*** ;
– les subordonnées concessives ***(quoique, bien que...)*** ;
– les subordonnées finales ***(afin que, pour que...)*** ;
– les subordonnées causales exprimant la cause rejetée ***(non que...)*** ou l'alternative ***(soit que... soit que...)*** ;
– les subordonnées conditionnelles introduites par ***à moins que, pourvu que...***

Le subjonctif présent

165 Les valeurs du subjonctif présent

• Dans les propositions principales ou indépendantes, le subjonctif présent exprime la **simultanéité** ou la **postériorité** par rapport au présent de l'énonciation.

Qu'il patiente ! Qu'il revienne demain.

• Le subjonctif présent indique la **simultanéité** ou la **postériorité** de l'action de la subordonnée par rapport à l'action de la principale lorsque celle-ci est au présent ou au futur.

Il faut que vous les emmeniez un jour au cirque.

• Le subjonctif présent s'emploie également pour **remplacer le subjonctif imparfait**, qui est devenu rare.

Il fallait que ces enfants découvrent le cirque. (au lieu de ***découvrissent***)

166 Le subjonctif présent des verbes du premier groupe

• Il se forme sur le **radical de l'indicatif présent** auquel on ajoute les terminaisons ***-e, -es, -e, -ions, -iez, -ent***.

*j'aim**e** → que j'aim**e**, que tu aim**es**, qu'il/elle aim**e**,*
*que nous aim**ions**, que vous aim**iez**, qu'ils/elles aim**ent***

• Lorsque le radical présente de légères variations (ajout d'un accent ou d'une double consonne, *i* transformé en *y* devant certaines voyelles), on applique au subjonctif présent les mêmes règles qu'à l'indicatif présent.

*je c**è**de, nous c**é**dons → que je c**è**de, que nous c**é**dions*

167 Le subjonctif présent des verbes du deuxième groupe

• Il se forme sur le **radical de l'indicatif présent en *iss*** auquel on ajoute les terminaisons ***-e, -es, -e, -ions, -iez, -ent***.

*nous finissons → que je finiss**e**, que tu finiss**es**, qu'il/elle finiss**e**, que nous finiss**ions**, que vous finiss**iez**, qu'ils/elles finiss**ent***

168 Le subjonctif présent des verbes du troisième groupe

• Les terminaisons sont ***-e, -es, -e, -ions, -iez, -ent***.

• Pour le radical, on distingue trois cas.

Un seul radical à l'indicatif présent → Le subjonctif présent utilise le radical de l'indicatif présent.	*je couvre* *→ que je couvr**e**, que tu couvr**es**, qu'il couvr**e**, que nous couvr**ions**, que vous couvr**iez**, qu'ils couvr**ent***
Deux formes de radical à l'indicatif présent → Le subjonctif présent utilise le radical de la première personne du pluriel de l'indicatif présent.	*je dors, nous dormons* *→ que je dorm**e**, que tu dorm**es**, qu'il dorm**e**, que nous dorm**ions**, que vous dorm**iez**, qu'ils dorm**ent***
Verbes en *-oir* et en *-oire* ; *fuir, tenir, quérir, traire* et leurs composés ; *mourir* et *ouïr* → Le subjonctif alterne deux radicaux suivant le modèle de l'indicatif présent.	*je meurs, tu meurs, il meurt, nous mourons, vous mourez, ils meurent.* *→ que je meur**e**, que tu meur**es**, qu'il meur**e**, que nous mour**ions**, que vous mour**iez**, qu'ils meur**ent***

REMARQUES

• Le verbe *falloir* n'emprunte pas son radical à l'indicatif présent : *qu'il faille*.

• Les verbes *aller, valoir* et *vouloir* n'empruntent pas leur radical à l'indicatif présent, sauf aux deux premières personnes du pluriel : *que j'aille, que je vaille, que je veuille*.

• Les verbes *faire, pouvoir, savoir, être, avoir* ont un radical particulier à toutes les personnes : *que je fasse, que je puisse, que je sache, que je sois, que j'aie*.

LE CONSEIL ***Terminaison du subjonctif présent ou de l'indicatif présent?***

Doit-on écrire : ***Il faut que tu coures*** ou ⊖ ***Il faut que tu cours***?

Pour certains verbes du troisième groupe, la différence entre le subjonctif et l'indicatif présent ne s'entend pas à l'oral. Pour choisir la bonne terminaison, on peut utiliser un verbe pour lequel l'indicatif présent et le subjonctif présent diffèrent nettement à l'oral (***prendre, descendre, tenir,*** etc.).

Il faut que tu descendes.

On ne peut pas dire : ⊖ *il faut que tu descends*. La phrase réclame donc le subjonctif : *Il faut que tu coures.*

Le subjonctif imparfait

169 L'emploi du subjonctif imparfait

- Le subjonctif imparfait devrait s'employer dans une proposition subordonnée, pour indiquer la simultanéité ou la postériorité d'une action par rapport à l'action de la principale, lorsque celle-ci est au passé. Mais en dehors de la troisième personne du singulier, il est **devenu rare**. Il est généralement remplacé par le subjonctif présent.

Je craignais que la tempête ne se levât (ne se lève) ce soir.

À la troisième personne du singulier, on peut conserver le subjonctif imparfait, notamment à l'écrit, pour un registre soutenu.

Je craignais que les tuiles ne s'envolent (ne s'envolassent) du toit.

Aux autres personnes, pour des raisons d'euphonie, on emploie souvent le présent.

170 La formation du subjonctif imparfait

- Il se forme à partir du **radical et de l'affixe temporel du passé simple**, auxquels on ajoute les affixes ***-sse, -sses, -^t, -ssions, -ssiez, ssent***.

GROUPE	AFFIXE	FORMATION	EXEMPLES
PREMIER	*a*	radical + *-asse, -asses, -ât, -assions, -assiez, -assent*	*tu aimas → que j'aim**asse**, que tu aim**asses**, qu'il aim**ât**, que nous aim**assions**, que vous aim**assiez**, qu'ils aim**assent***
DEUXIÈME	*i*	radical + *-isse, -isses, -ît, -issions, -issiez, -issent*	*tu finis → que je fin**isse**, que tu fin**isses**, qu'il fin**ît**, que nous fin**issions**, que vous fin**issiez**, qu'ils fin**issent***
TROISIÈME	*i, in* ou *u*	*-isse, -insse* ou *-usse*	*tu pris → que je pr**isse**, que tu pr**isses**, qu'il pr**ît**, que nous pr**issions**, que vous pr**issiez**, qu'ils pr**issent***

LE CONSEIL ***Terminaison du passé simple ou de l'imparfait du subjonctif?***

Doit-on écrire : ***Je la décrivis en détail afin qu'il la reconnût facilement*** ou ⊖***Je la décrivis en détail afin qu'il la reconnut facilement?***

L'oral ne marque pas la différence entre la troisième personne du singulier du passé simple et la troisième personne du singulier de l'imparfait du subjonctif. À l'écrit, pour les deuxième et troisième groupes, la différence consiste en un simple accent circonflexe au subjonctif. C'est pourquoi les erreurs sont fréquentes. Pour les éviter, il est possible de transposer la phrase au subjonctif présent. Dans la majorité des cas, on entendra la différence. Si on ne l'entend pas, on utilisera ***prendre*** ou ***tenir***.

Je la décris en détail afin qu'il la reconnaisse facilement.

On ne peut pas dire : ⊖*Je la décris en détail afin qu'il la reconnaît facilement.*
La phrase réclame le subjonctif : *Je la décrivis en détail afin qu'il la reconnût facilement.*

L'IMPÉRATIF

171 Les valeurs de l'impératif présent

- L'impératif n'existe qu'à la deuxième personne du singulier et aux première et deuxième personnes du pluriel. C'est le **mode de l'injonction**.
- Il permet d'exprimer, à la forme positive, un **ordre**, une **exhortation**, une **prière**, un **conseil** ou une **suggestion**.

Rangez immédiatement vos chambres! (ordre)

- Il permet d'exprimer, à la forme négative, la **défense**.

Ne vous penchez pas par la fenêtre.

172 La formation de l'impératif présent

- Il se forme à partir du **radical du présent de l'indicatif** auquel on ajoute les terminaisons ***-e / -s, -ons, -ez***.
- Le pronom personnel sujet n'est pas exprimé.

REMARQUE

Pour des raisons d'euphonie, les verbes du premier groupe et le verbe *aller* prennent un *s* final à l'impératif de deuxième personne du singulier devant *en* et *y*.

Pense à prendre son adresse. → *Pense**s**-y.*
Garde quelques gâteaux pour le voyage. → *Garde**s**-en.*

À la deuxième personne du singulier, on appliquera donc les règles suivantes :
– verbes du premier groupe;
Indicatif présent : *-es (tu cherches)* ; impératif présent : *-e* (*cherche* ; sauf : *penses-y, gardes-en*) ;

– verbe *aller* ;
Indicatif présent : *tu vas* ; impératif présent : ***va*** ; sauf : *vas-y* ;
– autres verbes.
L'indicatif présent et l'impératif présent ont la même forme : ***tu apprends*** ; ***apprends***.

• Les verbes ***avoir, être*** et ***savoir*** forment leur impératif présent sur le radical du subjonctif et non sur le radical de l'indicatif. Ils ont les mêmes terminaisons d'impératif que les autres verbes.

*que tu aies, que nous ayons → ai**e**, ay**ons**, ay**ez***

LES MODES IMPERSONNELS

173 Qu'appelle-t-on modes impersonnels ?

• On appelle modes impersonnels les modes qui ne varient pas en personne. Les trois modes impersonnels sont l'**infinitif** *(partir, être parti)*, le **participe** *(partant, étant parti, parti)* et le **gérondif** *(en partant)*.

Il veut partir dès demain. Je veux partir dès demain.

Seul le verbe à l'indicatif porte la marque de la personne : ***il veut, je veux***.
Partir ne varie pas.

174 Les valeurs des modes impersonnels

Les trois modes impersonnels n'ont pas la même valeur dans la phrase.

L'infinitif est la forme nominale du verbe.

• Il permet au verbe de fonctionner **comme un nom**, tout en conservant ses propriétés de verbe.

Nous espérons entreprendre un long voyage.

Entreprendre un long voyage est complément d'objet direct du verbe ***espérons***.
Il a la fonction qui serait celle du groupe nominal ***sa venue*** dans ***Nous espérons sa venue***.
Par ailleurs, ***un long voyage*** est COD de ***entreprendre*** comme il le serait dans la phrase ***Nous entreprendrons un long voyage***.

Le participe est la forme adjective du verbe.

• Il permet au verbe de fonctionner **comme un adjectif**, tout en conservant ses propriétés de verbe.

Nous recherchons un guide parlant la langue du pays.

Parlant la langue du pays est épithète de ***guide***. Il a la fonction qui serait celle de ***bilingue*** dans ***Nous recherchons un guide bilingue***. Par ailleurs, ***la langue du pays*** est COD de ***parlant***, comme il le serait dans la phrase ***Le guide parle la langue du pays***.

Le gérondif est la forme adverbiale du verbe.

• Il joue le **rôle d'un adverbe** complément circonstanciel, tout en conservant les propriétés d'une forme verbale.

Elles cheminaient en se racontant leur vie.

En se racontant leur vie est complément circonstanciel de ***cheminaient***. Il a la fonction qui serait celle de ***joyeusement*** dans ***Elles cheminaient joyeusement***. Par ailleurs, ***se*** et ***leur vie*** sont les compléments de ***en racontant*** comme ils le seraient dans la phrase ***Elles se racontèrent leur vie.***

L'infinitif et le participe en fonction de verbe

• L'infinitif peut avoir une pleine fonction de verbe lorsqu'il est :

– infinitif **narratif** ;

Et tous d'applaudir.

Ils applaudirent.

– infinitif **délibératif** ;

Que penser de cette affaire ?

Que puis-je penser ?

– infinitif **injonctif** ;

Faire cuire à feu doux.

Faites cuire à feu doux.

– infinitif **exclamatif** ;

Moi, traverser ce fleuve à la nage !

Moi, que je traverse ce fleuve à la nage !

– dans une **proposition infinitive** ;

Il observe les enfants s'ébattre dans le fleuve.

– dans une **subordonnée relative** ;

Elle cherche un hôtel où dormir.

– dans une **interrogation indirecte**.

Il ne sait que faire.

• Le participe peut également avoir une pleine fonction de verbe quand il est le **noyau verbal de la proposition participiale**.

Tous les touristes ayant quitté l'hôtel, il se sentit bien seul.

Après que tous les touristes eurent quitté l'hôtel, il se sentit bien seul.

175 La formation de l'infinitif présent

• Il se forme sur le **radical du présent**, suivi de l'**affixe de groupe *(e, i, oi, -)*** et de l'**affixe de mode** (***r*** ou ***re***).

GROUPE	TERMINAISON	EXEMPLES
PREMIER	*er*	*aim-e-r*
DEUXIÈME	*ir*	*fin-i-r*
TROISIÈME	*ir, oir* ou *re*	*part-i-r, dev-oi-r, prend-re*

LE CONSEIL ***Comment écrire une forme verbale qui se termine par le son* [e] *(-er, -é, -és...)?***

L'infinitif des verbes du premier groupe se termine en ***-er***. Le participe passé du même groupe se termine en ***-é***. À l'oral, on entend donc difficilement la différence entre l'infinitif et le participe et les erreurs d'orthographe sont fréquentes à l'écrit.

Pour éviter la confusion, on peut remplacer la forme verbale du premier groupe par une forme verbale du deuxième ou du troisième groupe, pour lesquels on entend la différence.

Nous avons failli manquer notre avion.

→ *Nous avons failli prendre un autre avion.*

On ne peut pas dire : ⊖ *Nous avons failli pris un autre avion.* Il faut utiliser l'infinitif

176 La formation du participe présent

• Il se forme sur le **radical de la première personne du pluriel de l'indicatif présent** suivi de la terminaison ***-ant***.

GROUPE	INDICATIF PRÉSENT	PARTICIPE PRÉSENT
PREMIER	*nous aimons*	*aim**ant***
DEUXIÈME	*nous finissons*	*finiss**ant***
TROISIÈME	*nous buvons*	*buv**ant***

REMARQUE

Trois verbes ont un participe présent irrégulier : *être (étant)*; *avoir (ayant)*; *savoir (sachant)*.

LE CONSEIL ***Comment écrire une forme en -ant ?***

À partir de certains participes, le français forme des adjectifs verbaux, c'est-à-dire de véritables adjectifs qui ne peuvent plus recevoir de compléments verbaux. Les deux mots ne s'orthographient pas de la même manière : l'adjectif verbal s'accorde en genre et en nombre, pas le participe ; certains adjectifs verbaux n'ont pas la même terminaison que le participe.

provoquant → provocant ; fatiguant → fatigant ; négligeant → négligent

Pour savoir si l'on se trouve face à un participe présent ou face à un adjectif verbal, on peut avoir recours à la négation. Seul le participe présent admet la négation en « ne... pas ».

Il gardait le silence, provoquant ses camarades.

On peut dire : *ne provoquant pas ses camarades* ; *provoquant* est un participe présent.

Elle est sortie dans une tenue provocante.

On ne peut pas dire : ⊖ *dans une tenue ne pas provocante* ; *provocant* est un adjectif verbal.

177 La formation du gérondif

• Le gérondif a exactement la même forme que le participe présent, mais il est précédé de la préposition ***en***.

LES TEMPS COMPOSÉS

178 Le choix de l'auxiliaire dans les temps composés

• On emploie l'**auxiliaire *être*** pour des **verbes perfectifs intransitifs**, c'est-à-dire pour les verbes exprimant une action qui n'acquiert d'existence véritable que lorsqu'elle est parvenue à son terme. Il s'agit de verbes de mouvement ou de changement d'état comme ***aller, arriver, devenir, entrer, mourir, naître, partir, rester, sortir, tomber, venir,*** etc.

Elle est arrivée avant tout le monde.

Pour les autres verbes, on emploie l'**auxiliaire *avoir***.

Il a couru jusqu'à la maison.

• À la **forme pronominale**, on emploie également l'**auxiliaire *être***.

Je me suis ouvert le front.

REMARQUE

L'auxiliaire *être* sert aussi à former la **voix passive.**

Son sérieux est reconnu de tous.

179 Le participe passé

La forme composée du participe passé

- Elle est constituée de l'auxiliaire ***avoir*** ou ***être*** au participe présent, suivi du participe passé : ***ayant aimé, étant sorti.***

Pour le choix de l'auxiliaire, le participe passé suit les mêmes principes que tous les temps composés → 178.

La forme simple du participe passé

- Elle est constituée du participe passé sans auxiliaire : ***aimé, sorti.***

Quelle terminaison pour le participe passé ?

GROUPE	FORMATION	EXEMPLES
PREMIER	Radical de l'infinitif + *é*	*aim**é***
DEUXIÈME	Radical de l'infinitif + *i*	*fin**i***
TROISIÈME	Il existe différentes règles :	
	– radical de l'infinitif + *i*	*sort**i***
	– radical de l'infinitif + *it*	*écr**it***
	– radical de l'infinitif + *u*	*cour**u***
	– radical propre + *u*	*v**u***
	– radical propre + terminaison propre	*off**ert***

LE CONSEIL ***Comment trouver la consonne finale d'un participe passé ?***

Pour savoir si un participe passé possède ou non une consonne finale, il faut l'employer avec un nom féminin, ce qui permet d'entendre la consonne finale.

Une victoire n'est pas exclue. → Un heureux succès n'est pas exclu.

L'assurance est incluse. → Le mode d'emploi est inclus.

Pour l'accord en genre et en nombre des participes passés → 194-204.

180 Les règles de formation des formes composées

• À la **voix active** et dans les **formes pronominales**, les temps composés sont formés de l'auxiliaire au temps simple correspondant → 125, suivi du participe passé. Par exemple :

TEMPS	FORMATION	EXEMPLES
PASSÉ COMPOSÉ DE L'INDICATIF	Auxiliaire à l'indicatif présent + participe passé	*j'ai aimé ; je suis parti ; je me suis excusé*
CONDITIONNEL PASSÉ	Auxiliaire au conditionnel présent + participe passé	*j'aurais aimé ; je serais parti ; je me serais excusé*
SUBJONCTIF PLUS-QUE-PARFAIT	Auxiliaire au subjonctif imparfait + participe passé	*que j'eusse aimé ; que je fusse parti ; que je me fusse excusé*
INFINITIF PASSÉ	Auxiliaire à l'infinitif présent + participe passé	*avoir aimé ; être parti ; s'être excusé*

• À la **voix passive**, toutes les formes verbales sont composées. Elles sont formées de l'auxiliaire *être* au temps recherché, suivi du participe passé. Par exemple :

TEMPS	FORMATION	EXEMPLES
INDICATIF PRÉSENT	Auxiliaire *être* à l'indicatif présent + participe passé	*je suis aimé*
SUBJONCTIF IMPARFAIT	Auxiliaire *être* au subjonctif imparfait + participe passé	*que je fusse aimé*
IMPÉRATIF PRÉSENT	Auxiliaire *être* à l'impératif présent + participe passé	*sois aimé*
FUTUR ANTÉRIEUR	Auxiliaire *être* au futur antérieur + participe passé	*j'aurai été aimé*
CONDITIONNEL PASSÉ	Auxiliaire *être* au conditionnel passé + participe passé	*j'aurais été aimé*
INFINITIF PASSÉ	Auxiliaire *être* à l'infinitif passé + participe passé	*avoir été aimé*

Accorder le verbe avec le sujet

Le verbe change de forme selon son sujet : on dit qu'il s'accorde avec son sujet.

RÈGLE GÉNÉRALE

181 L'accord du verbe avec le sujet

• Le verbe conjugué à un mode personnel **s'accorde en personne et en nombre avec son sujet.**

• Lorsque la forme verbale est simple, la terminaison du verbe porte la marque de la personne et du nombre.

J'entends des bruits suspects.

Les sirènes de la police retentissent.

• Lorsque la forme verbale est composée, la terminaison de l'auxiliaire porte la marque de la personne et du nombre. Le participe passé peut aussi varier en genre et en nombre. → 194-204.

Les voleurs se sont déjà enfuis.

LE VERBE A UN SEUL SUJET : CAS PARTICULIERS

182 L'accord du verbe avec *nous* et *vous* désignant une personne unique

• Les pronoms *nous* et *vous* désignent parfois une personne unique :
– le ***nous* de majesté**, employé à la place de *je* par un souverain ou toute personne qui détient l'autorité pour marquer son importance ;
– le ***nous* de modestie**, employé à la place de *je* par un auteur ;
– le ***vous* de politesse**, employé à la place de *tu* pour marquer une distance respectueuse vis-à-vis de son interlocuteur.

• Dans tous ces cas, le verbe porte la marque du pluriel.

Avez-vous votre billet ?

Cependant, pour les formes composées, le participe passé ne porte pas la marque du pluriel : il s'accorde selon le sens, comme le font les adjectifs qualificatifs.

Avez-vous été contrôlé dans le train ?

183 L'accord du verbe avec le pronom relatif *qui*

• Quand le sujet est le pronom relatif ***qui***, il faut identifier son **antécédent** et accorder le verbe à la même personne et au même nombre que cet antécédent.

Moi qui l'ai toujours cru honnête, je suis déçue.

L'antécédent est ***moi***, première personne du singulier : l'accord est à la première personne du singulier.

REMARQUE

Avec les expressions *je suis le premier qui, le seul qui, celui qui*, cette règle n'est pas toujours respectée. On admet :

Je suis le seul qui ai toujours cru à son innocence.

Je suis le seul qui a toujours cru à son innocence.

184 L'accord du verbe avec un pronom neutre : *ce, cela, ça*

• Les pronoms neutres *ce*, *cela* et *ça* entraînent un accord du verbe à la **troisième personne du singulier** et un accord du participe passé au **masculin singulier**.

Cela fit beaucoup de bruit dans la presse.

C'est convenu ainsi entre eux.

• Lorsque le pronom neutre ***ce*** est utilisé dans la **tournure *c'est*** et que l'expression qui suit est au pluriel, l'accord se fait plutôt au pluriel.

Ce sont des sujets qui sont rarement abordés.

Cependant, dans la langue courante, on rencontre également le singulier.

C'est des sujets qui sont rarement abordés.

185 L'accord du verbe avec un sujet comportant une indication de quantité : *peu, trop...*

• Lorsque les adverbes de quantité ***(beaucoup, peu, trop, assez, moins, tant, autant, combien...)*** sont suivis de ***de***, ils jouent le rôle de déterminants du nom. Si le nom est au pluriel, le verbe s'accorde **au pluriel**.

Beaucoup de réalisateurs utilisent aujourd'hui des effets spéciaux.
Le pluriel est obligatoire.

• Cependant, lorsque l'adverbe ***peu*** est précédé d'un déterminant ***(le peu, ce peu...)***, il devient un nom et peut entraîner l'accord du verbe au singulier. L'accent est mis sur « la petite quantité » et non sur les éléments qui la composent.

Le peu de réalisateurs qui tournent encore en noir et blanc passent pour élitistes.
On veut dire ***les quelques réalisateurs***. Le pluriel est fréquent.

Le peu de réalisateurs qui tourne encore en noir et blanc passe pour élitiste.
On veut dire ***la petite quantité de réalisateurs***. Le singulier est possible.

186 L'accord du verbe avec un sujet comportant un nom collectif

• Lorsqu'un nom collectif ***(la foule, un tas, une multitude, la plupart, la majorité, une dizaine...)*** est suivi d'un groupe nominal au pluriel, le verbe s'accorde au singulier si l'on veut mettre l'accent sur le nom collectif ou au pluriel si l'on veut mettre l'accent sur le groupe nominal.

Une dizaine de spectateurs resta dans la salle.
On veut insister sur la quantité de spectateurs qui reste. Le singulier est possible.

Une dizaine de spectateurs restèrent dans la salle.
On veut insister sur l'identité de ceux qui restent. Le pluriel est possible.

187 L'accord du verbe avec un sujet formé à partir d'une fraction ou d'un pourcentage

• Lorsqu'un nom de fraction au singulier ***(la moitié, un tiers, un quart...)*** est suivi d'un groupe nominal au pluriel, le verbe s'accorde avec ce groupe nominal au **pluriel**. Cependant, si l'on veut mettre l'accent sur le nom de fraction, le verbe s'accorde au singulier.

La moitié des invités sont partis avant minuit.
Le pluriel est le plus courant.

La moitié des invités est partie avant minuit.
Le singulier est possible.

• Lorsqu'un nom de fraction au pluriel ***(les deux tiers, les trois quarts, les quatre cinquièmes...)*** est complété par un groupe nominal au singulier, le verbe s'accorde en général au **pluriel**. L'accord du verbe au singulier est admis lorsque l'on ne cherche pas à mettre l'accent sur la proportion exacte.

Les deux tiers de notre lectorat sont des femmes.
Le pluriel est le plus courant.

90 % de notre lectorat est féminin.
Le singulier est possible.

188 L'accord de *vive, soit, qu'importe, peu importe, reste...*

• Certains verbes, comme ***vive, soit, qu'importe, reste*** sont utilisés en tête de phrase dans des expressions figées. Ils peuvent s'accorder avec leur sujet ou rester invariables.

Qu'importe / Qu'importent les reproches qu'on pourra me faire.
Le verbe figure dans une expression figée en tête de phrase : on peut l'accorder ou non.

Il me demande si les reproches qu'on pourra me faire m'importent.
Le verbe n'est pas employé dans une expression figée : l'accord est obligatoire.

REMARQUE

En tête de phrase, *soit* (au sens de *supposons*) et *vive* (au sens de *honneur à*) ne sont plus considérés comme des verbes et ils sont rarement accordés.

Vive les vacances !

Soit deux segments AB et CD.

LE VERBE A PLUSIEURS SUJETS

189 L'accord du verbe avec plusieurs sujets qui sont de la même personne

• Lorsque le verbe a plusieurs sujets de la même personne, il s'accorde au **pluriel** de cette personne.

La boulangerie, la boucherie et le bar-tabac maintiennent une vie dans le village.

• Quand plusieurs sujets sont repris ou annoncés par un pronom indéfini (***rien, personne, tout,*** etc.), le verbe s'accorde avec ce pronom.

Boulanger, boucher, buraliste, chacun contribuait à la vie du village.

190 L'accord du verbe avec plusieurs sujets qui ne sont pas de la même personne

• Si les sujets du verbe ne sont pas tous de la même personne, on applique les règles suivantes :
– la première personne l'emporte sur les deux autres ;

Toi et moi avions toujours rêvé de faire le tour du monde.

– la deuxième personne l'emporte sur la troisième.

Toi et ton frère avez toujours rêvé de faire le tour du monde.

191 L'accord du verbe avec des sujets coordonnés par *ou* ou par *ni*

• Avec des sujets coordonnés par ***ou*** ou par ***ni***, l'accord du verbe au pluriel est le plus fréquent, mais l'accord au singulier est également admis. L'accord au singulier se justifie en particulier lorsque ***ou*** est exclusif, c'est-à-dire lorsqu'un des deux sujets exclut l'autre.

Un médecin ou une infirmière vous recevront.
L'accord au pluriel est le plus fréquent.

Le médecin ou une infirmière vous remettra votre dossier.
Soit le médecin, soit une infirmière remettra le dossier, mais pas les deux. *Ou* est exclusif ; l'accord au singulier est possible.

192 L'accord du verbe avec des sujets qui désignent une même réalité

• Lorsque le verbe a plusieurs sujets et que ces sujets désignent la même personne ou la même chose, c'est la règle générale qui s'applique et l'accord se fait au **pluriel**.

La satisfaction, la fierté, l'orgueil se lisent sur son visage.

• Lorsque, pour des raisons stylistiques, on cherche à souligner que les sujets ne renvoient qu'à une seule et même réalité, l'accord se fait au **singulier**.

La satisfaction, la fierté, l'orgueil se lit sur son visage.

L'énumération vise à préciser la nature du sentiment : l'accord au singulier met en valeur le procédé stylistique de la gradation.

193 L'accord du verbe avec un seul ou plusieurs sujets ? Le cas des expressions unies par *comme, ainsi que...*

• Lorsque les conjonctions ***comme, ainsi que, autant que*** expriment une **comparaison d'égalité**, elles n'entraînent pas l'accord au pluriel.

Son mari, comme beaucoup de jeunes cadres, fait de sa carrière une priorité.

Le mot ***comme*** sert à comparer ***son mari*** et ***beaucoup de jeunes cadres***. Le sujet du verbe est ***son mari*** : l'accord se fait au singulier.

• Lorsque ***comme, ainsi que, autant que*** sont l'équivalent d'une conjonction de coordination reliant deux sujets, le verbe s'accorde au pluriel.

Sa femme comme son fils aimeraient le voir travailler moins.

On comprend ***sa femme et son fils*** : l'accord se fait au pluriel.

Accorder le participe passé

Le participe passé est un mot qui varie en genre et en nombre sous certaines conditions.

LE PARTICIPE PASSÉ EMPLOYÉ SEUL

194 Le participe passé employé sans auxiliaire

• Le participe passé relève à la fois de la catégorie du verbe et de celle de l'adjectif. Employé sans auxiliaire, il **s'accorde comme un adjectif**, et reçoit donc les marques de genre et de nombre du nom, du groupe nominal ou du pronom dont il dépend. Cette règle est valable quelle que soit la fonction du participe passé (épithète, apposé, attribut).

Ils vivent dans une maison construite sur pilotis.
épithète

Arrivées en retard, elles ont trouvé porte close.
apposé (ou épithète détachée)

Les joueurs semblent fatigués par les efforts des premiers jours.
attribut (du sujet)

195 L'accord du participe passé dans les expressions *ci-joint, ci-inclus, ci-annexé...*

Il est fréquent que, dans ces expressions, le participe passé ne s'accorde pas.

Ci-joint, ci-inclus, ci-annexé

• Les participes passés *ci-joint, ci-inclus* et *ci-annexé* sont **invariables** quand ils sont placés en tête d'une phrase nominale ou devant un nom **sans déterminant**. Ils fonctionnent alors comme des adverbes.

Ci-joint les documents de l'entreprise.

• Ces participes passés redeviennent **variables** :
– quand, placés après un nom **avec déterminant**, ils sont épithètes de ce nom ;

Veuillez observer les documents ci-joints. **(épithète)**

– quand ils sont attributs du sujet.

Les documents sont ci-joints. **(attribut du sujet)**

• Dans les autres constructions, on est libre d'accorder ou non le participe passé.

Veuillez trouver ci-joint / ci-joints les documents.

L'expression ***ci-joint*** est traitée soit comme un adverbe, soit comme un adjectif : ***ci-joints*** accordé au pluriel est attribut du COD ***les documents***.

Vu, attendu, excepté, compris, non compris

• Les participes passés ***vu, attendu, excepté, compris, non compris*** sont **invariables** quand, placés devant un mot ou un groupe de mots, ils fonctionnent comme des prépositions.

Toutes les maisons ont été détruites, excepté celle de Pierre.

Le participe passé ***excepté*** a ici le sens de la préposition ***sauf***.

• Placés après le mot ou le groupe de mots, ces participes passés **s'accordent**.

Toutes les maisons ont été détruites, celle de Pierre exceptée.

Étant donné, passé, mis à part

• Le participe passé ***étant donné*** est en général **invariable** quand il précède le mot ou le groupe de mots.

Étant donné les problèmes de circulation, il est conseillé d'utiliser les transports en commun.

• Les participes passés ***mis à part*** et ***passé*** peuvent rester **invariables ou s'accorder** quand ils précèdent le mot ou le groupe de mots.

Mis à part celle de Pierre, toutes les maisons sont détruites.

Mise à part celle de Pierre, toutes les maisons sont détruites.

• Placé après le mot ou le groupe de mots, le participe passé **s'accorde**.

Celle de Pierre mise à part, toutes les maisons sont détruites.

LE PARTICIPE PASSÉ EMPLOYÉ AVEC UN AUXILIAIRE : RÈGLES GÉNÉRALES

196 Le participe passé conjugué avec l'auxiliaire *être*

• Le participe passé conjugué avec l'auxiliaire ***être*** **s'accorde en genre et en nombre avec le sujet**, aussi bien à la voix active qu'à la voix passive.

Des astéroïdes sont tombés sur la Terre. (voix active)

Des restrictions sont imposées par le gouvernement. (voix passive)

• Le participe passé d'un verbe pronominal ne s'accorde pas toujours avec le sujet. → 198-200.

197 Le participe passé conjugué avec l'auxiliaire *avoir*

• Le participe passé conjugué avec l'auxiliaire ***avoir*** **ne s'accorde pas avec le sujet**.

Ils ont acheté une belle maison.

• Le participe passé **s'accorde avec le COD** quand celui-ci est placé avant lui.

La maison qu'ils ont achetée domine la mer.

Le pronom relatif ***qu'*** représente ***la maison***, et le participe passé ***achetée***, en conséquence, reçoit la marque ***-e*** du féminin.

Le COD est le pronom personnel *l'*

• Le COD placé avant le participe passé peut être un **pronom personnel**.

Leur maison, ils l'ont construite sur une colline.

Le participe passé ***construite*** s'accorde avec le pronom personnel ***l'*** représentant ***leur maison***.

• Le participe passé reste au masculin singulier quand le pronom *l'*, mis pour *le* à valeur de neutre, équivaut à une **proposition**.

La journée s'est passée comme on l'avait prévu.

Le pronom COD ***l'*** ne renvoie pas uniquement à ***la journée***, mais à l'idée que cette journée se passerait d'une certaine manière : ***comme on l'avait prévu*** signifie ***comme on avait prévu qu'elle se passerait***.

Le COD est le pronom *en*

• Quand le COD est le pronom *en*, le participe passé **ne s'accorde pas**, car *en* renvoie à un ensemble indistinct et imprécis de personnes ou de choses.

Des gens, il en a vu, au cours de ses voyages !

Le pronom ***en*** est bien COD de ***a vu*** et il représente ***des gens***, mais c'est un ensemble vague d'individus qui est visé.

LE PARTICIPE PASSÉ DES VERBES PRONOMINAUX

198 Le participe passé des verbes pronominaux : règle générale

Il existe **deux grands types de verbes pronominaux** → 132-137.

• Quand le pronom réfléchi peut être analysé comme un COD ***(se laver = laver soi-même)*** ou un COI ***(se parler = parler à soi-même)***, on applique la règle du participe passé conjugué avec ***avoir***.

• Quand le pronom réfléchi ne peut pas être analysé comme un COD ou un COI ***(se souvenir)***, on applique la règle du participe passé conjugué avec ***être***.

199 Le pronom réfléchi peut être analysé

Le pronom réfléchi peut être analysé comme un COD ou un COI.

Le pronom réfléchi est un COD

• Un verbe tel que *se laver* est une variante de *laver quelqu'un*. En conséquence, la forme composée *s'être lavé(e)(s)* comporte, malgré l'auxiliaire *être*, un COD, le pronom *s'*. Dans ce cas, **le participe passé s'accorde avec ce COD**.

Elle s'est lavée ce matin.

S' est COD. Cette phrase signifie : ***elle a lavé elle-même.***

Le pronom réfléchi est COI

• Un verbe tel que *s'écrire* est une variante de *écrire à quelqu'un*. Le pronom réfléchi *s'* est COI du verbe, et **le participe passé ne s'accorde donc pas avec ce pronom**.

Ils se sont écrit pendant toutes les vacances.

Cette phrase ne signifie pas : ***ils ont écrit eux-mêmes***; elle signifie : ***ils ont écrit à eux-mêmes***, ou ***l'un à l'autre.***

REMARQUES

1. Si le verbe pronominal reçoit un COD et si ce COD est placé avant, le participe passé de ce verbe s'accorde avec ce COD.

Ils relisent les lettres qu'ils se sont écrites.

Le pronom relatif ***qu'***, qui représente ***les lettres***, est COD du verbe pronominal, alors que ***se*** est COI (ou COS) : le participe passé s'accorde avec ***qu'*** et prend donc le pluriel et le genre féminin de ***les lettres***.

2. En revanche, si le COD est placé après le verbe pronominal, le participe passé de ce verbe reste invariable.

Ils se sont envoyé des cartes postales.

Le COD ***des cartes postales*** est placé après le participe passé, qui reste invariable.

200 Le pronom réfléchi ne peut pas être analysé

• Quand le pronom réfléchi ne peut pas être analysé comme un COD ou un COI *(se souvenir, s'échapper)*, le participe passé **s'accorde avec le sujet**.

Elle s'est souvenue de ce concert.

Cette phrase ne signifie pas ⊖ *elle a souvenu elle-même* ou ⊖ *elle a souvenu à elle-même* : le pronom réfléchi ne reçoit aucune fonction. Le participe passé s'accorde donc avec le sujet.

• Quatre verbes font exception : ***se rire, se plaire, se déplaire*** et ***se complaire***. Le participe passé de ces verbes est toujours **invariable**, quel que soit le sens de la construction pronominale.

Ils se sont plu à réécouter tout le disque.

LE PARTICIPE PASSÉ SUIVI D'UN INFINITIF

201 Le participe passé suivi d'un infinitif

• Lorsque le participe passé est suivi d'un infinitif, le COD qui précède peut être COD, non de la forme verbale composée avec ce participe passé, mais de l'infinitif seul. Dans ce cas, le participe passé reste **invariable**.

Voici les mesures que le gouvernement a souhaité prendre.

Le pronom relatif ***que*** est COD, non de ***a souhaité***, mais de ***prendre***.

• En revanche, dès que le COD est COD de la forme composée avec le participe passé, ce participe passé s'accorde avec ce COD.

Les acteurs, qu'on a enfin autorisés à jouer la pièce, ont remporté un vif succès.

Le COD ***qu'***, qui représente ***les acteurs***, est bien COD de ***a autorisés***, et le participe passé s'accorde avec ce COD placé avant lui.

• De même, on écrit différemment :

Cette pièce de théâtre, je l'ai vu jouer une dizaine de fois.

Cette actrice, je l'ai vue jouer une dizaine de fois.

Dans la première phrase, le pronom ***l'***, qui représente ***cette pièce de théâtre***, est interprété comme le COD de ***jouer*** et non de ***ai vu***. Dans la seconde phrase, ***l'***, qui représente ***cette actrice***, est COD du verbe conjugué seul.

202 Le participe passé de *faire* suivi d'un infinitif

• Le participe passé de *faire* suivi d'un infinitif est toujours **invariable**.

Les tartes qu'il a fait préparer sont délicieuses.

Le semi-auxiliaire ***faire*** → 113 forme avec l'infinitif une périphrase verbale et le COD ***qu'***, qui représente ***les tartes***, n'est pas COD de ce semi-auxiliaire seul, mais de l'ensemble formé par la périphrase verbale : il n'a pas fait les tartes, il les a ***fait préparer***.

N. ORTH. La réforme de 1990 recommande aussi l'invariabilité de ***laisser*** quand il est employé comme semi-auxiliaire.

Mangez la tarte que vous avez laissé tiédir.

• Quand ***faire*** et ***laisser*** sont employés seuls, la règle d'accord ordinaire s'applique.

Les tartes qu'il a faites sont délicieuses.

AUTRES CAS D'ACCORD DU PARTICIPE PASSÉ

203 Le participe passé des verbes de mesure

• Dans la phrase suivante, le complément n'est pas, malgré les apparences, un COD. Il s'agit d'un complément de mesure. Le participe passé ne s'accorde pas avec ce complément.

La construction de l'école a coûté trois millions d'euros.

Contrairement à un COD, le complément ***trois millions d'euros***, appelé complément de mesure, ne peut devenir le sujet d'une phrase passive (on ne peut pas dire ⊖ *Trois millions d'euros ont été coûtés par la construction de l'école*).

Il faut comparer cette dépense aux trois millions d'euros qu'a coûté la construction de l'école.

• Les verbes de mesure sont ***peser, mesurer, valoir, coûter, durer,*** etc. Avec un sens différent de son sens premier, un verbe de ce type peut recevoir un COD et s'accorder avec ce complément.

Le cinéaste raconte les difficultés que lui a coûtées le tournage du film.

Le verbe ***coûter*** n'a pas son sens propre mais signifie ***causer*** (une difficulté, une peine, un effort, etc.). Le pronom ***que***, qui représente ***les difficultés***, est un COD du verbe et le participe passé s'accorde avec ce COD placé avant lui.

204 Le participe passé des verbes impersonnels et des constructions impersonnelles

• Le participe passé d'un verbe impersonnel ou d'une construction impersonnelle → 116 est toujours **invariable**, même quand il est précédé par un complément qui semble faire fonction de COD.

La chaleur qu'il a fait cet été !

Le pronom relatif ***qu'***, qui représente ***la chaleur***, est un complément de ***a fait*** mais il n'est pas traité comme un COD. La phrase ne signifie pas que quelqu'un a fait quelque chose, puisque le pronom ***il*** ne renvoie à aucun agent précis, mais qu'il s'est produit quelque chose.

205 Index des notions grammaticales

LE RÉPERTOIRE DES VERBES

Comment utiliser le répertoire des verbes ?

Ce répertoire de 9600 verbes recense tous les verbes de la langue française contemporaine, d'un usage courant ou recherché, hors lexiques très spécialisés. Les nouveaux verbes entrés dans les dictionnaires au cours des dernières années y figurent.

La référence au tableau modèle

- Chaque verbe est précédé d'un numéro en bleu : celui du tableau modèle sur lequel se forme sa conjugaison. Ce numéro renvoie à la première partie de ce livre.
- Les 104 verbes modèles apparaissent dans la liste sur un fond jaune.

5	s'acharner	**P**
3	acheminer	**T**
5	s'acheminer	**P**
23	acheter	**T**
23	s'acheter	**P**
19	achever	**T**
19	s'achever	**P**

Informations et abréviations

La construction du verbe

Chaque verbe est suivi d'indications en rose : **T** indique que le verbe est transitif direct, **Ti** qu'il est transitif indirect, **I** qu'il est intransitif.

REMARQUE Il est en fait fréquent qu'un verbe ait des constructions différentes. Le verbe *cuire* dans *Le rôti cuit* est un verbe intransitif, mais il devient transitif direct dans *Marie cuit le rôti* : *cuire* est donc marqué **T, I**.

Les verbes pronominaux

- Ne sont recensées que les constructions pronominales les plus fréquentes.
- Les verbes essentiellement pronominaux sont marqués **Esp** ; les constructions pronominales sont simplement marquées **P**.
- Pour tous ces verbes, le tableau cité en référence est celui du verbe non pronominal présentant les mêmes particularités morphologiques, sauf pour les verbes du premier groupe du type *aimer* pour lesquels le tableau de référence est celui des verbes pronominaux → tableau 5.

Les autres abréviations

Informations en rose

D verbe dont la conjugaison est défective

imp. verbe impersonnel ou qui s'emploie fréquemment à la forme impersonnelle

Informations en noir

afr africanisme
belg belgicisme
québ québécisme

Informations en violet

être verbe qui se conjugue, aux temps composés, avec l'auxiliaire *être*
être ou *avoir* verbe qui peut se conjuguer, aux temps composés, avec les deux auxiliaires

cond. conditionnel
impft imparfait
ind. indicatif
inf. infinitif
part. participe
p. p. participe passé
pers. personne
sing. singulier
subj. subjonctif

Les dictionnaires utilisés

Pour l'inventaire des verbes, ont été utilisés les dictionnaires suivants :

Dictionnaires généraux

- *le Trésor de la langue française.*
- *le Littré.*
- *le Dictionnaire général de la langue française.*
- *le Grand Larousse.*
- *le Grand Robert.*

Dictionnaires spécialisés

- *Belgicismes. Inventaire des particularités lexicales du français en Belgique*, Duculot, 1994.
- *Dictionnaire de l'argot*, Larousse, 1995.
- *Dictionnaire du français non conventionnel*, Jacques Cellard et Alain Rey, Hachette, 1991.
- *Inventaire des particularités lexicales du français en Afrique noire*, Édicef-Aupelf, 1988.

A

3 abaisser .... T
5 s'abaisser .... P
3 abandonner .... T
5 s'abandonner .... P
6 abasourdir .... T
6 abâtardir .... T
6 s'abâtardir .... P
93 abattre .... T
93 s'abattre .... P
14 abcéder I
11 abdiquer .... T
3 aberrer I
6 abêtir .... T
6 s'abêtir .... P
3 abhorrer .... T
3 abîmer .... T
5 s'abîmer .... P
3 abjurer .... T
3 ablater .... T
5 s'ablater .... P
11 abloquer .... T
6 abolir .... T
3 abomber afr I
3 abominer .... T
3 abonder I
3 abonner .... T
5 s'abonner .... P
6 abonnir .... T
6 s'abonnir .... P
3 aborder .... I, T
5 s'aborder .... P
3 aboucher .... T
5 s'aboucher .... P
3 abouler .... I, T
5 s'abouler .... P
3 abouter .... T
6 aboutir .... I, Ti
être ou *avoir*
27 aboyer .... I, T
3 abraser .... T
18 abréger .... T
18 s'abréger .... P
3 abreuver .... T
5 s'abreuver .... P
3 abricoter .... T
3 abriter .... T
5 s'abriter .... P
13 abroger .... T
6 abrutir .... T
6 s'abrutir .... P
5 s'absenter .... Esp
3 absorber .... T
5 s'absorber .... P
91 absoudre .... T
39 s'abstenir .... Esp
69 abstraire .... T, D
pas de passé simple
ni de subj. impft
69 s'abstraire .... P
3 abuser .... T, Ti
5 s'abuser .... P
5 s'acagnarder .... Esp
3 accabler .... T
3 accaparer .... T
5 s'accaparer .... P
9 accastiller .... T
14 accéder .... Ti
14 accélérer .... T
14 s'accélérer .... P
7 accentuer .... T
7 s'accentuer .... P
3 accepter .... T, Ti
5 s'accepter .... P
3 accessoiriser .... T
3 accidenter .... T
3 acclamer .... T
3 acclimater .... T
5 s'acclimater .... P
5 s'accointer .... Esp
5 s'accoler .... Esp
3 accommoder .... T
5 s'accommoder .... P
9 accompagner .... T
9 s'accompagner .... P
6 accomplir .... T
6 s'accomplir .... P
3 accorder .... T
5 s'accorder .... P
3 accorer .... T
3 accoster .... T
5 s'accoster .... P
3 accoter .... T
5 s'accoter .... P
3 accoucher .... T, Ti
être ou *avoir*
5 s'accouder .... Esp
7 accouer .... T
3 accoupler .... T
5 s'accoupler .... P
6 accourcir .... T
32 accourir I
être ou *avoir*
3 accoutrer .... T
5 s'accoutrer .... P
3 accoutumer .... T
5 s'accoutumer .... P
3 accréditer .... T
5 s'accréditer .... P
3 accrocher .... T
5 s'accrocher .... P
accroire .... T, D
seulement à l'infinitif
100 accroître .... T
être ou *avoir*
100 s'accroître .... P
6 s'accroupir .... Esp
43 accueillir .... T
3 acculer .... T
3 acculturer .... T
3 accumuler .... T
5 s'accumuler .... P

T : transitif direct **Ti :** transitif indirect **I :** intransitif **Esp :** verbe essentiellement pronominal
P : construction pronominale **imp. :** impersonnel **D :** défectif

3 accuser **T**
5 s'accuser **P**
3 acenser **T**
14 acérer **T**
8 acétifier **T**
3 acétyler **T**
3 achalander **T**
3 achaler québ **T**
3 acharner **T**
5 s'acharner **P**
3 acheminer **T**
5 s'acheminer **P**
23 acheter **T**
23 s'acheter **P**
19 achever **T**
19 s'achever **P**
3 achopper **Ti**
3 achromatiser **T**
8 acidifier **T**
8 s'acidifier **P**
3 aciduler **T**
14 aciérer **T**
20 aciseler **T**
5 s'acoquiner **Esp**
40 acquérir **T**
40 s'acquérir **P**
12 acquiescer **I, Ti**
3 acquitter **T**
5 s'acquitter **P**
3 acter **T**
3 actionner **T**
3 activer **T**
5 s'activer **P**
3 actualiser **T**
3 adapter **T**
5 s'adapter **P**
3 additionner **T**
5 s'additionner **P**
14 adhérer **Ti**
adirer **T, D**
seulement à l'infinitif
et au p. p. : *adiré*
77 s'adire belg **Esp**
3 adjectiver **T**
3 adjectiviser **T**
88 adjoindre **T**
88 s'adjoindre **P**
13 adjuger **T**
13 s'adjuger **P**
3 adjurer **T**
94 admettre **T**
3 administrer **T**
5 s'administrer **P**
3 admirer **T**
5 s'admirer **P**
3 admonester **T**
5 s'adoniser **Esp**
3 adonner **I**
5 s'adonner **P**
3 adopter **T**
3 adorer **T**
5 s'adorer **P**
3 adosser **T**
5 s'adosser **P**
3 adouber **T**
6 adoucir **T**
6 s'adoucir **P**
3 adresser **T**
5 s'adresser **P**
3 adsorber **T**
3 aduler **T**
14 adultérer **T**
39 advenir **I, D**
être, seulement à l'infinitif
et à la 3e personne
3 adverbialiser **T**
14 aérer **T**
14 s'aérer **P**
3 aéroporter **T**
3 affabuler **I, T**
6 affadir **T**
6 s'affadir **P**
6 affaiblir **T**
6 s'affaiblir **P**
5 s'affairer **Esp**
3 affaisser **T**
5 s'affaisser **P**
3 affaler **T**
5 s'affaler **P**
3 affamer **T**
13 afféager **T**
3 affecter **T**
5 s'affecter **P**
3 affectionner **T**
14 afférer **I**
3 affermer **T**
6 affermir **T**
6 s'affermir **P**
3 afficher **T**
5 s'afficher **P**
3 affiler **T**
8 affilier **T**
8 s'affilier **P**
3 affiner **T**
5 s'affiner **P**
3 affirmer **T**
5 s'affirmer **P**
3 affleurer **T, Ti**
13 affliger **T**
13 s'affliger **P**
7 afflouer **T**
7 affluer **I**
3 affoler **T**
5 s'affoler **P**
13 affouager **T**
9 affouiller **T**
3 affourcher **T**
13 affour(r)ager **T**
6 affranchir **T**
6 s'affranchir **P**
14 affréter **T**
3 affriander **T**
3 affricher **T**
3 affrioler **T**

T : transitif direct **Ti :** transitif indirect **I :** intransitif **Esp :** verbe essentiellement pronominal
P : construction pronominale **imp. :** impersonnel **D :** défectif

3	affriter	T
3	affronter	T
5	s'affronter	P
3	affruiter	I, T
3	affubler	T
5	s'affubler	P
3	affurer	T
3	affûter	T
3	africaniser	T
12	agacer	T
12	s'agacer	P
12	agencer	T
12	s'agencer	P
9	s'agenouiller	Esp
14	agglomérer	T
14	s'agglomérer	P
3	agglutiner	T
5	s'agglutiner	P
3	aggraver	T
5	s'aggraver	P
3	agioter	I
6	agir	I
6	s'agir	P, imp.
3	agiter	T
5	s'agiter	P
21	agneler	I
6	agonir	T
3	agoniser	I
3	agrafer	T
6	agrandir	T
6	s'agrandir	P
10	agréer	T, Ti
18	agréger	T
18	s'agréger	P
3	agrémenter	T
3	agresser	T
3	agricher	T
5	s'agriffer	Esp
3	agripper	T
5	s'agripper	P
6	aguerrir	T
6	s'aguerrir	P
3	aguicher	T
3	ahaner	I
5	s'aheurter	Esp
6	ahurir	T
3	aicher	T
3	aider	T, Ti
5	s'aider	P
6	aigrir	I, T
6	s'aigrir	P
9	aiguiller	T
24	aiguilleter	T
3	aiguillonner	T
3	aiguiser	T
5	s'aiguiser	P
9	ailler	T
3	aimanter	T
5	s'aimanter	P
3	aimer	T
5	s'aimer	P
3	airer	I
3	ajointer	T
3	ajourer	T
3	ajourner	T
3	ajouter	T, Ti
5	s'ajouter	P
3	ajuster	T
5	s'ajuster	P
11	alambiquer	T
6	alanguir	T
6	s'alanguir	P
3	alarmer	T
5	s'alarmer	P
3	alcaliniser	T
3	alcaliser	T
3	alcooliser	T
5	s'alcooliser	P
6	alentir	T
3	alerter	T
14	aléser	T
3	aleviner	T
14	aliéner	T
14	s'aliéner	P
9	aligner	T
9	s'aligner	P
3	alimenter	T
5	s'alimenter	P
3	aliter	T
5	s'aliter	P
3	allaiter	T
14	allécher	T
18	alléger	T
6	allégir	T
3	allégoriser	T
16	alléguer	T
31	aller *être*	I
31	s'en aller	P
8	allier	T
8	s'allier	P
13	allonger	I, T
13	s'allonger	P
7	allouer	T
3	allumer	T
5	s'allumer	P
3	alluvionner	I
6	alourdir	T
6	s'alourdir	P
11	alpaguer	T
3	alphabétiser	T
14	altérer	T
14	s'altérer	P
3	alterner	I, T
3	aluminer	T
3	aluner	T
6	alunir *être* ou *avoir*	I
7	amadouer	T
6	amaigrir	T
6	s'amaigrir	P
3	amalgamer	T
5	s'amalgamer	P

T : transitif direct **Ti :** transitif indirect **I :** intransitif **Esp :** verbe essentiellement pronominal
P : construction pronominale **imp. :** impersonnel **D :** défectif

3 amariner .... T
5 s'amariner .... P
3 amarrer .... T
5 s'amarrer .... P
3 amasser .... T
6 amatir .... T
12 ambiancer [afr] I
8 s'ambifier [afr] .... Esp
3 ambitionner .... T
3 ambler I
3 ambrer .... T
3 améliorer .... T
5 s'améliorer .... P
13 aménager .... T
3 amender .... T
5 s'amender .... P
19 amener .... T
19 s'amener .... P
3 amenuiser .... T
5 s'amenuiser .... P
3 américaniser .... T
5 s'américaniser .... P
6 amerrir I
être ou *avoir*
6 ameublir .... T
3 ameuter .... T
3 amidonner .... T
6 amincir .... I, T
6 s'amincir .... P
3 aminer [belg] I
8 amnistier .... T
3 amocher .... T
5 s'amocher .... P
8 amodier .... T
6 amoindrir .... T
6 s'amoindrir .... P
6 amollir .... T
6 s'amollir .... P
21 amonceler .... T
21 s'amonceler .... P
12 amorcer .... T

12 s'amorcer .... P
12 amordancer .... T
6 amortir .... T
6 s'amortir .... P
5 s'amouracher .... Esp
3 amourer [afr] .... T
8 amplifier .... T
8 s'amplifier .... P
3 amputer .... T
6 s'amuïr .... Esp
3 amurer .... T
3 amuser .... T
5 s'amuser .... P
8 analgésier .... T
3 analyser .... T
5 s'analyser .... P
3 anastomoser .... T
5 s'anastomoser .... P
3 anathématiser .... T
3 ancrer .... T
5 s'ancrer .... P
6 anéantir .... T
6 s'anéantir .... P
8 anémier .... T
8 anesthésier .... T
3 anglaiser .... T
3 angliciser .... T
3 angoisser .... I, T
5 s'angoisser .... P
14 anhéler I
3 animaliser .... T
3 animer .... T
5 s'animer .... P
3 aniser .... T
3 ankyloser .... T
5 s'ankyloser .... P
21 anneler .... T
3 annexer .... T
5 s'annexer .... P
3 annihiler .... T
5 s'annihiler .... P

12 annoncer .... T
12 s'annoncer .... P
3 annoter .... T
3 annualiser .... T
3 annuler .... T
5 s'annuler .... P
6 anoblir .... T
3 anodiser .... T
3 ânonner .... T
3 anonymiser .... T
6 anordir I
3 antéposer .... T
3 anticiper .... I, T, Ti
3 antidater .... T
3 aoûter .... T
3 apaiser .... T
5 s'apaiser .... P
13 apanager .... T
3 apatamer [afr] I
48 apercevoir .... T
48 s'apercevoir .... P
3 apeurer .... T
11 apiquer .... T
27 apitoyer .... T
27 s'apitoyer .... P
6 aplanir .... T
6 s'aplanir .... P
6 aplatir .... T
6 s'aplatir .... P
3 aplomber [québ] .... T
5 s'aplomber [québ] .... P
8 apostasier I
3 aposter .... T
9 apostiller .... T
3 apostropher .... T
3 appairer .... T
96 apparaître I
être ou *avoir*
9 appareiller .... I, T
9 s'appareiller .... P
3 apparenter .... T

T : transitif direct **Ti :** transitif indirect **I :** intransitif **Esp :** verbe essentiellement pronominal
P : construction pronominale **imp. :** impersonnel **D :** défectif

5 s'apparenter .... P
8 apparier .... T
8 s'apparier .... P
apparoir .... I, D
seulement à l'infinitif
et à la 3e pers. du singulier
de l'ind. présent : *il appert*
39 appartenir .... Ti
39 s'appartenir .... P
3 appâter .... T
6 appauvrir .... T
6 s'appauvrir .... P
21 appeler .... T, Ti
21 s'appeler .... P
83 appendre .... T
appert/apparoir
3 appertiser .... T
6 appesantir .... T
6 s'appesantir .... P
14 appéter .... T
6 applaudir .... T, Ti
6 s'applaudir .... P
11 appliquer .... T
11 s'appliquer .... P
3 appointer .... T
6 appointir .... T
3 apponter I
3 apporter .... T
3 apposer .... T
8 apprécier .... T
8 s'apprécier .... P
3 appréhender .... T
84 apprendre .... T
84 s'apprendre .... P
3 apprêter .... T
5 s'apprêter .... P
3 apprivoiser .... T
5 s'apprivoiser .... P
3 approcher .... I, T, Ti
5 s'approcher .... P
6 approfondir .... T
6 s'approfondir .... P
8 approprier .... T
8 s'approprier .... P
3 approuver .... T
5 s'approuver .... P
3 approvisionner .... T
5 s'approvisionner .... P
26 appuyer .... I, T
26 s'appuyer .... P
3 apurer .... T
13 aquiger I
3 arabiser .... T
3 araser .... T
3 arbitrer .... T
3 arborer .... T
3 arboriser I
3 arc-bouter .... T
5 s'arc-bouter .... P
3 archaïser I
3 architecturer .... T
3 archiver .... T
3 arçonner .... T
3 ardoiser .... T
3 aréner I
3 argenter .... T
3 argotiser I
9 argougner .... T
11 arguer .... T, Ti
3 argumenter I
3 ariser .... T
3 armer .... T
5 s'armer .... P
8 armorier .... T
11 arnaquer .... T
3 aromatiser .... T
18 arpéger .... T
3 arpenter .... T
9 arpigner .... T
3 arquebuser .... T
12 arquepincer .... T
11 arquer .... I, T
11 s'arquer .... P
3 arracher .... T
5 s'arracher .... P
3 arraisonner .... T
13 arranger .... T
13 s'arranger .... P
3 arrenter .... T
13 arrérager I
13 s'arrérager .... P
3 arrêter .... I, T
5 s'arrêter .... P
14 arriérer .... T
3 arrimer .... T
5 s'arrimer .... P
3 arriser .... T
3 arriver I
être
13 s'arroger .... Esp
6 arrondir .... T
6 s'arrondir .... P
3 arroser .... T
5 s'arroser .... P
9 s'arsouiller .... Esp
3 articuler .... I, T
5 s'articuler .... P
9 artiller I
3 ascensionner .... T
3 aseptiser .... T
3 aspecter .... T
13 asperger .... T
13 s'asperger .... P
3 asphalter .... T
8 asphyxier .... T
8 s'asphyxier .... P
3 aspirer .... T, Ti
6 assagir .... T
6 s'assagir .... P
44 assaillir .... T
6 assainir .... T
3 assaisonner .... T
3 assarmenter .... T
3 assassiner .... T

T : transitif direct **Ti :** transitif indirect **I :** intransitif **Esp :** verbe essentiellement pronominal
P : construction pronominale **imp. :** impersonnel **D :** défectif

assavoir .... **T, D**
seulement à l'infinitif
14 assécher .... **I, T**
14 s'assécher .... **P**
3 assembler .... **T**
5 s'assembler .... **P**
19 assener .... **T**
14 asséner .... **T**
59/60 asseoir .... **T**
59/60 s'asseoir .... **P**
3 assermenter .... **T**
6 asservir .... **T**
6 s'asservir .... **P**
3 assibiler .... **T**
18 assiéger .... **T**
9 assigner .... **T**
3 assimiler .... **T**
5 s'assimiler .... **P**
3 assister .... **T, Ti**
8 associer .... **T**
8 s'associer .... **P**
3 assoiffer .... **T**
3 assoler .... **T**
6 assombrir .... **T**
6 s'assombrir .... **P**
3 assommer .... **T**
5 s'assommer .... **P**
3 assoner .... **I**
6 assortir .... **T**
6 s'assortir .... **P**
6 assoupir .... **T**
6 s'assoupir .... **P**
6 assouplir .... **T**
6 s'assouplir .... **P**
6 assourdir .... **T**
6 assouvir .... **T**
6 assujettir .... **T**
6 s'assujettir .... **P**
3 assumer .... **T**
5 s'assumer .... **P**
3 assurer .... **I, T**
5 s'assurer .... **P**
3 asticoter .... **T**
11 astiquer .... **T**
86 astreindre .... **T**
86 s'astreindre .... **P**
27 atermoyer .... **I**
3 atomiser .... **T**
5 s'atomiser .... **P**
8 atrophier .... **T**
8 s'atrophier .... **P**
3 attabler .... **T**
5 s'attabler .... **P**
3 attacher .... **T**
5 s'attacher .... **P**
11 attaquer .... **T**
11 s'attaquer .... **P**
5 s'attarder .... **Esp**
86 atteindre .... **T, Ti**
21 atteler .... **T**
21 s'atteler .... **P**
83 attendre .... **T**
83 s'attendre .... **P**
6 attendrir .... **T**
6 s'attendrir .... **P**
39 attenir .... **I, D**
surtout au part. présent *attenant* et parfois à l'imparfait
3 attenter .... **Ti**
7 atténuer .... **T**
7 s'atténuer .... **P**
3 atterrer .... **T**
6 atterrir .... **I, T**
être ou *avoir*
3 attester .... **T**
6 attiédir .... **T**
6 s'attiédir .... **P**
3 attifer .... **T**
5 s'attifer .... **P**
13 attiger .... **T**
3 attirer .... **T**
5 s'attirer .... **P**
3 attiser .... **T**
3 attitrer .... **T**
3 attraper .... **T**
5 s'attraper .... **P**
7 attribuer .... **T**
7 s'attribuer .... **P**
11 attriquer .... **T**
3 attrister .... **T**
5 s'attrister .... **P**
3 attrouper .... **T**
5 s'attrouper .... **P**
3 auditer .... **T**
3 auditionner .... **I, T**
3 augmenter .... **I, T**
être ou *avoir*
5 s'augmenter .... **P**
3 augurer .... **T**
3 aumôner .... **T**
3 auner .... **T**
3 auréoler .... **T**
5 s'auréoler .... **P**
8 aurifier .... **T**
3 ausculter .... **T**
8 authentifier .... **T**
11 authentiquer .... **T**
5 s'autoanalyser .... **Esp**
5 s'autocensurer .... **Esp**
74 s'autodétruire .... **Esp**
5 s'autodéterminer .... **Esp**
5 s'autoéditer .... **Esp**
12 autofinancer .... **T**
12 s'autofinancer .... **P**
5 s'autoflageller .... **Esp**
8 autographier .... **T**
5 s'autoguider .... **Esp**
5 s'autolimiter .... **Esp**
3 automatiser .... **T**
5 s'automutiler .... **Esp**
5 s'autoproclamer .... **Esp**
74 s'autoproduire .... **Esp**
8 autopsier .... **T**

T : transitif direct **Ti :** transitif indirect **I :** intransitif **Esp :** verbe essentiellement pronominal
P : construction pronominale **imp. :** impersonnel **D :** défectif

5 s'autoréguler .... **Esp**
3 autoriser .... **T**
5 s'autoriser .... **P**
5 s'autosuggestionner **Esp**
5 s'autotomiser .... **Esp**
6 avachir .... **T**
6 s'avachir .... **P**
3 avaler .... **T**
3 avaliser .... **T**
12 avancer .... **I, T**
12 s'avancer .... **P**
13 avantager .... **T**
8 avarier .... **T**
8 s'avarier .... **P**
86 aveindre .... **T**
39 avenir .... **I, Ti, D**
seulement au part. présent et à la 3e pers. du singulier
3 aventurer .... **T**
5 s'aventurer .... **P**
14 avérer .... **T**
14 s'avérer .... **P**
6 avertir .... **T**
3 aveugler .... **T**
5 s'aveugler .... **P**
6 aveulir .... **T**
6 s'aveulir .... **P**
6 avilir .... **T**
6 s'avilir .... **P**
3 aviner .... **T**
3 aviser .... **T, Ti**
5 s'aviser .... **P**
9 avitailler .... **T**
9 s'avitailler .... **P**
3 aviver .... **T**
3 avocasser .... **T**
3 avoiner .... **T**
2 avoir .... **T**
3 avoisiner .... **T**
3 avorter .... **I, T**
être ou *avoir*
7 avouer .... **T**
7 s'avouer .... **P**
27 avoyer .... **T**
3 axer .... **T**
3 axiomatiser .... **T**
3 azimuter .... **T**
3 azimuther .... **T**
3 azurer .... **T**

B

21 babeler belg .... **I**
9 babiller .... **I**
3 bâcher .... **T**
3 bachoter .... **I**
3 bâcler .... **T**
3 bader .... **I, T**
3 badigeonner .... **T**
5 se badigeonner .... **P**
3 badiner .... **I**
3 baffer .... **T**
7 bafouer .... **T**
9 bafouiller .... **T**
3 bâfrer .... **T**
3 bagarrer .... **I**
5 se bagarrer .... **P**
3 bagoter .... **I**
3 bagotter .... **I**
3 bagouler .... **I**
3 baguenauder .... **I**
11 baguer .... **T**
9 baigner .... **T**
9 se baigner .... **P**
9 bailler .... **T**
la bailler belle
9 bâiller .... **I**
bâiller d'ennui
3 bâillonner .... **T**
3 baiser .... **I, T**
3 baisser .... **I, T**
être ou *avoir*
5 se baisser .... **P**
3 balader .... **T**
5 se balader .... **P**
3 balafrer .... **T**
12 balancer .... **I, T**
12 se balancer .... **P**
11 balanstiquer .... **T**
25 balayer .... **T**
8 balbutier .... **I, T**
3 baleiner .... **T**
3 baligander belg .... **I**
3 baliser .... **I, T**
3 balkaniser .... **T**
5 se balkaniser .... **P**
3 ballaster .... **T**
3 baller .... **I**
3 ballonner .... **T**
3 ballotter .... **I, T**
3 bal(l)uchonner .... **T**
5 se bal(l)uchonner .... **P**
3 balter belg .... **T**
3 bambocher .... **I**
3 banaliser .... **T**
5 se banaliser .... **P**
3 bananer .... **T**
5 se bananer .... **P**
3 bancher .... **T**
3 bander .... **I, T**
5 se bander .... **P**
3 banner .... **T**
6 bannir .... **T**
11 banquer .... **I**
24 banqueter .... **I**
3 baptiser .... **T**
11 baquer belg .... **T**
11 se baquer .... **P**
24 baqueter .... **T**
3 baragouiner .... **I, T**
11 baraquer .... **I, T**
3 baratiner .... **T**
3 baratter .... **T**

T : transitif direct **Ti :** transitif indirect **I :** intransitif **Esp :** verbe essentiellement pronominal
P : construction pronominale **imp. :** impersonnel **D :** défectif

3	barber	T
5	se barber	P
8	barbifier	T
8	se barbifier	P
3	barboter	I, T
9	barbouiller	T
3	barder	T
3	barder *ça barde*	I, imp.
14	baréter	I
9	barguigner	I
3	barioler	T
11	barjaquer	I
11	barloquer [belg]	I
3	baronner	T
3	barouder	I
3	barrer	T
5	se barrer	P
3	barricader	T
5	se barricader	P
6	barrir	I
3	basaner	T
3	basculer	I, T
3	baser	T
5	se baser	P
3	bassiner	T
3	baster	I
3	bastillonner	T
3	bastionner	T
3	bastonner	T
5	se bastonner	P
9	batailler	I
9	se batailler	P
21	bateler	I, T
3	bâter	T
3	batifoler	I
6	bâtir	T
6	se bâtir	P
3	bâtonner	T
93	battre	I, T, Ti
93	se battre	P
13	bauger	I
13	se bauger	P
3	bavarder	I
3	bavasser	I
3	baver	I
3	bavocher	I
25	bayer *bayer aux corneilles*	I
3	bazarder	T
8	béatifier	T
3	bêcher	T
24	bêcheveter	T
3	bécoter	T
5	se bécoter	P
11	becquer	T
24	becqueter	T
3	becter employé surtout à l'infinitif et au participe passé	T, D
3	bedonner	I
10	béer surtout à l'infinitif, à l'ind. imparfait, au part. présent *(béant)* et dans l'expression *bouche bée*	I, D
3	bégaler	T
25	bégayer	I, T
16	béguer [afr]	I
23	bégueter	I
3	bêler	I
3	bel(l)oter	I
3	bémoliser	T
8	bénéficier	TI
6	bénir p. p. : *béni, e, is, ies,* à ne pas confondre avec l'adjectif : *eau bénite*	T
3	benner [belg]	T
16	béquer	T
24	béqueter	T
9	béquiller	I, T
12	bercer	T
12	se bercer	P
3	berdeller [belg]	I, T
3	berlurer	I
5	se berlurer	P
3	berner	T
9	besogner	I, T
8	bêtifier	I, T
3	bêtiser	I
3	bétonner	I, T
3	beugler	I, T
3	beurrer	T
5	se beurrer	P
3	biaiser	I, T
3	bibarder	I
3	bibeloter	I
3	biberonner	I
3	bicher	I
3	bichonner	T
5	se bichonner	P
3	bichoter	I
5	se bider	Esp
3	bidonner	T
5	se bidonner	P
9	bidouiller	T
	bienvenir seulement à l'infinitif et au participe passé	I, D
3	biffer	T
3	biffetonner	I
11	bifurquer	I
3	bigarrer	T
3	bigler	I, T
3	biglouser	I
3	bigophoner	Ti
3	bigorner	T
5	se bigorner	P
3	bigrer [afr]	I
3	bilaner [afr]	I
5	se biler	Esp
3	billebauder	I
9	biller	I, T
3	billonner	T

T : transitif direct **Ti :** transitif indirect **I :** intransitif **Esp :** verbe essentiellement pronominal
P : construction pronominale **imp. :** impersonnel **D :** défectif

11	biloquer	T
5	se biloter	Esp
3	biner	I, T
3	biologiser	T
3	biper	T
11	biquer belg	I
3	biscuiter	T
3	biseauter	T
3	bisegmenter	T
3	biser	I, T
11	bisquer	I
3	bisser	T
3	bistourner	T
3	bistrer	T
3	biter	T
3	bitonner	I
3	bitter	T
3	bitumer	T
3	bituminer	T
5	se bit(t)urer	Esp
11	bivouaquer	I
3	bizuter	T
3	blablater	I
3	blackbouler	T
11	blaguer	I, T, Ti
3	blairer	T
3	blâmer	T
5	se blâmer	P
6	blanchir	I, T
6	se blanchir	P
3	blaser	T
5	se blaser	P
3	blasonner	T
14	blasphémer	I, T
14	blatérer	I
3	bleffer belg	I
6	blêmir	I
14	bléser	I
3	blesser	T
5	se blesser	P
6	blettir	I
6	bleuir	I, T
3	bleuter	T
3	blinder	T
5	se blinder	P
11	blinquer belg	I
3	blobloter	I
11	bloguer	I
6	blondir	I, T
27	blondoyer	I
11	bloquer	T
11	se bloquer	P
6	se blottir	Esp
3	blouser	I, T
3	bluffer	I, T
3	bluter	T
3	blutiner	I
3	bobiner	T
3	bocarder	T
3	boetter	T
73	boire	T
73	se boire	P
3	boiser	T
3	boiter	I
9	boitiller	I
3	bolcheviser	T
3	bombarder	T
3	bomber	I, T
3	bonder	T
3	bondériser	T
6	bondir	I
3	bondonner	T
8	bonifier	T
8	se bonifier	P
3	bonimenter	I
6	bonir	T
6	bonnir	T
3	booster	T
3	boquillonner	I
3	bordéliser	T
3	border	T
3	bordurer	T
3	borgnoter	T
3	borner	T
5	se borner	P
27	bornoyer	T
21	bosseler	T
3	bosser	I, T
7	bossuer	T
3	bostonner	I
3	botaniser	I
21	botteler	T
3	botter	I, T
5	se botter	P
3	bottiner	I, T
3	boubouler	I
3	boucaner	T
3	boucharder	T
3	boucher	T
5	se boucher	P
3	bouchonner	I, T
5	se bouchonner	P
3	boucler	I, T
5	se boucler	P
3	bouder	I, T
5	se bouder	P
3	boudiner	T
3	bouffer	I, T
5	se bouffer	P
6	bouffir	I, T
3	bouffonner	I
13	bouger	I, T
13	se bouger	P
3	bougonner	I, T, Ti
41	bouillir	I, T
3	bouillonner	I, T
3	bouillotter	I
13	boulanger	I, T
3	bouler	I, T
3	bouleverser	T
3	bouliner	T
3	boulocher	I
3	boulonner	I, T

T : transitif direct **Ti :** transitif indirect **I :** intransitif **Esp :** verbe essentiellement pronominal
P : construction pronominale **imp. :** impersonnel **D :** défectif

3 boulotter .... I, T
3 boumer .... I, imp.
ça boume
3 bouquiner .... I, T
3 bourder I
3 bourdonner I
3 bourgeonner I
11 bourlinguer I
21 bourreler .... T
3 bourrer .... I, T
5 se bourrer .... P
3 boursicoter I
3 boursouf(f)ler .... T
5 se boursouf(f)ler .... P
3 bousculer .... T
5 se bousculer .... P
9 bousiller .... I, T
9 boustifailler I
9 bouteiller [afr] .... T
3 bouter .... T
3 boutonner .... I, T
5 se boutonner .... P
3 bouturer .... T
3 boxer .... I, T
3 boxonner I
5 se boyauter .... Esp
3 boycotter .... T
3 braconner .... T
3 brader .... T
9 brailler .... I, T
9 se brailler [afr] .... P
69 braire .... I, T, D
surtout aux 3es personnes, ind. présent, futur et cond. présent
3 braiser .... T
3 bramer I
3 brancarder .... T
3 brancher .... T
5 se brancher .... P
9 brandiller .... I, T
6 brandir .... T

3 branler .... I, T
3 branlocher .... T
11 braquer .... T
11 se braquer .... P
3 braser .... T
9 brasiller I
3 brasser .... T
25 brasseyer .... T
3 braver .... T
25 brayer .... T
9 bredouiller .... I, T
3 brêler .... T
3 breller .... T
9 brésiller .... I, T
21 bretteler .... T
3 bretter .... T
24 breveter .... T
3 bricoler .... I, T
3 brider .... T
13 bridger I
3 briefer .... T
3 briffer .... T
3 brigander .... I, T
11 briguer .... T
3 brillanter .... T
3 brillantiner .... T
9 briller I
3 brimbaler .... I, T
3 brimer .... T
3 bringuebaler .... I, T
3 brinqueballer .... I, T
3 briocher .... T
11 briquer .... T
24 briqueter .... T
3 briser .... I, T
5 se briser .... P
3 broadcaster .... T
3 brocanter .... I, T
3 brocarder .... T
3 brocher .... T
3 broder .... I, T

3 broncher I
3 bronzer .... I, T
5 se bronzer .... P
3 broquanter .... I, T
11 broquer [belg] I
3 brosser .... I, T
5 se brosser .... P
3 brouetter .... T
3 brouillasser .... I, imp.
il brouillasse
9 brouiller .... T
9 se brouiller .... P
3 brouillonner .... T
3 brouter .... I, T
27 broyer .... T
3 bruiner .... I, imp.
il bruine
6 bruire .... I, D
surtout au part. présent *(bruissant)*, aux 3es personnes de l'ind. présent et impft *(il bruit/ils bruissent ; il bruissait/ils bruissaient)*, au subj. présent *(qu'il bruisse/ qu'ils bruissent)*.
3 bruisser I
3 bruiter .... T
3 brûler .... I, T
5 se brûler .... P
3 brumasser .... I, imp.
il brumasse
3 brumer .... I, imp.
il brume
6 brunir .... I, T
11 brusquer .... T
3 brutaliser .... T
3 bûcher .... I, T
14 budgéter .... T
3 budgétiser .... T
11 buguer I
3 buller I
3 bureaucratiser .... T
5 se bureaucratiser .... P
3 buriner .... T

T : transitif direct **Ti :** transitif indirect **I :** intransitif **Esp :** verbe essentiellement pronominal
P : construction pronominale **imp. :** impersonnel **D :** défectif

3	buser [afr]	T
3	buter	I, T
5	se buter	P
3	butiner	I, T
3	butter	T
3	buvoter	I

C

3	cabaler	I
3	cabaner	T
3	cabiner [afr]	I
3	câbler	T
3	cabosser	T
3	caboter	I
3	cabotiner	I
3	cabrer	T
5	se cabrer	P
3	cabrioler	I
3	cacaber	I
3	cacarder	I
3	cacher	T
5	se cacher	P
24	cacheter	T
3	cachetonner	I
5	se cachetonner	P
3	cadancher	I
3	cadastrer	T
3	cadeauter [afr]	T
3	cadenasser	T
12	cadencer	T
3	cadoter [afr]	T
3	cadrer	I, T
3	cafarder	I, T
3	cafeter	T
9	cafouiller	I
3	cafter	T
3	cagnarder	I
9	cagner	I
11	caguer	I
3	cahoter	I, T
3	caillebotter	T
9	cailler	I, T
9	se cailler	P
24	cailleter	I
3	caillouter	T
3	caïmanter [afr]	T
3	cajoler	T
5	se calaminer	Esp
3	calamistrer	T
3	calancher	I
3	calandrer	T
3	calciner	T
3	calculer	T
3	caler	I, T
5	se caler	P
24	caleter	I
24	se caleter	P
3	calfater	T
3	calfeutrer	T
5	se calfeutrer	P
3	calibrer	T
3	câliner	T
8	calligraphier	T
3	calmer	T
5	se calmer	P
6	calmir	I
8	calomnier	T
13	calorifuger	T
3	calotter	T
11	calquer	T
3	calter	I
5	se calter	P
3	cambrer	T
5	se cambrer	P
3	cambrioler	T
3	cambuter	I, T
3	cameloter	I
14	camembérer [afr]	I
5	se camer	Esp
3	camionner	T
3	camoufler	T
5	se camoufler	P
3	camper *être* ou *avoir*	I, T
5	se camper	P
3	canaliser	T
5	se canaliser	P
3	canarder	I, T
3	cancaner	I
3	cancériser	T
3	candidater	I, T
6	candir	I, T
6	se candir	P
3	caner	I
21	canneler	T
3	canner	I, T
3	cannibaliser	T
3	canoniser	T
3	canonner	T
3	canoter	I
3	cantiner	I
3	cantonner	I, T
5	se cantonner	P
3	canuler	T
3	caoutchouter	T
3	capahuter	T
3	caparaçonner	T
5	se caparaçonner	P
10	capéer	I
21	capeler	T
25	capeyer	I
3	capitaliser	T
3	capitonner	T
5	se capitonner	P
3	capituler	I
3	caponner	I
3	caporaliser	T
3	capoter	I, T
3	capsuler	T
3	capter	T
3	captiver	T
3	capturer	T

T : transitif direct **Ti :** transitif indirect **I :** intransitif **Esp :** verbe essentiellement pronominal
P : construction pronominale **imp. :** impersonnel **D :** défectif

3	capuchonner	**T**
11	caquer	**T**
24	caqueter	**I**
3	caracoler	**I**
3	caractériser	**T**
5	se caractériser	**P**
3	carafer	**T**
3	caramboler	**I, T**
5	se caramboler	**P**
3	caraméliser	**I, T**
5	se caraméliser	**P**
5	se carapater	**Esp**
3	carbonater	**T**
3	carboniser	**T**
3	carburer	**I, T**
9	carcailler	**I**
3	carder	**T**
12	carencer	**T**
14	caréner	**I, T**
3	carer	**T**
3	caresser	**T**
5	se caresser	**P**
11	carguer	**T**
3	caricaturer	**T**
8	carier	**T**
8	se carier	**P**
3	carillonner	**I, T**
3	carmer	**T**
3	carminer	**T**
8	se carnifier	**Esp**
3	carotter	**I, T**
21	carreler	**T**
3	carrer	**T**
5	se carrer	**P**
3	carrosser	**T**
3	caroubler	**T**
27	carroyer	**T**
3	carter	**T**
8	cartographier	**T**
3	cartonner	**I, T**
3	cartoucher [afr]	**I**
3	cascader	**I**
8	caséifier	**T**
3	casemater	**T**
3	caser	**T**
5	se caser	**P**
3	caserner	**T**
11	casquer	**I, T**
3	casse-croûter	**I**
3	casser	**I, T**
5	se casser	**P**
9	castagner	**I, T**
9	se castagner	**P**
3	castrer	**T**
11	cataloguer	**T**
3	catalyser	**T**
3	catapulter	**T**
3	catastropher	**T**
3	catcher	**I**
3	catéchiser	**T**
3	catiner [québ]	**I, T**
6	catir	**T**
3	cauchemarder	**I**
3	causer	**I, T**
3	cautériser	**T**
3	cautionner	**T**
3	cavacher [afr]	**I**
3	cavalcader	**I**
3	cavaler	**I, T**
5	se cavaler	**P**
3	caver	**T**
5	se caver	**P**
3	caviarder	**T**
14	céder	**T, Ti**
3	cégotter [afr]	**T**
86	ceindre	**T**
86	se ceindre	**P**
3	ceinturer	**T**
14	célébrer	**T**
14	se célébrer	**P**
20	celer	**T**
3	cémenter	**T**
3	cendrer	**T**
3	censurer	**T**
3	center [afr]	**T**
3	centraliser	**T**
3	centrer	**T**
13	centrifuger	**T**
3	centupler	**I, T**
3	cercler	**T**
3	cerner	**T**
8	certifier	**T**
3	césariser	**T**
3	cesser	**I, T, Ti**
3	chabler	**T**
3	chagriner	**T**
3	chahuter	**I, T**
3	chaîner	**T**
13	challenger	**T**
	chaloir surtout à la 3e personne du sing. de l'ind. présent *(peu lui chaut)*	**D**
3	chalouper	**I**
9	se chamailler	**Esp**
3	chamarrer	**T**
3	chambarder	**T**
3	chambouler	**T**
3	chambrer	**T**
3	chameauser [afr]	**I**
3	chamoiser	**T**
3	champagniser	**T**
19	champlever	**T**
21	chanceler	**I**
11	chancetiquer	**I**
6	chancir	**I**
3	chanfreiner	**T**
13	changer *être* ou *avoir*	**I, T, Ti**
13	se changer	**P**
3	chansonner	**T**
11	chanstiquer	**I, T**
3	chanter	**I, T**
5	se chanter	**P**

T : transitif direct **Ti :** transitif indirect **I :** intransitif **Esp :** verbe essentiellement pronominal
P : construction pronominale **imp. :** impersonnel **D :** défectif

3 chantonner T
3 chantourner T
3 chaparder T
3 chapeauter T
21 chapeler T
3 chaperonner T
3 chapitrer T
3 chaponner T
3 chaptaliser T
3 charbonner I, T
3 charcuter T
5 se charcuter P
13 charger I, T
13 se charger P
3 chariboter I
3 charlater [afr] I
3 charmer T
3 charpenter T
8 charrier I, T
27 charroyer T
3 chartériser T
3 chasser I, T
9 châtaigner I
8 châtier T
3 chatonner I
9 chatouiller T
27 chatoyer I
3 châtrer T
3 chauffer I, T
5 se chauffer P
3 chauler T
3 chaumer I, T
3 chausser T
5 se chausser P
6 chauvir I
3 chavirer I, T
être ou *avoir*
3 chawer I
11 chelinguer I
3 cheminer I
3 chemiser T
3 chercher T
5 se chercher P
14 chérer I
6 chérir T
3 cherrer I
3 chevaler T
3 chevaucher I, T
5 se chevaucher P
9 cheviller T
24 chevreter I
3 chevronner T
3 chevroter I
3 chiader T
3 chialer I
3 chicaner I, T, Ti
5 se chicaner P
5 se chicorer Esp
5 se chicorner Esp
3 chicoter I
3 chicotter [afr] T
3 chienner I
8 chier I, T
3 chiffonner T
5 se chiffonner P
3 chiffrer I, T
5 se chiffrer P
9 chigner I
3 chimer T
3 chiner T
3 chinoiser I
3 chiper T
3 chipoter I, T
11 chiquer T
8 chirographier T
11 chlinguer I
3 chlorer T
3 chloroformer T
3 chlorurer T
3 chocotter I
3 chofer T
65 choir I, D
être ou *avoir*
6 choisir T
6 se choisir P
3 chômer I, T
3 choper T
3 chopiner I
3 chopper I
11 choquer T
8 chorégraphier I, T
3 choser [afr] I, T
8 chosifier T
3 chouchouter T
3 choufer T
3 chouraver T
3 chourer T
3 chouriner T
27 choyer T
3 christianiser T
5 se christianiser P
3 chromer T
11 chroniquer I
14 chronométrer T
3 chroumer I, T
3 chuchoter I, T
3 chuinter I
3 chuter I
3 cibler T
3 cicatriser I, T
5 se cicatriser P
3 cigler T
9 ciller I, T
3 cimenter T
5 se cimenter P
8 cinématographier T
3 cingler I, T
3 cintrer T
82 circoncire T
p. p. : *circoncis, se, ses*
80 circonscrire T
8 circonstancier T

T : transitif direct **Ti :** transitif indirect **I :** intransitif **Esp :** verbe essentiellement pronominal
P : construction pronominale **imp. :** impersonnel **D :** défectif

N°	Verbe	Construction
39	circonvenir	T
3	circuler	I
3	cirer	T
9	cisailler	T
20	ciseler	T
3	citer	T
3	citronner	T
3	civiliser	T
5	se civiliser	P
3	clabauder	I
3	claboter	I
3	clacher [belg]	T
3	claironner	I, T
12	clamecer	I
3	clamer	T
3	clamper	T
3	clamser	I
3	claper	T
6	clapir	I
3	clapoter	I
3	clapper	I
3	clapser	I
3	claquemurer	T
5	se claquemurer	P
11	claquer	I, T
11	se claquer	P
24	claqueter	I
8	clarifier	T
8	se clarifier	P
3	classer	T
5	se classer	P
8	classifier	T
11	claudiquer	I
3	claustrer	T
5	se claustrer	P
3	claver	T
24	clavet(t)er	T
3	clayonner	T
14	cléber	I
3	clicher	T
3	clienter [afr]	T
9	cligner	I, T, Ti
3	clignoter	I
3	climatiser	T
11	cliquer	I
24	cliqueter	I
3	cliquoter [belg]	I
3	clisser	T
3	cliver	T
5	se cliver	P
3	clochardiser	T
5	se clochardiser	P
3	clocher	I, T
3	cloisonner	T
3	cloîtrer	T
5	se cloîtrer	P
3	cloner	T
3	cloper [belg]	I
3	clopiner	I
11	cloquer	I, T
104	clore	T, D
3	clôturer	T
7	clouer	T
3	clouter	T
3	coacher	T
3	coaguler	I, T
5	se coaguler	P
3	coaliser	T
5	se coaliser	P
3	coanimer	T
3	coasser	I
5	se cocaliser [afr]	Esp
3	cocher	T
3	côcher	T
3	cochonner	I, T
3	cocooner	T
3	cocot(t)er	I
8	cocufier	T
3	coder	T
8	codifier	T
13	codiriger	T
80	coécrire	T
3	coéditer	T
3	coexister	I
12	cofinancer	T
3	coffrer	T
14	cogérer	T
3	cogiter	I, T
9	cogner	I, T
9	se cogner	P
3	cognoter	I
3	cohabiter	I
3	cohériter	I
3	coiffer	T
5	se coiffer	P
12	coincer	T
12	se coincer	P
3	coïncider	I
3	coïter	I
8	cokéfier	T
3	cokser [afr]	T
3	collaborer	I, Ti
3	collapser	I
3	collationner	I, T
3	collecter	T
5	se collecter	P
3	collectionner	T
3	collectiviser	T
3	coller	I, T, Ti
5	se coller	P
24	colleter	T
24	se colleter	P
13	colliger	T
11	colloquer	T
3	colmater	T
3	coloniser	T
3	colorer	T
5	se colorer	P
8	colorier	T
3	coloriser	T
3	colporter	T
3	coltiner	T
5	se coltiner	P

T : transitif direct **Ti :** transitif indirect **I :** intransitif **Esp :** verbe essentiellement pronominal
P : construction pronominale **imp. :** impersonnel **D :** défectif

93 combattre .... I, T, Ti
3 combiner .... T
5 se combiner .... P
3 combler .... T
3 commander .... T, Ti
5 se commander .... P
3 commanditer .... T
3 commémorer .... T
12 commencer .... I, T, Ti
être ou *avoir*
12 se commencer .... P
3 commenter .... T
12 commercer I
3 commercialiser .... T
14 commérer I
94 commettre .... T
94 se commettre .... P
3 commissionner .... T
3 commotionner .... T
7 commuer .... T
3 communaliser .... T
8 communier I
11 communiquer .... I, T
11 se communiquer .... P
3 commuter .... I, T
3 compacter .... T
96 comparaître I
3 comparer .... T
5 se comparer .... P
comparoir .... I, D
seulement à l'infinitif *(être assigné à comparoir)* et au part. présent *(comparant)*
3 compartimenter .... T
3 compasser .... T
6 compatir .... Ti
3 compenser .... T
5 se compenser .... P
14 compéter I
3 compiler .... T
3 compisser .... T
71 complaire .... Ti
71 se complaire .... P
p. p. invariable
14 compléter .... T
14 se compléter .... P
3 complexer .... T
5 se complexer .... P
8 complexifier .... T
8 se complexifier .... P
3 complimenter .... T
11 compliquer .... T
11 se compliquer .... P
3 comploter .... T, Ti
3 comporter .... T
5 se comporter .... P
3 composer .... I, T
5 se composer .... P
3 composter .... T
84 comprendre .... T
84 se comprendre .... P
3 compresser .... T
3 comprimer .... T
94 compromettre .... I, T
94 se compromettre .... P
3 comptabiliser .... T
3 compter .... I, T, Ti
5 se compter .... P
3 compulser .... T
3 computer .... T
3 concasser .... T
14 concéder .... T
14 concélébrer .... T
3 concentrer .... T
5 se concentrer .... P
3 conceptualiser .... T
3 concerner .... T
ne s'emploie qu'aux 3es pers. à la voix active et à toutes les personnes à la voix passive
3 concerter .... I, T
5 se concerter .... P
48 concevoir .... T
48 se concevoir .... P
8 concilier .... T
8 se concilier .... P
101 conclure .... T, Ti
101 se conclure .... P
3 concocter .... T
3 concorder I
32 concourir .... I, Ti
23 concréter .... T
3 concrétiser .... T
5 se concrétiser .... P
12 concurrencer .... T
3 condamner .... T
3 condenser .... T
5 se condenser .... P
83 condescendre .... Ti
3 conditionner .... T
74 conduire .... T
74 se conduire .... P
3 confectionner .... T
5 se confectionner .... P
14 confédérer .... T
14 conférer .... I, T
3 confesser .... T
5 se confesser .... P
3 confiancer afr .... T
8 confier .... T
8 se confier .... P
3 configurer .... T
3 confiner .... T, Ti
5 se confiner .... P
82 confire .... T
82 se confire .... P
3 confirmer .... T
5 se confirmer .... P
11 confisquer .... T
3 confiturer afr .... T
7 confluer I
83 confondre .... T
83 se confondre .... P
3 conformer .... T

T : transitif direct **Ti :** transitif indirect **I :** intransitif **Esp :** verbe essentiellement pronominal
P : construction pronominale **imp. :** impersonnel **D :** défectif

5 se conformer..........P
3 conforter..........T
5 se conforter..........P
3 confronter..........T
8 congédier..........T
20 congeler..........T
20 se congeler..........P
3 congestionner..........T
5 se congestionner..........P
14 conglomérer..........T
3 conglutiner..........T
3 congratuler..........T
5 se congratuler..........P
10 congréer..........T
6 cônir..........T
3 conjecturer..........T
88 conjoindre..........T
11 conjuguer..........T
11 se conjuguer..........P
3 conjurer..........T
96 connaître..........T
96 se connaître..........P
3 connecter..........T
5 se connecter..........P
3 con(n)obler..........T
3 connoter..........T
3 conobrer..........T
11 coquer..........T
40 conquérir..........T
40 se conquérir..........P
3 consacrer..........T
5 se consacrer..........P
3 conscientiser..........T
9 conseiller..........T, Ti
36 consentir..........T, Ti
3 conserver..........T
5 se conserver..........P
14 considérer..........T
14 se considérer..........P
9 consigner..........T
3 consister..........Ti

3 consoler..........T
5 se consoler..........P
3 consolider..........T
5 se consolider..........P
3 consommer..........T
5 se consommer..........P
3 consoner..........I
3 conspirer..........T, Ti
7 conspuer..........T
3 constater..........T
3 consteller..........T
3 consterner..........T
3 constiper..........T
7 constituer..........T
7 se constituer..........P
3 constitutionnaliser..........T
74 construire..........T
74 se construire..........P
3 consulter..........I, T
5 se consulter..........P
3 consumer..........T
5 se consumer..........P
3 contacter..........T
5 se contacter..........P
3 contagionner..........T
3 containeriser..........T
3 contaminer..........T
3 contempler..........T
5 se contempler..........P
3 conteneuriser..........T
39 contenir..........T
39 se contenir..........P
3 contenter..........T
5 se contenter..........P
3 conter..........T
3 contester..........T, Ti
3 contingenter..........T
7 continuer..........I, T, Ti
7 se continuer..........P
3 contorsionner..........T
5 se contorsionner..........P

3 contourner..........T
3 contracter..........T
5 se contracter..........P
3 contractualiser..........T
3 contracturer..........T
87 contraindre..........T
87 se contraindre..........P
8 contrarier..........T
8 se contrarier..........P
3 contraster..........I, T
11 contre-attaquer..........I
12 contrebalancer..........T
12 s'en contrebalancer..........P
93 contrebattre..........T
3 contrebouter..........T
11 contrebraquer..........T
3 contrebuter..........T
3 contrecarrer..........T
77 contredire..........T
77 se contredire..........P
68 contrefaire..........T
5 se contrefiche(r)..........Esp
93 se contrefoutre..........Esp, D
11 contre-indiquer..........T
3 contremander..........T
3 contre-manifester..........I
11 contremarquer..........T
3 contre-miner..........T
3 contre-murer..........T
3 contre-passer..........T
11 contre-plaquer..........T
3 contrer..........T
3 contre-sceller..........T
9 contresigner..........T
3 contre-tirer..........T
39 contrevenir..........Ti
7 contribuer..........Ti
3 contrister..........T
3 contrôler..........T
5 se contrôler..........P
3 controuver..........T

T : transitif direct **Ti :** transitif indirect **I :** intransitif **Esp :** verbe essentiellement pronominal
P : construction pronominale **imp. :** impersonnel **D :** défectif

N°	Verbe	Construction
3	controverser	T
3	contusionner	T
95	convaincre	T
95	se convaincre	P
39	convenir *être* ou *avoir*	Ti
39	se convenir p. p. invariable	P
3	conventionner	T
13	converger	I
3	converser	I
6	convertir	T
6	se convertir	P
8	convier	T
3	convivialiser	I, T
3	convoiter	T
3	convoler	I
11	convoquer	T
27	convoyer	T
3	convulser	T
5	se convulser	P
3	convulsionner	T
14	coopérer	I
3	coopter	T
3	coordonner	T
5	se coordonner	P
3	copermuter	T
8	copier	T
3	copiner	I
3	coposséder	T
3	coprésider	T
74	coproduire	T
3	copuler	I
3	copyrighter	T
3	copywriter	T
11	coquer	T
24	coqueter	I
9	coquiller	I, T
3	coraniser afr	T
21	cordeler	T
3	corder	T
3	cordonner	T
3	cornancher	T
11	cornaquer	T
3	corner	I, T
3	correctionnaliser	T
14	corréler	T
83	correspondre	I, Ti
83	se correspondre	P
13	corriger	T
13	se corriger	P
3	corroborer	T
3	corroder	T
92	corrompre	T
92	se corrompre	P
27	corroyer	T
3	corser	T
5	se corser	P
23	corseter	T
9	cosigner	T
11	cosmétiquer	T
3	cosser	I
3	costumer	T
5	se costumer	P
3	coter	T
6	cotir	T
3	cotiser	I
5	se cotiser	P
3	cotonner	I, T
5	se cotonner	P
27	côtoyer	T
27	se côtoyer	P
9	couchailler	I
3	coucher	I, T
5	se coucher	P
3	couder	T
27	coudoyer	T
89	**coudre**	T
9	couiller afr	T
3	couillonner	T
3	couiner	I
3	couler	I, T
5	se couler	P
3	coulisser	I, T
9	coupailler	T
3	coupeller	T
3	couper	T
5	se couper	P
3	coupler	T
9	courailler	I
3	courbaturer deux p. p. : *courbaturé, ée, és, ées / courbatu, ue, us, ues*	T
3	courber	T
5	se courber	P
32	**courir**	I, T
3	couronner	T
5	se couronner	P
	courre seulement à l'infinitif : *chasse à courre*	T, D
12	courroucer	T
12	se courroucer	P
3	courser	T
3	courtauder	T
3	court-circuiter	T
3	courtiser	T
3	cousiner	I
3	couteauner afr	T
3	coûter	I, T, Ti
3	coutoner afr	T
27	coutoyer afr	T
3	couturer	T
3	couver	I, T
42	**couvrir**	T
42	se couvrir	P
3	coxer	T
3	cracher	T
3	crachiner	I, imp
3	crachoter	I
9	crachouiller	T
9	crailler	I
87	**craindre**	T
3	cramer	I, T

T : transitif direct **Ti :** transitif indirect **I :** intransitif **Esp :** verbe essentiellement pronominal
P : construction pronominale **imp. :** impersonnel **D :** défectif

3 cramponner .... **T**
5 se cramponner .... **P**
3 crampser .... **I**
3 cramser .... **I**
3 craner .... **T**
3 crâner .... **I**
3 cranter .... **T**
3 crapahuter .... **I**
3 crapaüter .... **I**
3 crapoter .... **I**
3 crapuler .... **I**
21 craqueler .... **T**
21 se craqueler .... **P**
11 craquer .... **I, T**
24 craqueter .... **I**
5 se crasher .... **Esp**
3 crasser .... **T**
3 cravacher .... **I, T**
5 se cravater [afr] .... **Esp**
3 cravater .... **T**
3 crawler .... **I**
3 crayonner .... **T**
14 crécher .... **I**
3 crédibiliser .... **T**
3 créditer .... **T**
10 créer .... **T**
10 se créer .... **P**
14 crémer .... **I, T**
21 créneler .... **T**
14 créner .... **T**
3 créoliser .... **T**
5 se créoliser .... **P**
3 créosoter .... **T**
3 crêper .... **T**
5 se crêper .... **P**
6 crépir .... **T**
3 crépiter .... **I**
3 crétiniser .... **T**
3 creuser .... **T**
5 se creuser .... **P**
3 crevasser .... **T**
5 se crevasser .... **P**
19 crever .... **I, T**
être ou *avoir*
19 se crever .... **P**
9 criailler .... **I**
3 cribler .... **T**
8 crier .... **I, T**
3 criminaliser .... **T**
11 criquer .... **I**
3 criser .... **I**
3 crisper .... **T**
5 se crisper .... **P**
3 crisser .... **I**
3 cristalliser .... **I, T**
5 se cristalliser .... **P**
9 criticailler .... **T**
11 critiquer .... **T**
3 croasser .... **I**
3 crocher .... **I, T**
23 crocheter .... **T**
72 croire .... **T, Ti**
72 se croire .... **P**
3 croiser .... **I, T**
5 se croiser .... **P**
99 croître .... **I**
être ou *avoir*
3 croller [belg] .... **I**
6 crônir .... **I**
6 crounir .... **I**
11 croquer .... **I, T**
3 crosser .... **T**
3 crotter .... **I, T**
5 se crotter .... **P**
3 crouler .... **I**
être ou *avoir*
3 croupionner .... **I**
6 croupir .... **I**
être ou *avoir*
9 croustiller .... **I**
3 croûter .... **I, T**
5 se croûtonner .... **Esp**
8 crucifier .... **T**
3 crypter .... **T**
8 cryptographier .... **T**
3 cuber .... **I, T**
43 cueillir .... **T**
3 cuirasser .... **T**
5 se cuirasser .... **P**
74 cuire .... **I, T**
3 cuisiner .... **T**
5 se cuiter .... **Esp**
3 cuivrer .... **T**
3 culbuter .... **I, T**
3 culer .... **I**
3 culminer .... **I**
3 culotter .... **T**
5 se culotter .... **P**
3 culpabiliser .... **I, T**
5 se culpabiliser .... **P**
3 cultiver .... **T**
5 se cultiver .... **P**
3 cumuler .... **T**
3 curer .... **T**
5 se curer .... **P**
24 cureter .... **T**
3 customiser .... **T**
21 cuveler .... **T**
3 cuver .... **I, T**
3 cyanoser .... **T**
3 cylindrer .... **T**

D

8 dactylographier .... **T**
11 daguer .... **I, T**
9 daigner (+ inf.) .... **T**
3 daller .... **T**
3 damasquiner .... **T**
3 damasser .... **T**
3 damer .... **I, T**
3 damner .... **T**
5 se damner .... **P**
3 dandiner .... **T**

T : transitif direct **Ti :** transitif indirect **I :** intransitif **Esp :** verbe essentiellement pronominal
P : construction pronominale **imp. :** impersonnel **D :** défectif

5 se dandiner .... P
3 danser .... I, T
3 dansotter I
3 darder .... I, T
3 dater .... I, T
3 dauber .... T, Ti
5 déactiver .... T
3 dealer .... T
3 déambuler I
5 se déambuler [afr] .... P
3 débâcher .... T
3 débâcler .... T
3 débagouler .... T
3 débâillonner .... T
3 déballer .... T
5 se déballonner .... Esp
3 débalourder .... T
3 débanaliser .... T
3 débander .... I, T
5 se débander .... P
3 débaptiser .... T
3 débarboter [afr] .... T
9 débarbouiller .... T
9 se débarbouiller .... P
3 débarder .... T
11 débarquer .... I, T
3 débarrasser .... T
5 se débarrasser .... P
3 débarrer .... T
3 débâter .... T
6 débâtir .... T
93 débattre .... T
93 se débattre .... P
3 débaucher .... T
5 se débaucher .... P
3 débecter .... T
24 débe(c)queter .... T
3 débiliter .... T
3 débillarder .... T
3 débiner .... T
5 se débiner .... P
3 débiter .... T
14 déblatérer .... I, T, Ti
25 déblayer .... T
6 débleuir .... T
11 débloquer .... I, T
3 débobiner .... T
11 déboguer .... T
3 déboiser .... T
3 déboîter .... I, T
5 se déboîter .... P
3 débonder .... T
5 se débonder .... P
3 déborder .... I, T, Ti
être ou *avoir*
5 se déborder .... P
21 débosseler .... T
3 débotter .... T
5 se débotter .... P
3 déboucher .... I, T
3 déboucler .... T
3 débouder .... I, T
41 débouillir .... T
3 débouler I
3 déboulonner .... T
11 débouquer I
3 débourber .... T
3 débourrer .... T
3 débourser .... T
3 déboussoler .... T
3 débouter .... T
3 déboutonner .... T
5 se déboutonner .... P
3 débraguetter .... T
5 se débraguetter .... P
9 se débrailler .... Esp
3 débrancher .... T
5 se débrancher .... P
25 débrayer .... I, T
3 débrider .... T
3 débriefer .... T
3 débrocher .... T
3 débrôler [belg] .... T
9 débrouiller .... T
9 se débrouiller .... P
9 débroussailler .... T
3 débrousser [afr] .... T
3 débucher .... I, T
3 débudgétiser .... T
3 débugger .... T
3 débuller .... T
3 débureaucratiser .... T
11 débusquer .... T
3 débuter .... I, T
24 décacheter .... T
3 décadenasser .... T
3 décadrer .... T
3 décaféiner .... T
3 décaisser .... T
3 décalaminer .... T
3 décalcariser [belg] .... T
8 décalcifier .... T
8 se décalcifier .... P
3 décaler .... T
3 décalotter .... T
11 décalquer .... T
3 décamper I
être ou *avoir*
9 décaniller I
3 décanter .... I, T
5 se décanter .... P
21 décapeler .... T
3 décaper .... T
3 décapitaliser .... T
3 décapiter .... T
3 décapoter .... T
3 décapsuler .... T
3 décapuchonner .... T
3 décarburer .... T
3 décarcasser .... T
5 se décarcasser .... P
9 décarpiller .... T
21 décarreler .... T

T : transitif direct **Ti :** transitif indirect **I :** intransitif **Esp :** verbe essentiellement pronominal
P : construction pronominale **imp. :** impersonnel **D :** défectif

3	décarrer	**I**
3	décartonner	**T**
6	décatir	**T**
6	se décatir	**P**
3	décauser belg	**T**
3	décavaillonner	**T**
3	décaver	**T**
5	se décaver	**P**
14	décéder *être*	**I**
20	déceler	**T**
14	décélérer	**I**
3	décentraliser	**T**
5	se décentraliser	**P**
3	décentrer	**T**
5	se décentrer	**P**
3	décercler	**T**
3	décérébrer	**T**
3	décerner	**T**
21	décerveler	**T**
3	décesser	**Ti**
48	décevoir	**T**
3	déchagriner	**T**
3	déchaîner	**T**
5	se déchaîner	**P**
3	déchanter	**I**
3	déchaper	**T**
3	déchaperonner	**T**
13	décharger	**T**
13	se décharger	**P**
3	décharner	**T**
3	déchaumer	**T**
3	déchausser	**T**
5	se déchausser	**P**
14	décher	**T**
3	déchevêtrer	**T**
9	décheviller	**T**
3	déchiffonner	**T**
3	déchiffrer	**T**
24	déchiqueter	**T**
3	déchirer	**T**
5	se déchirer	**P**
3	déchlorurer	**T**
67	déchoir *être ou avoir*	**I, D**
3	déchristianiser	**T**
5	se déchristianiser	**P**
3	déchromer	**T**
3	décider	**T, Ti**
5	se décider	**P**
3	décimaliser	**T**
3	décimer	**T**
3	décintrer	**T**
3	déclamer	**T**
3	déclarer	**T**
5	se déclarer	**P**
3	déclasser	**T**
24	déclaveter	**T**
3	déclencher	**T**
5	se déclencher	**P**
3	décléricaliser	**T**
3	décliner	**I, T**
5	se décliner	**P**
24	décliqueter	**T**
3	décloisonner	**T**
104	déclore seulement à l'infinitif et au participe passé	**T, D**
7	déclouer	**T**
3	décocher	**T**
3	décoder	**T**
3	décoffrer	**T**
3	décoiffer	**T**
5	se décoiffer	**P**
12	décoincer	**T**
14	décolérer	**I**
3	décoller	**I, T**
5	se décoller	**P**
24	décolleter	**T**
24	se décolleter	**P**
3	décoloniser	**T**
3	décolorer	**T**
5	se décolorer	**P**
3	décommander	**T**
5	se décommander	**P**
94	décommettre	**T**
3	décommuniser	**T**
3	décompenser	**I**
3	décomplexer	**T**
3	décomposer	**T**
5	se décomposer	**P**
3	décompresser	**I, T**
3	décomprimer	**T**
3	décompter	**T**
3	déconcentrer	**T**
5	se déconcentrer	**P**
3	déconcerter	**T**
5	se déconcubiner	**Esp**
3	déconditionner	**T**
82	déconfire	**T**
20	décongeler	**T**
3	décongestionner	**T**
3	déconnecter	**T**
5	se déconnecter	**P**
3	déconner	**I**
9	déconseiller	**T**
14	déconsidérer	**T**
14	se déconsidérer	**P**
9	déconsigner	**T**
3	déconstiper	**T**
74	déconstruire	**T**
3	décontaminer	**T**
12	décontenancer	**T**
12	se décontenancer	**P**
3	décontracter	**T**
5	se décontracter	**P**
3	déconventionner	**T**
12	décorcer afr	**T**
3	décorder	**T**
5	se décorder	**P**
3	décorer	**I, T**
3	décorner	**T**
11	décortiquer	**T**

T : transitif direct **Ti :** transitif indirect **I :** intransitif **Esp :** verbe essentiellement pronominal
P : construction pronominale **imp. :** impersonnel **D :** défectif

3 découcher I
89 découdre.................. T
89 se découdre.............. P
3 découler................ I, Ti
3 découper.................. T
5 se découper.............. P
3 découpler................. T
13 décourager............... T
13 se décourager............ P
3 découronner.............. T
42 découvrir................. T
42 se découvrir.............. P
3 décrambuter........... I, T
3 décramponner........... T
9 décrapouiller............. T
9 se décrapouiller......... P
3 décrasser.................. T
5 se décrasser.............. P
3 décrédibiliser........... T
5 se décrédibiliser......... P
3 décréditer................. T
5 se décréditer............. P
3 décrémenter.............. T
3 décrêper................... T
6 décrépir................... T
6 se décrépir................ P
3 décrépiter.............. I, T
14 décréter.................. T
3 décreuser................. T
8 décrier..................... T
3 décriminaliser........... T
80 décrire..................... T
3 décrisper.................. T
5 se décrisper.............. P
3 décrocher.............. I, T
5 se décrocher............. P
3 décroiser.................. T
100 décroître................. I
être ou *avoir*
3 décrotter.................. T
3 décroûter................. T
7 décruer..................... T
3 décruser................... T
3 décrypter................. T
74 décuire..................... T
3 décuivrer.................. T
3 déculasser................ T
3 déculotter................ T
5 se déculotter............. P
3 déculpabiliser............ T
5 se déculpabiliser........ P
3 décupler............... I, T
3 décuver................... T
9 dédaigner.............. T, Ti
12 dédicacer................. T
8 dédier...................... T
77 dédire...................... T
77 se dédire.................. P
13 dédommager............. T
3 dédorer.................... T
3 dédouaner................ T
5 se dédouaner............ P
3 dédoubler................. T
5 se dédoubler............. P
3 dédramatiser............ T
74 déduire.................... T
74 se déduire................ P
44 défaillir.................... I
68 défaire..................... T
68 se défaire................. P
11 défalquer................. T
3 défarder.................. T
11 défarguer................. T
11 défatiguer................ T
3 défaucher................ T
3 défaufiler................. T
3 défausser................. T
5 se défausser............. P
3 défavoriser.............. T
83 défendre.................. T
83 se défendre.............. P
3 défenestrer.............. T
5 se défenestrer........... P
16 déféquer................ I, T
14 déférer................. T, Ti
3 déferler................ I, T
3 déferrer................... T
3 déferriser................. T
9 défeuiller................. T
3 défeutrer.................. T
3 défibrer................... T
21 déficeler.................. T
3 déficher................... T
8 défier....................... T
8 se défier................... P
13 défiger..................... T
3 défigurer................. T
5 se défigurer.............. P
3 défiler.................. I, T
5 se défiler................. P
6 définir...................... T
6 se définir.................. P
3 défiscaliser............... T
3 déflagrer.................. I
11 déflaquer................. I
6 défléchir.............. I, T
6 défleurir................ I, T
11 défloquer................. T
3 déflorer................... T
8 défolier.................... T
12 défoncer.................. T
12 se défoncer.............. P
3 déforcer [afr] .... T
3 déformer.................. T
5 se déformer.............. P
3 défouler.................. T
5 se défouler.............. P
9 défourailler............ I, T
3 défourner................ T
3 défourrer................. T
3 défragmenter............ T
6 défraîchir................. T
3 défranciser.............. T

T : transitif direct **Ti :** transitif indirect **I :** intransitif **Esp :** verbe essentiellement pronominal
P : construction pronominale **imp. :** impersonnel **D :** défectif

25 défrayer .... **T**
3 défretter .... **T**
3 défricher .... **T**
11 défringuer .... **T**
11 se défringuer .... **P**
3 défriper .... **T**
3 défriser .... **T**
3 défroisser .... **T**
5 se défroisser .... **P**
12 défroncer .... **T**
11 défroquer .... **I, T**
11 se défroquer .... **P**
3 défruiter .... **T**
11 défrusquer .... **T**
13 dégager .... **I, T**
13 se dégager .... **P**
3 dégainer .... **T**
3 dégalonner .... **T**
3 déganter .... **T**
5 se déganter .... **P**
6 dégarnir .... **T**
6 se dégarnir .... **P**
3 dégasoliner .... **T**
6 dégauchir .... **T**
3 dégazer .... **I, T**
3 dégazoliner .... **T**
3 dégazonner .... **T**
20 dégeler .... **I, T**
être ou avoir
20 se dégeler .... **P**
14 dégénérer .... **I**
être ou avoir
14 se dégénérer [afr] .... **P**
3 dégermer .... **T**
3 dégingander .... **T**
5 se dégingander .... **P**
3 dégîter .... **T**
3 dégivrer .... **T**
12 déglacer .... **T**
11 déglinguer .... **T**
11 se déglinguer .... **P**

7 dégluer .... **T**
6 déglutir .... **T**
9 dégobiller .... **I, T**
3 dégoiser .... **T**
3 dégommer .... **T**
3 dégonder .... **T**
3 dégonfler .... **I, T**
5 se dégonfler .... **P**
13 dégorger .... **I, T**
3 dégoter .... **I, T**
3 dégotter .... **I, T**
3 dégoudronner .... **T**
3 dégouliner .... **I**
9 dégoupiller .... **T**
6 dégourdir .... **T**
6 se dégourdir .... **P**
3 dégourer .... **T**
3 dégourrer .... **T**
3 dégoûter .... **T**
5 se dégoûter .... **P**
3 dégoutter .... **I, T**
3 dégrader .... **T**
5 se dégrader .... **P**
3 dégrafer .... **T**
5 se dégrafer .... **P**
3 dégraisser .... **T**
27 dégravoyer .... **T**
10 dégréer .... **T**
14 dégréner .... **I, T**
19 dégrever .... **T**
3 dégringoler .... **I, T**
3 dégripper .... **T**
3 dégriser .... **T**
5 se dégriser .... **P**
3 dégrosser .... **T**
6 dégrossir .... **T**
6 se dégrossir .... **P**
9 se dégrouiller .... **Esp**
6 déguerpir .... **I, T**
3 dégueulasser .... **T**
3 dégueuler .... **T**

3 déguiser .... **T**
5 se déguiser .... **P**
3 dégurgiter .... **T**
3 déguster .... **T**
5 se déguster .... **P**
3 déhaler .... **T**
5 se déhaler .... **P**
3 déhancher .... **T**
5 se déhancher .... **P**
3 déharder .... **T**
3 déharnacher .... **T**
5 se déharnacher .... **P**
3 déhotter .... **I**
9 déhouiller .... **T**
8 déifier .... **T**
3 déjanter .... **T**
13 déjauger .... **I**
6 déjaunir .... **T**
24 déjeter .... **T**
3 déjeuner .... **I**
7 déjouer .... **T**
3 déjucher .... **I, T**
13 se déjuger .... **Esp**
3 délabialiser .... **T**
5 se délabialiser .... **P**
3 délabrer .... **T**
5 se délabrer .... **P**
3 délabyrinther .... **T**
12 délacer .... **T**
3 délainer .... **T**
3 délaisser .... **T**
3 délaiter .... **T**
3 délarder .... **T**
3 délasser .... **T**
5 se délasser .... **P**
3 délatter .... **T**
3 délaver .... **T**
25 délayer .... **T**
3 déléaturer .... **T**
3 délecter .... **T**
5 se délecter .... **P**

T : transitif direct **Ti :** transitif indirect **I :** intransitif **Esp :** verbe essentiellement pronominal
P : construction pronominale **imp. :** impersonnel **D :** défectif

3 délégitimer ... T
16 déléguer ... T
3 délester ... T
5 se délester ... P
14 délibérer ... T, Ti
8 délier ... T
8 se délier ... P
8 délignifier ... T
3 délimiter ... T
10 délinéer ... T
3 délirer ... I
3 délisser ... T
3 déliter ... T
5 se déliter ... P
3 délivrer ... T
5 se délivrer ... P
3 délocaliser ... T
5 se délocaliser ... P
13 déloger ... I, T
11 déloquer ... T
11 se déloquer ... P
3 délover ... T
3 délurer ... T
3 délustrer ... T
3 déluter ... T
3 démaçonner ... T
3 démagnétiser ... T
6 démaigrir ... I, T
9 démailler ... T
9 se démailler ... P
3 démailloter ... T
3 démancher ... I, T
5 se démancher ... P
3 demander ... T
5 se demander ... P
13 démanger ... T
20 démanteler ... T
3 démantibuler ... T
5 se démantibuler ... P
11 se démaquer ... Esp
9 démaquiller ... T

9 se démaquiller ... P
3 démarabouter afr ... T
3 démarcher ... T
8 démarier ... T
8 se démarier ... P
11 démarquer ... I, T
11 se démarquer ... P
3 démarrer ... I, T
3 démascler ... T
11 démasquer ... T
11 se démasquer ... P
11 démastiquer ... T
3 démâter ... I, T
3 dématérialiser ... T
3 démazouter ... T
3 démédicaliser ... T
3 démêler ... T
5 se démêler ... P
3 démembrer ... T
13 déménager ... I, T
19 se démener ... Esp
36 démentir ... T
36 se démentir ... P
5 se démerder ... Esp
13 démerger belg ... T
3 démériter ... I
3 déméthaniser ... T
94 démettre ... T
94 se démettre ... P
3 démeubler ... T
3 demeurer ... I
être ou *avoir*
3 démieller ... T
3 démilitariser ... T
3 déminer ... T
3 déminéraliser ... T
3 démissionner ... T, Ti
3 démobiliser ... T
5 se démobiliser ... P
3 démocratiser ... T
5 se démocratiser ... P

3 démoder ... T
5 se démoder ... P
3 démoduler ... T
6 démolir ... T
3 démonétiser ... T
3 démonter ... T
5 se démonter ... P
3 démontrer ... T
5 se démontrer ... P
3 démoraliser ... T
5 se démoraliser ... P
83 démordre ... I, Ti
3 démotiver ... T
5 se démotiver ... P
24 démoucheter ... T
3 démouler ... T
9 se démouscailler ... Esp
11 démoustiquer ... T
8 démultiplier ... T
8 se démultiplier ... P
6 démunir ... T
6 se démunir ... P
3 démurer ... T
13 démurger ... I, T
21 démuseler ... T
8 démystifier ... T
8 démythifier ... T
3 dénasaliser ... T
3 dénationaliser ... T
3 dénatter ... T
3 dénaturaliser ... T
3 dénaturer ... T
5 se dénaturer ... P
8 dénazifier ... T
3 dénébuler ... T
3 dénébuliser ... T
13 déneiger ... T
3 dénerver ... T
3 déniaiser ... T
5 se déniaiser ... P
3 dénicher ... I, T

T : transitif direct **Ti :** transitif indirect **I :** intransitif **Esp :** verbe essentiellement pronominal
P : construction pronominale **imp. :** impersonnel **D :** défectif

3 dénickeler ....T
3 dénicotiniser.............T
8 dénier......................T
3 dénigrer....................T
3 dénitrer ....T
8 dénitrifier.................T
21 déniveler..................T
3 dénombrer ....T
3 dénommer................T
12 dénoncer..................T
12 se dénoncer..............P
3 dénoter.....................T
7 dénouer....................T
7 se dénouer ....P
3 dénoyauter...............T
27 dénoyer ....T
8 densifier...................T
21 denteler..................T
3 dénucléariser ....T
3 dénuder...................T
5 se dénuder ....P
7 se dénuer .... Esp
5 se dépagnoter .... Esp
9 dépailler ....T
21 dépaisseler..............T
3 dépalisser.................T
3 dépanner ....T
24 dépaqueter...............T
3 déparaffiner.............T
3 déparasiter...............T
9 dépareiller................T
3 déparer....................T
8 déparier...................T
3 déparler.................. I
13 départager ....T
13 se départager............P
3 départementaliser......T
36 départir ....T
36 se départir.................P
3 dépasser ....I, T
5 se dépasser...............P
3 dépassionner ....T
9 se dépatouiller .... Esp
8 dépatrier..................T
8 se dépatrier ....P
3 dépaver ....T
3 dépayser...................T
19 dépecer ....T
3 dépêcher..................T
5 se dépêcher ....P
9 dépeigner.................T
86 dépeindre.................T
3 dépelotonner ....T
3 dépénaliser..............T
83 dépendre ....T, Ti
3 dépenser..................T
5 se dépenser ....P
6 dépérir I
3 dépersonnaliser.........T
5 se dépersonnaliser .....P
3 dépêtrer...................T
5 se dépêtrer..............P
3 dépeupler.................T
5 se dépeupler.............P
3 déphaser..................T
3 déphosphorer............T
3 dépiauter ....T
3 dépigmenter afr.........T
3 dépiler.....................T
3 dépingler ....T
11 dépiquer ....T
3 dépister ....T
3 dépiter ....T
5 se dépiter................P
12 déplacer..................T
12 se déplacer ....P
3 déplafonner..............T
71 déplaire ....Ti
71 se déplaire...............P
3 déplaner I
11 déplanquer..............T
11 se déplanquer...........P
3 déplanter ....T
3 déplâtrer..................T
8 déplier......................T
8 se déplier ....P
3 déplisser ....T
5 se déplisser..............P
3 déplomber................T
3 déplorer...................T
27 déployer ....T
27 se déployer..............P
3 déplumer ....T
5 se déplumer.............P
3 dépocher..................T
3 dépoétiser...............T
5 se dépoiler............ Esp
3 dépointer ....T
3 dépolariser ....T
6 dépolir.....................T
6 se dépolir ....P
3 dépolitiser ....T
5 se dépolitiser ....P
7 dépolluer ....T
3 dépolymériser ....T
9 dépontiller I
3 déporter ....T
5 se déporter..............P
3 déposer ....T
5 se déposer................P
14 déposséder...............T
3 dépoter....................T
3 dépoudrer ....T
9 dépouiller ....T
9 se dépouiller ....P
51 dépourvoir ....T, D
51 se dépourvoir.........P, D
14 dépoussiérer............T
3 dépraver ....T
8 déprécier ....T
8 se déprécier.............P
84 se déprendre.......... Esp
3 dépressuriser ....T

T : transitif direct **Ti :** transitif indirect **I :** intransitif **Esp :** verbe essentiellement pronominal
P : construction pronominale **imp. :** impersonnel **D :** défectif

3	déprimer	I, T
5	se déprimer	P
3	dépriser	T
3	déprogrammer	T
3	déprolétariser	T
3	dépropaniser	T
18	déprotéger	T
21	dépuceler	T
3	dépulper	T
3	dépurer	T
3	députer	T
8	déqualifier	T
9	déquiller	T
3	déraciner	T
3	dérader	I
13	dérager	I
6	déraidir	T
6	se déraidir	P
9	dérailler	I
3	déraisonner	I
3	déramer	I, T
13	déranger	T
13	se déranger	P
3	déraper	I
3	déraser	T
3	dérater	T
3	dératiser	T
25	dérayer	I, T
3	déréaliser	T
12	déréférencer	T
3	déréglementer	T
14	dérégler	T
14	se dérégler	P
3	déréguler	T
3	déresponsabiliser	T
3	dérésumenter	T
3	dérider	T
5	se dérider	P
3	dériver	I, T, Ti
3	dérober	T
5	se dérober	P
3	dérocher	T
3	déroder	T
13	déroger	Ti
6	dérondir	T
6	dérougir	I, T
9	dérouiller	I, T
9	se dérouiller	P
3	dérouler	T
5	se dérouler	P
3	dérouter	T
5	se dérouter	P
3	désabonner	T
5	se désabonner	P
3	désabuser	T
7	désaccentuer	T
3	désacclimater	T
3	désaccorder	T
5	se désaccorder	P
3	désaccoupler	T
3	désaccoutumer	T
5	se désaccoutumer	P
8	désacidifier	T
14	désaciérer	T
3	désacraliser	T
3	désactiver	T
3	désadapter	T
5	se désadapter	P
14	désaérer	T
3	désaffecter	T
5	se désaffectionner	Esp
8	désaffilier	T
12	désagencer	T
3	désagrafer	T
18	désagréger	T
18	se désagréger	P
3	désaimanter	T
3	désaisonnaliser	T
3	désajuster	T
14	désaliéner	T
9	désaligner	T
3	désalper	I
14	désaltérer	T
14	se désaltérer	P
3	désamarrer	T
3	désambiguïser	T
5	se désâmer [québ]	Esp
3	désamianter	T
3	désamidonner	T
3	désaminer	T
12	désamorcer	T
12	se désamorcer	P
3	désannexer	T
3	désaper	T
5	se désaper	P
8	désapparier	T
3	désappointer	T
84	désapprendre	T
3	désapprouver	T
3	désapprovisionner	T
3	désarçonner	T
3	désargenter	T
5	se désargenter	P
3	désarmer	I, T
3	désarrimer	T
3	désarticuler	T
5	se désarticuler	P
3	désassembler	T
3	désassimiler	T
6	désassortir	T
3	désatomiser	T
13	désavantager	T
3	désaveugler	T
7	désavouer	T
3	désaxer	T
3	desceller	T
5	se desceller	P
83	descendre *être* ou *avoir*	I, T
3	déscolariser	T
7	déséchouer	T
3	désectoriser	T
3	désembobiner	T

T : transitif direct **Ti :** transitif indirect **I :** intransitif **Esp :** verbe essentiellement pronominal
P : construction pronominale **imp. :** impersonnel **D :** défectif

3 désembourber .... **T**
3 désembourgeoiser ...... **T**
5 se désembourgeoiser .. **P**
9 désembouteiller .... **T**
25 désembrayer .... **T**
7 désembuer .... **T**
3 désemmancher .... **T**
3 désemparer .... **T**
19 désempeser .... **T**
6 désemplir .... **I, T**
6 se désemplir .... **P**
3 désemprisonner .... **T**
3 désencadrer .... **T**
3 désencarter .... **T**
3 désenchaîner .... **T**
3 désenchanter .... **T**
3 désenclaver .... **T**
5 se désenclaver .... **P**
3 désencombrer .... **T**
3 désencrasser .... **T**
5 se désendetter .... **Esp**
3 désénerver .... **T**
3 désenfiler .... **T**
3 désenflammer .... **T**
3 désenfler .... **I, T**
3 désenfumer .... **T**
13 désengager .... **T**
13 se désengager .... **P**
7 désengluer .... **T**
7 se désengluer .... **P**
13 désengorger .... **T**
6 désengourdir .... **T**
19 désengrener .... **T**
3 désenivrer .... **T**
5 se désenivrer .... **P**
12 désenlacer .... **T**
6 désenlaidir .... **I, T**
26 désennuyer .... **T**
26 se désennuyer .... **P**
25 désenrayer .... **T**
3 désenrhumer .... **T**
7 désenrouer .... **T**
3 désensabler .... **T**
3 désensibiliser .... **T**
21 désensorceler .... **T**
3 désentoiler .... **T**
9 désentortiller .... **T**
3 désentraver .... **T**
3 désenvaser .... **T**
3 désenvelopper .... **T**
3 désenvenimer .... **T**
11 désenverguer .... **T**
3 désenvoûter .... **T**
6 désépaissir .... **T**
3 déséquilibrer .... **T**
5 se déséquiper .... **Esp**
3 déserter .... **T**
14 désespérer .... **I, T**
14 se désespérer .... **P**
6 désétablir .... **T**
3 désétamer .... **T**
3 désétatiser .... **T**
3 désexciter .... **T**
5 se désexciter .... **P**
3 désexualiser .... **T**
9 déshabiller .... **T**
9 se déshabiller .... **P**
7 déshabituer .... **T**
7 se déshabituer .... **P**
3 désherber .... **T**
3 déshériter .... **T**
3 déshonorer .... **T**
5 se déshonorer .... **P**
3 déshuiler .... **T**
3 déshumaniser .... **T**
5 se déshumaniser .... **P**
8 déshumidifier .... **T**
3 déshydrater .... **T**
5 se déshydrater .... **P**
14 déshydrogéner .... **T**
16 déshypothéquer .... **T**
9 désigner .... **T**
9 se désigner .... **P**
3 désillusionner .... **T**
3 désincarner .... **T**
5 se désincarner .... **P**
3 désincorporer .... **T**
3 désincruster .... **T**
3 désinculper .... **T**
3 désindexer .... **T**
3 désindustrialiser .... **T**
5 se désindustrialiser ..... **P**
3 désinfecter .... **T**
3 désinformer .... **T**
3 désinhiber .... **T**
80 désinscrire .... **T**
80 se désinscrire .... **P**
3 désinsectiser .... **T**
3 désinstaller .... **T**
14 désintégrer .... **T**
14 se désintégrer .... **P**
3 désintéresser .... **T**
5 se désintéresser .... **P**
11 désintoxiquer .... **T**
11 se désintoxiquer .... **P**
6 désinvestir .... **T**
3 désinviter .... **T**
3 désirer .... **T**
5 se désister .... **Esp**
6 désobéir .... **Ti**
accepte la voix passive
13 désobliger .... **T**
7 désobstruer .... **T**
3 désocialiser .... **T**
5 se désocialiser .... **P**
3 désoccuper .... **T**
3 désodoriser .... **T**
3 désoler .... **T**
5 se désoler .... **P**
3 désolidariser .... **T**
5 se désolidariser .... **P**
3 désoperculer .... **T**
3 désopiler .... **T**

T : transitif direct **Ti :** transitif indirect **I :** intransitif **Esp :** verbe essentiellement pronominal
P : construction pronominale **imp. :** impersonnel **D :** défectif

3 désorber T
3 désorbiter T
3 désordonner T
3 désorganiser T
5 se désorganiser P
3 désorienter T
3 désosser T
3 désouffler [québ] T
3 désoxyder T
14 désoxygéner T
3 desquamer I, T
3 dessabler T
6 dessaisir T
6 se dessaisir P
3 dessaler I, T
5 se dessaler P
3 dessangler T
3 dessaouler I, T
5 se dessaouler P
3 dessaper T
5 se dessaper P
14 dessécher T
14 se dessécher P
3 desseller T
3 desserrer T
5 se desserrer P
6 dessertir T
35 desservir T
35 se desservir P
9 dessiller T
3 dessiner T
5 se dessiner P
3 dessoler T
3 dessouder T
5 se dessouder P
3 dessouffler [québ] T
3 dessoûler I, T
3 dessuinter T
3 déstabiliser T
3 déstaliniser T
3 destiner T
5 se destiner P
7 destituer T
3 destocker T
3 destructurer T
5 se destructurer P
3 désulfiter T
3 désulfurer T
6 désunir T
6 se désunir P
3 désynchroniser T
3 détacher T
5 se détacher P
9 détailler T
3 détaler I
3 détaller T
3 détapisser T
3 détartrer T
3 détaxer T
3 détecter T
86 déteindre I, T
21 dételer I, T
83 détendre T
83 se détendre P
39 détenir T
13 déterger T
3 détériorer T
5 se détériorer P
3 déterminer T
5 se déterminer P
3 déterrer T
3 détester T
5 se détester P
3 détirer T
3 détisser T
3 détoner I
21 détonneler T
3 détonner I
83 détordre T
9 détortiller T
3 détourer T
3 détourner T
5 se détourner P
11 détoxiquer T
3 détracter T
3 détrancher I
3 détransposer T
11 détraquer T
11 se détraquer P
3 détremper T
3 détresser T
3 détricoter T
3 détromper T
5 se détromper P
3 détroncher I
3 détrôner T
11 détroquer T
3 détrousser T
74 détruire T
74 se détruire P
3 dévaler I, T
3 dévaliser T
3 dévaloriser T
5 se dévaloriser P
7 dévaluer T
7 se dévaluer P
12 devancer T
3 dévaser T
3 dévaster T
3 développer T
5 se développer P
39 devenir I
être
3 déventer T
6 déverdir I
5 se dévergonder Esp
11 déverguer T
6 dévernir T
9 déverrouiller T
3 déverser T
5 se déverser P
37 dévêtir T
37 se dévêtir P

T : transitif direct **Ti :** transitif indirect **I :** intransitif **Esp :** verbe essentiellement pronominal
P : construction pronominale **imp. :** impersonnel **D :** défectif

3	dévider	**T**
5	se dévider	**P**
8	dévier	**I, T**
3	deviner	**T**
5	se deviner	**P**
3	dévirer	**T**
3	dévirginiser	**T**
3	déviriliser	**T**
3	déviroler	**T**
13	dévisager	**T**
3	deviser	**I**
3	dévisser	**I, T**
3	dévitaliser	**T**
8	dévitrifier	**T**
3	dévoiler	**T**
5	se dévoiler	**P**
53	devoir	**T**
53	se devoir	**P**
3	dévolter	**T**
3	dévorer	**T**
5	se dévorer	**P**
7	dévouer	**T**
7	se dévouer	**P**
27	dévoyer	**T**
27	se dévoyer	**P**
11	dézinguer	**T**
3	diaboliser	**T**
11	diagnostiquer	**T**
3	dialectaliser	**T**
3	dialectiser	**T**
11	dialoguer	**I, T**
3	dialyser	**T**
3	diamanter	**T**
3	diaphragmer	**I, T**
3	diaprer	**T**
3	dicter	**T**
3	diéséliser	**T**
14	diéser	**T**
3	diffamer	**T**
8	différencier	**T**
8	se différencier	**P**
14	différer	**I, T**
3	difformer	**T**
3	diffracter	**T**
3	diffuser	**T**
5	se diffuser	**P**
14	digérer	**T**
14	se digérer	**P**
3	digitaliser	**T**
3	digresser	**I**
14	dilacérer	**T**
3	dilapider	**T**
3	dilater	**T**
5	se dilater	**P**
3	diligenter	**T**
7	diluer	**T**
7	se diluer	**P**
3	dimensionner	**T**
7	diminuer *être* ou *avoir*	**I, T**
7	se diminuer	**P**
3	dindonner	**T**
3	dîner	**I**
11	dinguer	**I**
11	diphtonguer	**T**
3	diplômer	**I**
76	dire	**T**
76	se dire	**P**
13	diriger	**T**
13	se diriger	**P**
3	discerner	**T**
3	discipliner	**T**
5	se discipliner	**P**
3	discompter	**T**
7	discontinuer seulement à l'infinitif	**I, D**
39	disconvenir *être* ou *avoir*	**Ti**
3	discorder	**I**
3	discounter	**T**
32	discourir	**I**
3	discréditer	**T**
5	se discréditer	**P**
3	discriminer	**T**
3	disculper	**T**
5	se disculper	**P**
3	discuputer [afr]	**I**
3	discursiviser	**T**
9	discutailler	**I**
3	discuter	**I, T, Ti**
5	se discuter	**P**
8	disgracier	**T**
88	disjoindre	**T**
88	se disjoindre	**P**
3	disjoncter	**I, T**
11	disloquer	**T**
11	se disloquer	**P**
96	disparaître *être* ou *avoir*	**I**
3	dispatcher	**T**
3	dispenser	**T**
5	se dispenser	**P**
3	disperser	**T**
5	se disperser	**P**
3	disposer	**I, T, Ti**
5	se disposer	**P**
3	disproportionner	**T**
9	disputailler	**I**
3	disputer	**T, Ti**
5	se disputer	**P**
8	disqualifier	**T**
8	se disqualifier	**P**
3	disséminer	**T**
5	se disséminer	**P**
16	disséquer	**T**
3	disserter	**I**
3	dissimuler	**T**
5	se dissimuler	**P**
3	dissiper	**T**
5	se dissiper	**P**
8	dissocier	**T**
8	se dissocier	**P**
3	dissoner	**I**

T : transitif direct **Ti :** transitif indirect **I :** intransitif **Esp :** verbe essentiellement pronominal
P : construction pronominale **imp. :** impersonnel **D :** défectif

91 dissoudre ... T, D
91 se dissoudre ... P, D
3 dissuader ... T
12 distancer ... T
8 distancier ... T
8 se distancier ... P
83 distendre ... T
83 se distendre ... P
9 distiller ... I, T
11 distinguer ... T
11 se distinguer ... P
83 distordre ... T
83 se distordre ... P
69 distraire ... T, D
69 se distraire ... P, D
7 distribuer ... T
7 se distribuer ... P
11 divaguer ... I
13 diverger ... I
8 diversifier ... T
8 se diversifier ... P
6 divertir ... T
6 se divertir ... P
3 diviniser ... T
3 diviser ... T
5 se diviser ... P
12 divorcer ... I
être ou *avoir*
11 divulguer ... T
11 se divulguer ... P
3 djibser [afr] ... I
3 documenter ... T
5 se documenter ... P
3 dodeliner ... I, T, Ti
3 dogmatiser ... I
3 doigter ... T
11 doguer [belg] ... I, T
3 doler ... T
11 domestiquer ... T
8 domicilier ... T
3 dominer ... T
5 se dominer ... P
3 dompter ... T
3 donner ... T
5 se donner ... P
3 doper ... T
5 se doper ... P
3 dorer ... T
5 se dorer ... P
3 dorloter ... T
34 dormir ... I
3 doser ... T
3 doter ... T
5 se doter ... P
11 double-cliquer ... T
3 doubler ... I, T
5 se doubler ... P
3 doublonner ... I
3 doucher ... T
5 se doucher ... P
6 doucir ... T
7 douer ... T, D
seulement au p. p.
et aux temps composés
9 douiller ... I
3 douter ... T, Ti
5 se douter ... P
3 dracher [belg] ... I, imp.
8 dragéifier ... T
3 drageonner ... I
11 draguer ... T
3 drainer ... T
3 dramatiser ... T
21 drapeler ... T
3 draper ... T
5 se draper ... P
3 draver [québ] ... I, T
25 drayer ... T
3 dresser ... T
5 se dresser ... P
3 dribbler ... I, T
9 driller ... T
3 driver ... T
11 droguer ... I, T
11 se droguer ... P
3 droitiser ... T
5 se droitiser ... P
3 drop(p)e ... I, T
3 drosser ... T
8 dulcifier ... T
3 duper ... T
5 se duper ... P
3 duplexer ... T
11 dupliquer ... T
6 durcir ... I, T
6 se durcir ... P
3 durer ... I
24 se duveter ... Esp
3 dynamiser ... T
3 dynamiter ... T

E

6 ébahir ... T
6 s'ébahir ... P
3 ébarber ... T
93 s'ébattre ... Esp
6 s'ébaubir ... Esp
3 ébaucher ... T
5 s'ébaucher ... P
6 ébaudir ... T
6 s'ébaudir ... P
3 ébavurer ... T
7 éberluer ... T
21 ébiseler ... T
6 éblouir ... T
9 éborgner ... T
9 s'éborgner ... P
3 ébosser ... T
7 ébouer ... T
3 ébouillanter ... T
5 s'ébouillanter ... P
3 ébouler ... I, T

T : transitif direct **Ti :** transitif indirect **I :** intransitif **Esp :** verbe essentiellement pronominal
P : construction pronominale **imp. :** impersonnel **D :** défectif

5 s'ébouler .... **P**
3 ébourgeonner .... **T**
3 ébouriffer .... **T**
3 ébourrer .... **T**
3 ébouter .... **T**
3 ébouzer .... **T**
3 ébraiser .... **T**
3 ébrancher .... **T**
3 ébranler .... **T**
5 s'ébranler .... **P**
3 ébraser .... **T**
14 ébrécher .... **T**
14 s'ébrécher .... **P**
7 s'ébrouer .... **Esp**
3 ébruiter .... **T**
5 s'ébruiter .... **P**
3 ébruter .... **T**
3 écacher .... **T**
3 écaffer .... **T**
9 écailler .... **T**
9 s'écailler .... **P**
3 écaler .... **T**
5 s'écaler .... **P**
11 écanguer .... **T**
9 écarquiller .... **I**
20 écarteler .... **T**
3 écarter .... **T**
5 s'écarter .... **P**
6 écatir .... **T**
3 échafauder .... **T**
3 échalasser .... **T**
6 échampir .... **T**
3 échancrer .... **T**
3 échanfreiner .... **T**
13 échanger .... **T**
13 s'échanger .... **T**
3 échantillonner .... **T**
3 échapper .... **I, T, Ti**
être ou *avoir*
5 s'échapper .... **P**
3 échardonner .... **T**
3 écharner .... **T**
3 écharper .... **T**
5 s'écharper .... **P**
3 échauder .... **T**
5 s'échauder .... **P**
3 échauffer .... **T**
5 s'échauffer .... **P**
3 échauler .... **T**
3 échaumer .... **T**
3 échelonner .... **T**
5 s'échelonner .... **P**
9 écheniller .... **T**
21 écheveler .... **T**
3 échiner .... **T**
5 s'échiner .... **P**
8 échographier .... **T**
66 échoir .... **I, D**
être ou *avoir*
3 échopper .... **T**
7 échouer .... **I, T**
être ou *avoir*
7 s'échouer .... **P**
3 écimer .... **T**
3 éclabousser .... **T**
5 s'éclabousser .... **P**
6 éclaircir .... **T**
6 s'éclaircir .... **P**
3 éclairer .... **T**
5 s'éclairer .... **P**
3 éclater .... **I, T**
5 s'éclater .... **P**
3 éclipser .... **T**
5 s'éclipser .... **P**
3 éclisser .... **T**
3 écloper .... **T**
104 éclore .... **I, D**
être ou *avoir*
mêmes formes que *clore*,
mais employé surtout
aux 3es personnes
3 écluser .... **T**
7 écobuer .... **T**
3 écœurer .... **T**
74 éconduire .... **T**
3 économiser .... **T**
5 s'économiser .... **P**
3 écoper .... **T, Ti**
12 écorcer .... **T**
3 écorcher .... **T**
5 s'écorcher .... **P**
3 écorer .... **T**
3 écorner .... **T**
3 écornifler .... **T**
3 écosser .... **T**
3 écouler .... **T**
5 s'écouler .... **P**
3 écourter .... **T**
3 écouter .... **T**
5 s'écouter .... **P**
3 écouvillonner .... **T**
9 écrabouiller .... **T**
3 écraser .... **T**
5 s'écraser .... **P**
14 écrémer .... **T**
3 écrêter .... **T**
8 s'écrier .... **Esp**
80 écrire .... **T**
80 s'écrire .... **P**
9 écrivailler .... **I**
3 écrivasser .... **T**
7 écrouer .... **T**
6 écrouir .... **T**
5 s'écrouler .... **Esp**
3 écroûter .... **T**
3 écuisser .... **T**
3 éculer .... **T**
3 écumer .... **I, T**
3 écurer .... **T**
3 écussonner .... **T**
3 édenter .... **T**
3 édicter .... **T**
8 édifier .... **T**
3 éditer .... **T**

T : transitif direct **Ti :** transitif indirect **I :** intransitif **Esp :** verbe essentiellement pronominal
P : construction pronominale **imp. :** impersonnel **D :** défectif

3	éditionner	T
3	édulcorer	T
11	éduquer	T
3	éfaufiler	T
12	effacer	T
12	s'effacer	P
3	effaner	T
3	effarer	T
5	s'effarer	P
3	effaroucher	T
5	s'effaroucher	P
7	effectuer	T
7	s'effectuer	P
3	efféminer	T
9	effeuiller	T
9	s'effeuiller	P
3	effiler	T
5	s'effiler	P
3	effilocher	T
5	s'effilocher	P
11	efflanquer	T
11	s'efflanquer	P
3	effleurer	T
6	effleurir	I
3	effluver	I
3	effondrer	T
5	s'effondrer	P
12	s'efforcer	Esp
13	effranger	T
13	s'effranger	P
25	effrayer	T
25	s'effrayer	P
3	effriter	T
5	s'effriter	P
9	s'égailler	Esp
3	égaler	T
3	égaliser	T
3	égarer	T
5	s'égarer	P
25	égayer	T
25	s'égayer	P
3	égnaffer	T
3	égoïner	T
13	égorger	T
13	s'égorger	P
9	s'égosiller	Esp
3	égoutter	T
5	s'égoutter	P
3	égrainer	T
5	s'égrainer	P
3	égrapper	T
9	égratigner	T
9	s'égratigner	P
19	égrener	T
19	s'égrener	P
3	égriser	T
13	égruger	T
3	égueuler	T
3	éjaculer	T
3	éjarrer	T
3	éjecter	T
5	s'éjecter	P
3	éjointer	T
3	élaborer	T
5	s'élaborer	P
11	élaguer	T
12	élancer	T
12	s'élancer	P
6	élargir	T
6	s'élargir	P
8	électrifier	T
3	électriser	T
3	électrocuter	T
5	s'électrocuter	P
3	électrolyser	T
3	électroniser	T
6	élégir	T
19	élever	T
19	s'élever	P
3	élider	T
5	s'élider	P
3	élimer	T
3	éliminer	T
5	s'éliminer	P
11	élinguer	T
79	élire	T
9	éloigner	T
9	s'éloigner	P
13	élonger	T
3	élucider	T
3	élucubrer	T
3	éluder	T
7	éluer	T
8	émacier	T
8	s'émacier	P
9	émailler	T
3	émanciper	T
5	s'émanciper	P
3	émaner	I
13	émarger	T, Ti
3	émasculer	T
3	emballer	T
5	s'emballer	P
3	emballotter	T
3	emballuchonner	T
11	s'embaquer	Esp
9	embarbouiller	T
9	s'embarbouiller	P
3	embarder	I
11	embarquer	I, T
11	s'embarquer	P
3	embarrasser	T
5	s'embarrasser	P
3	embarrer	T
5	s'embarrer	P
9	embastiller	T
3	embastionner	T
93	embat(t)re	T
3	embaucher	T
3	embaumer	I, T
11	embecquer	T
3	embéguiner	T
5	s'embéguiner	P

T : transitif direct **Ti :** transitif indirect **I :** intransitif **Esp :** verbe essentiellement pronominal
P : construction pronominale **imp. :** impersonnel **D :** défectif

N°	Verbe	Construction
6	embellir *être* ou *avoir*	I, T
6	s'embellir	P
3	emberlificoter	T
5	s'emberlificoter	P
3	embêter	T
5	s'embêter	P
3	embidonner	T
9	embistrouiller	T
3	emblaver	T
3	embobeliner	T
3	embobiner	T
73	emboire	T
73	s'emboire	P
3	emboîter	T
5	s'emboîter	P
3	embosser	T
5	s'embosser	P
21	embotteler	T
3	emboucaner	I
3	emboucher	T
7	embouer	I, T
11	embouquer	I, T
3	embourber	T
5	s'embourber	P
3	embourgeoiser	T
5	s'embourgeoiser	P
3	embourrmaner	T
3	embourrer	T
5	s'embourrer	P
9	embouteiller	T
3	embouter	T
6	emboutir	T
3	embrancher	T
5	s'embrancher	P
11	embraquer	T
3	embraser	T
5	s'embraser	P
3	embrasser	T
5	s'embrasser	P
25	embrayer	T, Ti
21	embreler	T
19	embrever	T
3	embrigader	T
5	s'embrigader	P
11	embringuer	T
11	s'embringuer	P
3	embrocher	T
3	embroncher	T
9	embrouiller	T
9	s'embrouiller	P
9	embroussailler	T
9	s'embroussailler	P
3	embrumer	T
6	embrunir	T
7	embuer	T
7	s'embuer	P
11	embusquer	T
11	s'embusquer	P
14	émécher	T
13	émerger	I
3	émerillonner	T
3	émeriser	T
9	émerveiller	T
9	s'émerveiller	P
94	émettre	T
8	émier	T
3	émietter	T
5	s'émietter	P
3	émigrer	I
12	émincer	T
3	emmagasiner	T
3	emmailloter	T
5	s'emmailloter	P
3	emmancher	T
5	s'emmancher	P
13	emmarger	T
3	emmêler	T
5	s'emmêler	P
13	emménager	I, T
19	emmener	T
3	emmerder	T
5	s'emmerder	P
14	emmétrer	T
3	emmieller	T
3	emmitonner	T
3	emmitoufler	T
5	s'emmitoufler	P
3	emmortaiser	T
9	emmouscailler	T
3	emmurer	T
3	émonder	T
3	émorfiler	T
3	émotionner	T
3	émotter	T
3	émoucher	T
24	émoucheter	T
90	émoudre	T
3	émousser	T
5	s'émousser	P
9	émoustiller	T
58	émouvoir	T
58	s'émouvoir	P
3	empaffer	T
9	empailler	T
3	empaler	T
5	s'empaler	P
3	empalmer	T
3	empanacher	T
3	empanner	I, T
3	empapa(h)outer	T
3	empapilloter	T
24	empaqueter	T
5	s'emparer	Esp
11	emparquer	T
3	empâter	T
5	s'empâter	P
3	empatter	T
3	empaumer	T
3	empêcher	T
5	s'empêcher	P
9	empeigner	T
3	empêner	T
3	empenner	T

T : transitif direct **Ti :** transitif indirect **I :** intransitif **Esp :** verbe essentiellement pronominal
P : construction pronominale **imp. :** impersonnel **D :** défectif

3 empercher .... T
3 emperler .... T
19 empeser .... T
3 empester .... I, T
3 empêtrer .... T
5 s'empêtrer .... P
18 empiéger .... T
3 empierrer .... T
14 empiéter I
5 s'empiffrer .... Esp
3 empiler .... T
5 s'empiler .... P
3 empirer .... I, T
être ou *avoir*
employé surtout aux 3es pers.
5 s'empirer afr .... P
3 emplafonner .... T
5 s'emplafonner .... P
3 emplâtrer .... T
6 emplir .... I, T
6 s'emplir .... P
27 employer .... T
27 s'employer .... P
3 emplumer .... T
3 empocher .... T
9 empoigner .... T
9 s'empoigner .... P
3 empoisonner .... T
5 s'empoisonner .... P
3 empoisser .... T
3 empoissonner .... T
3 emporter .... T
5 s'emporter .... P
3 empoter .... T
3 empourprer .... T
5 s'empourprer .... P
14 empoussiérer .... T
14 s'empoussiérer .... P
86 empreindre .... T
86 s'empreindre .... P
5 s'empresser .... Esp
3 emprésurer .... T
3 emprisonner .... T
3 emprunter .... T
6 empuantir .... T
3 émuler .... T
8 émulsifier .... T
3 émulsionner .... T
5 s'enamourer .... Esp
5 s'énamourer .... Esp
3 encabaner .... T
3 encadrer .... T
5 s'encadrer .... P
13 encager .... T
3 encagouler .... T
3 encaisser .... T
9 encanailler .... T
9 s'encanailler .... P
3 encaper .... T
3 encapsuler .... T
3 encapuchonner .... T
5 s'encapuchonner .... P
11 encaquer .... T
3 encarrer I
3 encarter .... T
3 encartonner .... T
3 encartoucher .... T
3 encaserner .... T
20 s'encasteler .... Esp
3 encastrer .... T
5 s'encastrer .... P
11 encaustiquer .... T
3 encaver .... T
86 enceindre .... T
3 enceinter afr .... T
3 encenser .... T
3 encercler .... T
3 enchaîner .... T
5 s'enchaîner .... P
3 enchanter .... T
3 enchaperonner .... T
3 encharner .... T
3 enchâsser .... T
5 s'enchâsser .... P
3 enchatonner .... T
3 enchausser .... T
3 enchemiser .... T
6 enchérir I
3 enchetarder .... T
3 enchevaucher .... T
3 enchevêtrer .... T
5 s'enchevêtrer .... P
19 enchifrener .... T
3 enchtiber .... T
3 enchtourber .... T
3 encirer .... T
3 enclaver .... T
5 s'enclaver .... P
3 enclencher .... T
5 s'enclencher .... P
24 encliqueter .... T
3 encloîtrer .... T
11 encloquer .... T
104 enclore .... T, D
7 enclouer .... T
3 encocher .... T
3 encoder .... T
3 encoffrer .... T
3 encoller .... T
3 encombrer .... T
5 s'encombrer .... P
3 encorder .... T
5 s'encorder .... P
3 encorner .... T
13 encourager .... T
32 encourir .... T
3 encrasser .... T
5 s'encrasser .... P
3 encrêper .... T
3 encrer .... I, T
3 encrister .... T
5 s'encroumer .... Esp
3 encroûter .... T

T : transitif direct **Ti :** transitif indirect **I :** intransitif **Esp :** verbe essentiellement pronominal
P : construction pronominale **imp. :** impersonnel **D :** défectif

5	s'encroûter	**P**
3	encrypter	**T**
3	enculer	**T**
3	encuver	**T**
3	endauber	**T**
3	endenter	**T**
3	endetter	**T**
5	s'endetter	**P**
9	endeuiller	**T**
3	endêver seulement à l'infinitif	**I, D**
3	endiabler	**I, T**
11	endiguer	**T**
3	endimancher	**T**
5	s'endimancher	**P**
3	endivisionner	**T**
3	endoctriner	**T**
6	endolorir	**T**
13	endommager	**T**
34	endormir	**T**
34	s'endormir	**P**
3	endosser	**T**
74	enduire	**I, T**
74	s'enduire	**P**
6	endurcir	**T**
6	s'endurcir	**P**
3	endurer	**T**
3	énerver	**T**
5	s'énerver	**P**
3	enfaîter	**T**
3	enfanter	**I, T**
3	enfariner	**T**
3	enfermer	**T**
5	s'enfermer	**P**
3	enferrer	**T**
5	s'enferrer	**P**
3	enficher	**T**
3	enfieller	**T**
14	enfiévrer	**T**
14	s'enfiévrer	**P**
3	enfiler	**T**
5	s'enfiler	**P**
3	enflammer	**T**
5	s'enflammer	**P**
14	enflécher	**T**
3	enfler	**I, T**
5	s'enfler	**P**
3	enfleurer	**T**
3	enfoirer	**T**
5	s'enfoirer	**P**
12	enfoncer	**T**
12	s'enfoncer	**P**
6	enforcir	**I**
9	enfouiller	**T**
6	enfouir	**T**
6	s'enfouir	**P**
9	enfourailler	**T**
3	enfourcher	**T**
3	enfourner	**T**
86	enfreindre	**T**
38	s'enfuir	**Esp**
3	enfumer	**T**
9	enfutailler	**T**
3	enfûter	**T**
13	engager	**T**
13	s'engager	**P**
3	engainer	**T**
3	engamer	**T**
3	engargousser	**T**
3	engaver	**T**
3	engazonner	**T**
3	engendrer	**T**
3	engerber	**T**
12	englacer	**T**
3	englober	**T**
6	engloutir	**T**
6	s'engloutir	**P**
7	engluer	**T**
7	s'engluer	**P**
3	engober	**T**
3	engommer	**T**
12	engoncer	**T**
13	engorger	**T**
13	s'engorger	**P**
7	s'engouer	**Esp**
3	engouffrer	**T**
5	s'engouffrer	**P**
3	engouler	**T**
6	engourdir	**T**
6	s'engourdir	**P**
3	engraisser	**I, T**
5	s'engraisser	**P**
13	engranger	**T**
3	engraver	**T**
19	engrener	**T**
3	engrosser	**T**
21	engrumeler	**T**
3	engueuler	**T**
5	s'engueuler	**P**
3	enguirlander	**T**
6	enhardir	**T**
6	s'enhardir	**P**
3	enharnacher	**T**
3	enherber	**T**
3	énieller	**T**
3	enivrer	**T**
5	s'enivrer	**P**
3	enjamber	**I, T**
21	enjaveler	**T**
88	enjoindre	**T**
3	enjôler	**T**
3	enjoliver	**T**
12	enjoncer	**T**
7	enjouer	**T**
11	enjuguer	**T**
3	enjuponner	**T**
5	s'enkyster	**Esp**
12	enlacer	**T**
12	s'enlacer	**P**
6	enlaidir *être* ou *avoir*	**I, T**
6	s'enlaidir	**P**
19	enlever	**T**

T : transitif direct **Ti :** transitif indirect **I :** intransitif **Esp :** verbe essentiellement pronominal
P : construction pronominale **imp. :** impersonnel **D :** défectif

19 s'enlever .... P
3 enliasser .... T
8 enlier .... T
9 enligner .... T
3 enliser .... T
5 s'enliser .... P
3 enluminer................. T
13 enneiger .... T
6 ennoblir.................... T
13 ennuager................... T
13 s'ennuager................ P
26 ennuyer .... T
26 s'ennuyer .... P
12 énoncer .... T
12 s'énoncer .... P
6 enorgueillir............... T
6 s'enorgueillir .... P
7 énouer....................... T
40 s'enquérir .... Esp
3 enquêter I
9 enquiller I
9 s'enquiller................. P
3 enquiquiner .... T
5 s'enquiquiner .... P
3 enraciner................. T
5 s'enraciner................ P
13 enrager.................... I
9 enrailler .... T
25 enrayer.................... T
25 s'enrayer .... P
3 enrégimenter .... T
3 enregistrer .... T
5 s'enregistrer.............. P
3 enrêner.................... T
3 enrésiner................. T
3 enrhumer .... T
5 s'enrhumer .... P
6 enrichir.................... T
6 s'enrichir .... P
3 enrober.................... T
3 enrocher .... T
3 enrôler .... T
5 s'enrôler.................... P
7 enrouer..................... T
7 s'enrouer.................. P
9 enrouiller I
9 s'enrouiller .... P
3 enrouler................... T
5 s'enrouler................. P
3 enrubanner............... T
3 ensabler................... T
5 s'ensabler .... P
3 ensaboter................. T
3 ensacher .... T
3 ensaisiner................. T
3 ensanglanter............. T
13 ensauvager .... T
5 s'ensauver .... Esp
9 enseigner .... T
9 s'enseigner .... P
12 ensemencer .... T
3 enserrer................... T
6 ensevelir .... T
6 s'ensevelir .... P
3 ensiler .... T
9 ensoleiller .... T
21 ensorceler .... T
3 ensoufrer .... T
14 enstérer................... T
102 s'ensuivre .... Esp, D
seulement à l'inf., au part. présent et aux 3es pers. *(il s'est ensuivi* ou *il s'en est ensuivi* ou encore *il s'en est suivi)*
11 ensuquer.................. T
3 entabler................... T
3 entacher .... T
9 entailler .... T
9 s'entailler .... P
3 entamer.................... T
11 entaquer .... T
3 entarter .... T
3 entartrer .... T
5 s'entartrer .... P
3 entasser................... T
5 s'entasser .... P
83 entendre .... T
83 s'entendre .... P
14 enténébrer .... T
14 s'enténébrer............. P
3 enter........................ T
3 entériner................... T
3 enterrer .... T
5 s'enterrer .... P
3 entêter .... T
5 s'entêter .... P
3 enthousiasmer .... T
5 s'enthousiasmer......... P
5 s'enticher .... Esp
3 entifler .... T
5 s'entifler................... P
3 entoiler.................... T
3 entôler .... T
3 entonner.................. T
3 entorser afr I
9 entortiller................. T
9 s'entortiller............... P
3 entourer .... T
5 s'entourer................. P
3 entourlouper............. T
5 s'entraccorder .... Esp
5 s'entraccuser.......... Esp
5 s'entradmirer .... Esp
5 s'entraider............. Esp
5 s'entraimer .... Esp
3 entraîner.................. T
5 s'entraîner .... P
48 entrapercevoir........... T
48 s'entrapercevoir......... P
3 entraver.................... T
9 entrebâiller............... T
9 s'entrebâiller .... P
93 s'entrebattre .... Esp

T : transitif direct **Ti :** transitif indirect **I :** intransitif **Esp :** verbe essentiellement pronominal
P : construction pronominale **imp. :** impersonnel **D :** défectif

N°	Verbe	Construction
11	entrechoquer	T
11	s'entrechoquer	P
3	entrecouper	T
5	s'entrecouper	P
3	entrecroiser	T
5	s'entrecroiser	P
5	s'entre-déchirer	Esp
74	s'entre(-)détruire	Esp
5	s'entre-dévorer	Esp
13	s'entre-égorger	Esp
5	s'entre-frapper	Esp
29	s'entre-haïr	Esp
3	entre-heurter	P
12	entrelacer	T
12	s'entrelacer	P
3	entrelarder	T
7	s'entre-louer	Esp
13	s'entre(-)manger	Esp
3	entremêler	T
5	s'entremêler	P
94	s'entremettre	Esp
74	s'entre(-)nuire	Esp
3	entreposer	T
84	entreprendre	T
3	entrer *être* ou *avoir*	I, T
5	s'entre(-)regarder	Esp
9	s'entretailler	Esp
39	entretenir	T
39	s'entretenir	P
3	entretoiser	T
7	s'entre(-)tuer	Esp
49	entrevoir	T
49	s'entrevoir	P
3	entrevoûter	T
42	entrouvrir	T
42	s'entrouvrir	P
3	entuber	T
10	énucléer	T
14	énumérer	T
6	envahir	T
3	envaser	T
5	s'envaser	P
3	envelopper	T
5	s'envelopper	P
3	envenimer	T
5	s'envenimer	P
13	enverger	T
11	enverguer	T
3	enviander	T
3	envider	T
8	envier	T
6	envieillir	T
6	s'envieillir	P
3	environner	T
5	s'environner	P
13	envisager	T
5	s'envoiler	Esp
5	s'envoler	Esp
3	envoûter	T
28	envoyer	T
28	s'envoyer	P
6	épaissir	I, T
6	s'épaissir	P
3	épaler	T
3	épamprer	T
3	épancher	T
5	s'épancher	P
85	épandre	T
85	s'épandre	P
21	épanneler	T
3	épanner	T
6	épanouir	I
6	s'épanouir	P
9	épargner	T, Ti
9	s'épargner	P
9	éparpiller	T
9	s'éparpiller	P
9	épastrouiller	T
3	épater	T
3	épaufrer	T
3	épauler	T
5	s'épauler	P
21	épeler	T
21	s'épeler	P
3	épépiner	T
83	s'éperdre	Esp
3	éperonner	T
3	épeuler	T
3	épeurer	T
12	épicer	T
8	épier	T
8	s'épier	P
3	épierrer	T
3	épiler	T
5	s'épiler	P
11	épiloguer	T, Ti
21	épinceler	T
12	épincer	T
24	épinceter	T
3	épiner	T
3	épingler	T
3	épisser	T
5	s'épivarder québ	Esp
27	éployer	T
27	s'éployer	P
3	éplucher	T
3	épointer	T
13	éponger	T
13	s'éponger	P
9	épontiller	T
9	épouiller	T
3	époumoner	T
5	s'époumoner	P
3	épouser	T
5	s'épouser	P
24	épousseter	T
3	époustoufler	T
8	époutier	T
6	époutir	T
3	épouvanter	T
5	s'épouvanter	P
86	épreindre	T

T : transitif direct **Ti :** transitif indirect **I :** intransitif **Esp :** verbe essentiellement pronominal
P : construction pronominale **imp. :** impersonnel **D :** défectif

N°	Verbe	Construction
84	s'éprendre	Esp
3	éprouver	T
5	s'éprouver	P
12	épucer	T
3	épuiser	T
5	s'épuiser	P
3	épurer	T
5	s'épurer	P
6	équarrir	T
3	équerrer	T
3	équeuter	T
3	équilibrer	T
5	s'équilibrer	P
3	équiper	T
5	s'équiper	P
55	équivaloir	Ti
55	s'équivaloir	P
11	équivoquer	I
11	éradiquer	T
3	érafler	T
5	s'érafler	P
9	érailler	T
9	s'érailler	P
25	érayer	T
3	éreinter	T
5	s'éreinter	P
3	ergoter	I
13	ériger	T
13	s'ériger	P
3	éroder	T
5	s'éroder	P
3	érotiser	T
3	errer	I
3	éructer	I, T
6	s'esbaudir	Esp
9	s'esbigner	Esp
3	esbroufer	T
3	escalader	T
3	escaloper	T
3	escamoter	T
3	escarmoucher	I
3	escarper	T
8	escarrifier	T
3	escher	T
5	s'esclaffer	Esp
13	esclavager	T
8	escoffier	T
3	escompter	T
3	escorter	T
5	s'escrimer	Esp
11	escroquer	T
3	esgourder	T
12	espacer	T
12	s'espacer	P
14	espérer	T
3	espionner	T
3	espoliner	T
3	espouliner	T
3	esquicher	I
3	esquinter	T
5	s'esquinter	P
3	esquisser	T
5	s'esquisser	P
3	esquiver	T
5	s'esquiver	P
3	essaimer	I, T
13	essanger	T
3	essarter	T
25	essayer	T
25	s'essayer	P
3	essorer	T
9	essoriller	T
3	essoucher	T
3	essouffler	T
5	s'essouffler	P
26	essuyer	T
26	s'essuyer	P
3	estamper	T
9	estampiller	T
	ester seulement à l'infinitif	I, D
8	estérifier	T
3	esthétiser	I, T
3	estimer	T
5	s'estimer	P
3	estiver	I, T
11	estomaquer	T
3	estomper	T
5	s'estomper	P
11	estoquer	T
6	estourbir	T
3	estrapader	T
3	estrapasser	T
8	estropier	T
8	s'estropier	P
3	établer	T
6	établir	T
6	s'établir	P
13	étager	T
13	s'étager	P
13	étalager	T
3	étaler	T
5	s'étaler	P
11	étalinguer	T
3	étalonner	T
3	étamer	T
3	étamper	T
3	étancher	T
3	étançonner	T
11	étarquer	T
3	étatiser	T
25	étayer	T
25	s'étayer	P
86	éteindre	T
86	s'éteindre	P
83	étendre	T
83	s'étendre	P
3	éterniser	T
5	s'éterniser	P
7	éternuer	I
3	étêter	T
8	éthérifier	T
3	éthériser	T

T : transitif direct **Ti :** transitif indirect **I :** intransitif **Esp :** verbe essentiellement pronominal
P : construction pronominale **imp. :** impersonnel **D :** défectif

3 ethniciser .... **T**
21 étinceler .... **I**
3 étioler .... **T**
5 s'étioler .... **P**
24 étiqueter .... **T**
3 étirer .... **T**
5 s'étirer .... **P**
3 étoffer .... **T**
5 s'étoffer .... **P**
3 étoiler .... **T**
3 étonner .... **T**
5 s'étonner .... **P**
3 étouffer .... **I, T**
5 s'étouffer .... **P**
3 étouper .... **T**
9 étoupiller .... **T**
6 étourdir .... **T**
6 s'étourdir .... **P**
3 étrangler .... **T**
5 s'étrangler .... **P**
1 être .... **I**
6 étrécir .... **T**
86 étreindre .... **T**
86 s'étreindre .... **P**
3 étrenner .... **T**
3 étrésillonner .... **T**
9 étriller .... **T**
9 étripailler .... **T**
3 étriper .... **T**
5 s'étriper .... **P**
11 étriquer .... **T**
3 étronçonner .... **T**
8 étudier .... **T**
8 s'étudier .... **P**
3 étuver .... **T**
3 euphoriser .... **T**
3 européaniser .... **T**
5 s'européaniser .... **P**
8 euthanasier .... **T**
7 évacuer .... **T**
7 s'évacuer .... **P**

5 s'évader .... **Esp**
7 évaluer .... **T**
7 s'évaluer .... **P**
3 évangéliser .... **T**
6 s'évanouir .... **Esp**
3 évaporer .... **T**
5 s'évaporer .... **P**
3 évaser .... **T**
5 s'évaser .... **P**
9 éveiller .... **T**
9 s'éveiller .... **P**
3 éventer .... **T**
5 s'éventer .... **P**
3 éventrer .... **T**
5 s'éventrer .... **P**
7 s'évertuer .... **Esp**
3 évider .... **T**
12 évincer .... **T**
14 éviscérer .... **T**
3 éviter .... **T, Ti**
5 s'éviter .... **P**
7 évoluer .... **I**
7 s'évoluer [afr] .... **P**
11 évoquer .... **T**
3 exacerber .... **T**
5 s'exarcerber .... **P**
14 exagérer .... **T**
14 s'exagérer .... **P**
3 exalter .... **T**
5 s'exalter .... **P**
3 examiner .... **T**
5 s'examiner .... **P**
14 exaspérer .... **T**
14 s'exaspérer .... **P**
12 exaucer .... **T**
3 excaver .... **T**
14 excéder .... **T**
3 exceller .... **I**
3 excentrer .... **T**
3 excepter .... **T**
3 exciper .... **Ti**

3 exciser .... **T**
3 exciter .... **T**
5 s'exciter .... **P**
5 s'exclamer .... **Esp**
101 exclure .... **T**
101 s'exclure .... **P**
8 excommunier .... **T**
8 excorier .... **T**
3 excracher .... **T**
14 excréter .... **T**
3 excursionner .... **I**
3 excuser .... **T**
5 s'excuser .... **P**
14 exécrer .... **T**
3 exécuter .... **T**
5 s'exécuter .... **P**
3 exemplifier .... **T**
3 exempter .... **T**
5 s'exempter .... **P**
12 exercer .... **T**
12 s'exercer .... **P**
3 exfiltrer .... **T**
8 exfolier .... **T**
3 exhaler .... **T**
5 s'exhaler .... **P**
3 exhausser .... **T**
14 exhéréder .... **T**
3 exhiber .... **T**
5 s'exhiber .... **P**
3 exhorter .... **T**
3 exhumer .... **T**
13 exiger .... **T**
3 exiler .... **T**
5 s'exiler .... **P**
3 exister .... **I**
5 s'exonder .... **Esp**
14 exonérer .... **T**
14 s'exonérer .... **P**
3 exorciser .... **T**
8 expatrier .... **T**
8 s'expatrier .... **P**

T : transitif direct **Ti :** transitif indirect **I :** intransitif **Esp :** verbe essentiellement pronominal
P : construction pronominale **imp. :** impersonnel **D :** défectif

3 expectorer .... T
8 expédier .... T
3 expérimenter .... T
3 expertiser .... T
8 expier .... T
3 expirer .... I, T
être ou *avoir*
3 expliciter .... T
11 expliquer .... T
11 s'expliquer .... P
3 exploiter .... T
3 explorer .... T
3 exploser I
5 s'exploser .... P
3 exporter .... T
3 exposer .... T
5 s'exposer .... P
3 exprimer .... T
5 s'exprimer .... P
8 exproprier .... T
3 expulser .... T
13 expurger .... T
3 exsuder .... T
8 s'extasier .... Esp
7 exténuer .... T
7 s'exténuer .... P
3 extérioriser .... T
5 s'extérioriser .... P
3 exterminer .... T
3 externaliser .... T
3 externer [afr] .... T
3 extirper .... T
5 s'extirper .... P
11 extorquer .... T
3 extourner .... T
3 extrader .... T
69 extraire .... T, D
pas de passé simple ni de subj. imparfait
69 s'extraire .... P
3 extrapoler .... I, T
11 extravaguer I
3 extravaser .... T
5 s'extravaser .... P
3 extruder .... T
14 exulcérer .... T
3 exulter I

F

11 fabriquer .... T
11 se fabriquer .... P
3 fabuler I
3 facetter .... T
3 fâcher .... T
5 se fâcher .... P
3 faciliter .... T
5 se faciliter .... P
3 façonner .... T
3 factoriser .... T
3 facturer .... T
3 fader .... T
3 fagoter .... T
5 se fagoter .... P
6 faiblir I
3 faignanter I
9 se failler .... Esp
45 faillir .... I, D
s'aligne sur *finir* pour le futur et le conditionnel, employé surtout au passé simple, à l'infinitif et aux temps composés
3 fainéanter I
3 fainéantiser I
68 faire .... T
68 se faire .... P
3 faisander .... T
5 se faisander .... P
62 falloir .... T, imp.
62 s'en falloir .... P, imp.
3 faloter I
8 falsifier .... T
3 faluner .... T
3 familiariser .... T
5 se familiariser .... P
3 fanatiser .... T
5 se fanatiser .... P
3 faner .... T
5 se faner .... P
3 fanfaronner I
3 fanfrelucher .... T
3 fantasmer .... I, T
5 se fantaliser [afr] .... Esp
6 farcir .... T
6 se farcir .... P
3 farder .... I, T
5 se farder .... P
9 farfouiller .... I, T
11 farguer .... T
3 fariner .... I, T
3 farter .... T
3 fasciner .... T
3 fasciser .... T
9 faseiller I
25 faseyer I
11 fatiguer .... I, T
11 se fatiguer .... P
14 faubérer [afr] I
3 faucarder .... T
3 faucher .... I, T
3 fauconner I
3 faufiler .... T
5 se faufiler .... P
3 fausser .... T
5 se fausser .... P
3 fauter I
3 favoriser .... T
3 faxer .... T
3 fayot(t)er I
3 féconder .... T
3 féculer .... T
3 fédéraliser .... T
5 se fédéraliser .... P

T : transitif direct **Ti :** transitif indirect **I :** intransitif **Esp :** verbe essentiellement pronominal
P : construction pronominale **imp. :** impersonnel **D :** défectif

14 fédérer .... **T**
14 se fédérer .... **P**
3 feignanter .... **I**
86 feindre .... **T**
3 feinter .... **T**
3 fêler .... **T**
5 se fêler .... **P**
3 féliciter .... **T**
5 se féliciter .... **P**
3 féminiser .... **T**
5 se féminiser .... **P**
9 fendiller .... **T**
9 se fendiller .... **P**
83 fendre .... **T**
83 se fendre .... **P**
3 fenestrer .... **T**
3 fenêtrer .... **T**
férir .... **T, D**
seulement dans les expressions *sans coup férir* ou *féru de*
3 ferler .... **T**
3 fermenter .... **I**
3 fermer .... **I, T**
5 se fermer .... **P**
9 ferrailler .... **I**
3 ferrer .... **T**
3 ferrouter .... **T**
3 fertiliser .... **T**
3 fesser .... **T**
3 féticher [afr] .... **T**
3 festonner .... **T**
27 festoyer .... **I, T**
3 fêter .... **T**
3 fétichiser .... **T**
9 feuiller .... **I**
24 feuilleter .... **T**
3 feuilletiser .... **T**
3 feuler .... **I**
3 feutrer .... **T**
5 se feutrer .... **P**

3 fiabiliser .... **T**
12 fiancer .... **T**
12 se fiancer .... **P**
21 ficeler .... **T**
3 ficher .... **T**
5 se ficher .... **P**
5 se fiche(r) .... **Esp**
je me fiche de...,
p. p. : *fichu, ue, us, ues*
3 fidéliser .... **T**
3 fieffer .... **T**
3 fienter .... **I**
8 se fier .... **Esp**
13 figer .... **I, T**
13 se figer .... **P**
3 fignoler .... **T**
3 figurer .... **I, T**
5 se figurer .... **P**
3 filer .... **I, T**
5 se filer .... **P**
23 fileter .... **T**
3 filialiser .... **T**
3 filigraner .... **T**
3 filmer .... **T**
3 filocher .... **I, T**
3 filouter .... **T**
3 filtrer .... **I, T**
3 finaliser .... **T**
12 financer .... **T**
3 financiariser .... **T**
3 finasser .... **I**
6 finir .... **I, T**
3 finlandiser .... **T**
3 fiscaliser .... **T**
3 fissionner .... **I, T**
3 fissurer .... **T**
5 se fissurer .... **P**
3 fixer .... **T**
5 se fixer .... **P**
3 flageller .... **T**
5 se flageller .... **P**

3 flageoler .... **I**
3 flagorner .... **T**
3 flairer .... **T**
3 flamber .... **I, T**
27 flamboyer .... **I**
3 flancher .... **I**
3 flâner .... **I**
3 flânocher .... **I**
11 flanquer .... **T**
11 se flanquer .... **P**
11 flaquer .... **I**
3 flasher .... **I, T**
3 flatter .... **T**
5 se flatter .... **P**
3 flauper .... **T**
14 flécher .... **T**
6 fléchir .... **I, T**
3 flemmarder .... **I**
6 flétrir .... **T**
6 se flétrir .... **P**
3 fleurdeliser .... **T**
3 fleurer .... **T**
6 fleurir .... **I, T**
pour « orner de fleurs », radical *fleur* ; pour « prospérer », radical *flor* à l'imparfait *(il florissait)* et au part. présent *(florissant)*
3 flexibiliser .... **T**
3 flibuster .... **I, T**
3 flingoter .... **T**
11 flinguer .... **T**
11 se flinguer .... **P**
3 flipper .... **I**
11 fliquer .... **T**
3 flirter .... **I**
3 floconner .... **I**
3 floculer .... **I**
11 floquer .... **T**
3 flotter .... **I, T, imp.**
7 flouer .... **T**
3 flouser .... **I**

T : transitif direct **Ti :** transitif indirect **I :** intransitif **Esp :** verbe essentiellement pronominal
P : construction pronominale **imp. :** impersonnel **D :** défectif

3 flouter..................... T
3 fluber...................... I
7 fluctuer.................... I
7 fluer....................... I
8 fluidifier.................. T
8 se fluidifier............... P
3 fluidiser................... T
3 fluoriser................... T
3 flurer...................... T
3 flûter.................... I, T
3 fluxer...................... T
3 focaliser................... T
5 se focaliser................ P
3 foirer.................... I, T
3 foisonner................... I
3 folâtrer.................... I
3 folichonner................. I
3 folioter.................... T
3 folkloriser................. T
3 fomenter.................... T
12 foncer................... I, T
12 se foncer.................. P
3 fonctionnaliser............. T
3 fonctionnariser............. T
3 fonctionner................. I
3 fonder...................... T
5 se fonder................... P
83 fondre................... I, T
83 se fondre.................. P
6 forbannir................... T
12 forcer................... I, T
12 se forcer.................. P
6 forcir...................... I
forclore................. T, D
seulement à l'infinitif
et au p. p. : *forclos, ose, oses*
3 forer....................... T
68 forfaire........... I, T, Ti, D
seulement à l'infinitif,
au sing. de l'ind. présent,
au p. p. et aux temps composés
13 forger..................... T
13 se forger.................. P
7 forhuer................... I, T
24 forjeter................. I, T
12 forlancer.................. T
9 forligner................... I
13 forlonger................ I, T
3 formaliser.................. T
5 se formaliser............... P
3 formater.................... T
5 se formater................. P
3 former...................... T
5 se former................... P
3 formicaliser afr............ T
3 formoler.................... T
3 formuler.................... T
5 se formuler................. P
11 forniquer.................. I
8 fortifier................... T
8 se fortifier................ P
3 fortitrer................... I
3 fossiliser.................. T
5 se fossiliser............... P
27 fossoyer................... T
9 fouailler................... T
3 fouder afr.................. T
27 foudroyer.................. T
3 fouetter.................. I, T
13 fouger..................... I
9 fouiller.................. I, T
9 se fouiller................. P
3 fouiner..................... I
6 fouir....................... T
3 fouler...................... T
5 se fouler................... P
9 fourailler................ I, T
3 fourber..................... T
6 fourbir..................... T
3 fourcher.................. I, T
3 fourgonner.................. I
11 fourguer................... T
9 fourmiller.................. I
6 fournir................... T, Ti
6 se fournir.................. P
13 fourrager................ I, T
3 fourrer..................... T
5 se fourrer.................. P
27 fourvoyer.................. T
27 se fourvoyer............... P
93 foutre................... T, D
rare au passé simple,
au passé antérieur de l'ind.,
à l'imparfait, au plus-que-parfait du subj.
93 se foutre.................. P
3 fracasser................... T
5 se fracasser................ P
3 fractionner................. T
5 se fractionner.............. P
3 fracturer................... T
5 se fracturer................ P
3 fragiliser.................. T
5 se fragiliser............... P
3 fragmenter.................. T
5 se fragmenter............... P
6 fraîchir.................... I
3 fraiser..................... T
3 framboiser.................. T
6 franchir.................... T
6 se franchir................. P
3 franchiser.................. T
3 franciser................... T
3 francophoniser québ......... T
13 franger.................... T
3 fransquillonner belg........ I
3 frapper................... I, T
5 se frapper.................. P
3 fraterniser................. I
3 frauder................... I, T
25 frayer................... I, T
25 se frayer.................. P
3 fredonner................. I, T
3 frégater.................... T
3 freiner................... I, T

T : transitif direct **Ti :** transitif indirect **I :** intransitif **Esp :** verbe essentiellement pronominal
P : construction pronominale **imp. :** impersonnel **D :** défectif

5	se freiner	P
3	frelater	T
6	frémir	I
3	fréquenter	I, T
5	se fréquenter	P
14	fréter	T
9	frétiller	I
3	fretter	T
3	fricasser	T
3	fricoter	I, T
3	frictionner	T
5	se frictionner	P
8	frigorifier	T
13	frigorifuger	T
3	frimer	I, T
11	fringuer	I, T
11	se fringuer	P
3	friper	T
5	se friper	P
3	friponner	I, T
11	friquer [afr]	T
82	frire surtout à l'infinitif, au p. p. : *frit*, au singulier de l'ind. présent et futur, du cond., de l'impératif et aux temps composés	I, T, D
3	friser	I, T
5	se friser	P
3	frisotter	I, T
3	frissonner	I
9	fristouiller [belg]	I, T
5	se friter	Esp
3	fritter	I, T
6	froidir	I
3	froisser	T
5	se froisser	P
3	frôler	T
5	se frôler	P
12	froncer	T
12	se froncer	P
3	fronder	I, T
3	frotter	I, T
5	se frotter	P
7	frouer	I
3	froufrouter	I
3	frousser [afr]	I
8	fructifier	I
11	frusquer	T
11	se frusquer	P
3	frustrer	T
5	se frustrer	P
11	fuguer	I
38	fuir	I, T
38	se fuir	P
3	fuiter	I
3	fulgurer	I
3	fulminer	I, T
3	fumer	I, T
13	fumiger	T
23	fureter	I
21	fuseler	T
3	fuser	I
9	fusiller	T
3	fusionner	I, T
13	fustiger	T

G

8	gabarier	T
3	gabionner	T
3	gâcher	T
5	se gâcher	P
3	gadgétiser	T
3	gaffer	I, T
9	gafouiller	T
13	gager	T
9	gagner	I, T, Ti
9	se gagner	P
3	gainer	T
3	galantiser	I, T
3	galber	T
14	galéjer	I
14	galérer	I
3	galipoter	T
3	galonner	T
3	galoper	I, T
3	galvaniser	T
3	galvauder	I, T
5	se galvauder	P
3	gambader	I
13	gamberger	I, T
9	gambiller	I
21	gameler	T
21	se gameler	P
3	gaminer	I
19	gangrener	T
19	se gangrener	P
14	gangréner	T
14	se gangréner	P
3	ganser	T
3	ganter	T
5	se ganter	P
12	garancer	T
6	garantir	T
6	se garantir	P
3	garder	T
5	se garder	P
3	garer	T
5	se garer	P
5	se gargariser	Esp
3	gargoter	I
9	gargouiller	I
6	garnir	T
6	se garnir	P
3	garrotter	T
3	gasconner	I
9	gaspiller	T
9	se gaspiller	P
3	gâter	T
5	se gâter	P
8	gâtifier	I
6	gauchir	I, T
6	se gauchir	P

T : transitif direct **Ti :** transitif indirect **I :** intransitif **Esp :** verbe essentiellement pronominal
P : construction pronominale **imp. :** impersonnel **D :** défectif

3 gauchiser .... T
3 gaufrer .... T
3 gauler..................... T
5 se gausser .... Esp
3 gaver...................... T
5 se gaver .... P
8 gazéifier.................. T
3 gazer..................... I, T
3 gazonner............... I, T
9 gazouiller I
86 geindre................... I
3 gélatiner .... T
3 gélatiniser .... T
20 geler .... I, T
20 se geler................... P
8 gélifier.................... T
8 se gélifier .... P
3 géminer .... T
6 gémir .... I, T
3 gemmer .... T
5 se gendarmer .... Esp
3 gêner .... T
5 se gêner.................. P
3 généraliser .... T
5 se généraliser........... P
14 générer................... T
3 géométriser .... T
3 gerber .... I, T
12 gercer.................... I, T
12 se gercer .... P
14 gérer...................... T
14 se gérer .... P
3 germaniser .... I, T
3 germer I
47 gésir.................... I, D
ne s'emploie qu'au part.
présent, au présent
et à l'impft de l'ind.
3 gesticuler I
27 giboyer.................... T
3 gicler...................... I
3 gifler....................... T
3 gigoter I
3 gironner.................. T
3 girouetter................ I
3 gîter....................... I
3 givrer .... T
5 se givrer.................. P
12 glacer .... I, T, imp.
12 se glacer .... P
3 glaglater I
3 glairer .... T
3 glaiser .... T
3 glander................... I
9 glandouiller I
3 glaner..................... T
6 glapir .... I, T
6 glatir...................... I
3 glaviot(t)er I
14 gléner..................... T
3 gletter [belg] I
3 glisser .... I, T
5 se glisser................. P
3 globaliser .... T
8 glorifier................... T
8 se glorifier .... P
3 gloser.................. T, Ti
3 glouglouter.............. I
3 glousser.................. I
3 gloutonner .... I, T
3 glycériner................ T
3 goaler [afr] .... T
3 gober .... T
13 se goberger........... Esp
24 gobeter................... T
9 godailler I
3 goder I
9 godiller.................... I
5 se godiner [belg] .... Esp
3 godronner .... T
3 goguenarder I
3 goinfrer .... T
5 se goinfrer............... P
5 se gominer .... Esp
3 gommer................... T
5 se gommer .... P
3 gomorrhiser............. T
3 gonder.................... T
3 gondoler I
5 se gondoler.............. P
3 gonfler................. I, T
5 se gonfler .... P
3 gongonner [afr] I
3 goog(o)liser .... T
5 se gorgeonner .... Esp
13 gorger .... T
13 se gorger.................. P
3 gouacher................. T
9 gouailler I
3 goualer .... I, T
3 gouaper I
3 goudronner .... T
13 gouger..................... T
3 gougnot(t)er .... T
3 goujonner .... T
9 goupiller .... T
9 se goupiller.............. P
3 goupillonner .... T
12 se gourancer .... Esp
5 se gourer.............. Esp
3 gourmander............. T
3 goûter .... I, T, Ti
5 se goûter................. P
3 goutter I
3 gouttiner [belg]...... I, imp.
3 gouverner .... I, T
5 se gouverner............ P
8 gracier.................... T
7 graduer................... T
5 se graffer.............. Esp
3 graffiter .... I, T
9 grafigner [québ] .... T

T : transitif direct **Ti :** transitif indirect **I :** intransitif **Esp :** verbe essentiellement pronominal
P : construction pronominale **imp. :** impersonnel **D :** défectif

9 grailler **I, T**
3 graillonner **I**
3 grainer **I, T**
3 graisser **I, T**
3 grammaticaliser **T**
6 grandir **I, T**
être ou *avoir*
6 se grandir **P**
3 graniter **T**
3 granuler **T**
3 graphiter **T**
9 grappiller **I, T**
25 grasseyer **I, T**
3 graticuler **T**
8 gratifier **T**
3 gratiner **I, T**
9 grat(t)ouiller **T**
21 gratteler **T**
3 gratter **I, T**
5 se gratter **P**
21 graveler **T**
3 graver **I, T**
5 se graver **P**
3 gravillonner **T**
6 gravir **I, T**
3 graviter **I**
3 gréciser **T**
11 grecquer **T**
10 gréer **T**
3 greffer **T**
5 se greffer **P**
3 grêler **T, imp.**
3 grelotter **I**
3 grenader **T**
9 grenailler **T**
21 greneler **T**
19 grener **I, T**
9 grenouiller **I**
14 gréser **T**
9 grésiller **I, imp.**
19 grever **T**
14 gréver [afr] **I**
9 gribouiller **T**
3 griffer **T**
5 se griffer **P**
3 griffonner **T**
9 grigner **I**
3 grignoter **T**
3 grigriser [afr] **T**
13 grillager **T**
9 griller **I, T**
9 se griller **P**
12 grimacer **I**
3 grimer **T**
5 se grimer **P**
3 grimper **I, T**
12 grincer **I**
3 grincher **T**
11 gringuer **I**
3 gripper **I, T**
5 se gripper **P**
9 grisailler **I, T**
3 griser **T**
5 se griser **P**
3 grisol(l)er **I**
3 grisonner **I**
21 griveler **I, T**
3 grognasser **I**
9 grogner **I, T**
3 grognonner **I**
21 grommeler **I, T**
3 gronder **I, T**
6 grossir **I, T**
être ou *avoir*
6 se grossir **P**
27 grossoyer **T**
9 grouiller **I**
9 se grouiller **P**
3 groûler [belg] **I**
3 groumer **I**
3 grouper **I, T**
5 se grouper **P**
13 gruger **T**
21 se grumeler **Esp**
10 guéer **T**
6 guérir **I, T**
6 se guérir **P**
27 guerroyer **I, T**
3 guêtrer **T**
5 se guêtrer **P**
3 guetter **T**
5 se guetter **P**
3 gueuler **I, T**
3 gueuletonner **I**
3 gueuser **I, T**
3 guider **T**
5 se guider **P**
9 guigner **T**
24 guillemeter **T**
9 guiller **I**
3 guillocher **T**
3 guillotiner **T**
3 guincher **I**
9 guindailler [afr + belg] **I**
3 guinder **T**
5 se guinder **P**
3 guiper **T**

H

3 habiliter **T**
9 habiller **T**
9 s'habiller **P**
3 habiter **I, T**
7 habituer **T**
7 s'habituer **P**
3 * hâbler **I**
3 * hacher **T**
3 * hachurer **T**
29 * haïr **T**
29 * se haïr **P**
19 halbrener **I**

T : transitif direct **Ti :** transitif indirect **I :** intransitif **Esp :** verbe essentiellement pronominal
P : construction pronominale **imp. :** impersonnel **D :** défectif *h : h aspiré

3 haleiner ... I, T
19 halener ... I, T
3 * haler ... T
3 * hâler ... T
5 se hâler ... P
23 * haleter ... I
3 * halkiner belg ... I
3 halluciner ... T
3 hameçonner ... T
3 * hancher ... I, T
20 handeler belg ... T
3 * handicaper ... T
3 * hannetonner ... I, T
3 * hanter ... T
3 * happer ... I, T
11 * haranguer ... T
3 * harasser ... T
20, 21 * harceler ... T
3 * harder ... T
3 haricoter ... T
3 harmoniser ... T
5 s'harmoniser ... P
3 * harnacher ... T
5 se harnacher ... P
9 * harpailler ... I
3 * harper ... T
3 * harponner ... T
3 * hasarder ... T
5 se hasarder ... P
3 * hâter ... T
5 se hâter ... P
3 * haubaner ... T
3 * hausser ... T
5 se hausser ... P
3 * haver ... T
6 * havir ... I, T
13 héberger ... T
14 hébéter ... T
3 hébraïser ... I, T
14 * héler ... T
14 * se héler ... P
3 héliporter ... T
3 hélitransporter ... T
9 hélitreuiller ... T
3 helléniser ... I, T
6 * hennir ... I
13 herbager ... T
9 herbeiller ... I
3 herber ... T
3 herboriser ... I
3 hercher ... I
3 * hérisser ... T
5 se hérisser ... P
3 * hérissonner ... T
5 se hérissonner ... P
3 hériter ... T, Ti
3 * herser ... T
3 hésiter ... I
3 * heurter ... I, T
5 se heurter ... P
3 hiberner ... I, T
3 * hiérarchiser ... T
3 hispaniser ... T
3 * hisser ... T
5 se hisser ... P
8 historier ... T
3 hiverner ... I, T
3 * hocher ... T
8 holographier ... T
8 homogénéifier ... T
3 homogénéiser ... T
11 homologuer ... T
3 * hongrer ... T
27 * hongroyer ... T
6 * honnir ... T
3 honorer ... T
5 s'honorer ... P
24 * hoqueter ... I
8 horrifier ... T
3 horripiler ... T
3 hospitaliser ... T
3 hotter ... T
3 * houblonner ... T
7 * houer ... T
3 * houpper ... T
3 * hourder ... T
6 * hourdir ... T
9 * houspiller ... T
3 * housser ... T
3 houssiner ... T
3 * hucher ... T
7 * huer ... I, T
3 huiler ... T
* huir ... I, D
seulement à l'inf., au présent et aux temps composés
3 hululer ... I
3 humaniser ... T
5 s'humaniser ... P
3 humecter ... T
5 s'humecter ... P
3 * humer ... T
8 humidifier ... T
8 s'humidifier ... P
8 humilier ... T
8 s'humilier ... P
3 * hurler ... I, T
3 hybrider ... T
5 s'hybrider ... P
3 hydrater ... T
5 s'hydrater ... P
13 hydrofuger ... T
14 hydrogéner ... T
3 hydrolyser ... T
8 hypertrophier ... T
8 s'hypertrophier ... P
3 hypnotiser ... T
5 s'hypnotiser ... P
8 hypostasier ... T
16 hypothéquer ... T

T : transitif direct **Ti :** transitif indirect **I :** intransitif **Esp :** verbe essentiellement pronominal
P : construction pronominale **imp. :** impersonnel **D :** défectif *h : h aspiré

I

3 iconiser .... T
3 idéaliser .... T
8 identifier .... T
8 s'identifier .... P
3 idéologiser .... T
8 idiotifier .... I, T
3 idiotiser .... I, T
3 idolâtrer .... T
13 ignifuger .... T
3 ignorer .... T
5 s'ignorer .... P
3 illuminer .... T
5 s'illuminer .... P
3 illusionner .... T
5 s'illusionner .... P
3 illustrer .... T
5 s'illustrer .... P
3 illuter .... T
13 imager .... T
3 imaginer .... T
5 s'imaginer .... P
3 imbiber .... T
5 s'imbiber .... P
11 imbriquer .... T
11 s'imbriquer .... P
3 imiter .... T
5 s'imiter .... P
3 immatérialiser .... T
3 immatriculer .... T
13 immerger .... T
13 s'immerger .... P
3 immigrer I
12 s'immiscer .... Esp
3 immobiliser .... T
5 s'immobiliser .... P
3 immoler .... T
5 s'immoler .... P
3 immortaliser .... T
5 s'immortaliser .... P
3 immuniser .... T
5 s'immuniser .... P
3 impacter .... T
6 impartir .... T, D
seulement à l'ind. présent, au participe passé et aux temps composés
3 impatienter .... T
5 s'impatienter .... P
3 impatroniser .... T
3 imperméabiliser .... T
14 impétrer .... T
3 implanter .... T
5 s'implanter .... P
3 implémenter .... T
11 impliquer .... T
11 s'impliquer .... P
3 implorer .... T
3 imploser I
3 importer .... I, T, Ti
3 importuner .... T
3 imposer .... T
5 s'imposer .... P
15 imprégner .... T
15 s'imprégner .... P
3 impressionner .... T
3 imprimer .... T
5 s'imprimer .... P
3 improuver .... T
3 improviser .... T
5 s'improviser .... P
3 impulser .... T
3 imputer .... T
3 inactiver .... T
5 s'inalper .... Esp
3 inaugurer .... T
14 incarcérer .... T
3 incarner .... T
5 s'incarner .... P
8 incendier .... T
14 incinérer .... T
3 inciser .... T
3 inciter .... T
3 incliner .... I, T
5 s'incliner .... P
101 inclure .... T
101 s'inclure .... P
3 incomber .... Ti
s'emploie aux 3es personnes
3 incommoder .... T
3 incorporer .... T
5 s'incorporer .... P
3 incrémenter .... T
3 incriminer .... T
3 incruster .... T
5 s'incruster .... P
3 incuber .... T
3 inculper .... T
11 inculquer .... T
3 incurver .... T
5 s'incurver .... P
11 indaguer belg I
3 indemniser .... T
5 s'indemniser .... P
3 indexer .... T
3 indianiser .... T
12 indicer .... T
14 indifférer .... Ti
9 indigner .... T
9 s'indigner .... P
11 indiquer .... T
3 indisposer .... T
3 individualiser .... T
5 s'individualiser .... P
74 induire .... T
8 indulgencier .... T
3 indurer .... T
5 s'indurer .... P
3 industrialiser .... T
5 s'industrialiser .... P
3 infantiliser .... T

T : transitif direct **Ti :** transitif indirect **I :** intransitif **Esp :** verbe essentiellement pronominal
P : construction pronominale **imp. :** impersonnel **D :** défectif

7 infatuer .... T
7 s'infatuer .... P
3 infecter .... T
5 s'infecter .... P
3 inféoder .... T
5 s'inféoder .... P
14 inférer .... T
3 inférioriser .... T
3 infester .... T
3 infibuler .... T
3 infiltrer .... T
5 s'infiltrer .... P
3 infirmer .... T
6 infléchir .... T
6 s'infléchir .... P
13 infliger .... T
13 s'infliger .... P
12 influencer .... T
7 influer .... Ti
3 informatiser .... T
5 s'informatiser .... P
3 informer .... T
5 s'informer .... P
3 infuser .... I, T
8 s'ingénier .... Esp
14 ingérer .... T
14 s'ingérer .... P
3 ingurgiter .... T
3 inhaler .... T
3 inhiber .... T
3 inhumer .... T
3 initialer [québ] .... T
3 initialiser .... T
8 initier .... T
8 s'initier .... P
3 injecter .... T
5 s'injecter .... P
8 injurier .... T
8 s'injurier .... P
3 innerver .... T
3 innocenter .... T
3 innover .... I, T
3 inoculer .... T
5 s'inoculer .... P
3 inonder .... T
5 s'inonder .... P
14 inquiéter .... T
14 s'inquiéter .... P
80 inscrire .... T
80 s'inscrire .... P
3 insculper .... T
3 inséminer .... T
3 insensibiliser .... T
14 insérer .... T
14 s'insérer .... P
7 insinuer .... T
7 s'insinuer .... P
3 insister I
3 insoler .... T
3 insolubiliser .... T
3 insonoriser .... T
3 inspecter .... T
3 inspirer .... I, T
5 s'inspirer .... P
3 installer .... T
5 s'installer .... P
3 instaurer .... T
5 s'instaurer .... P
11 instiguer [belg] .... T
3 instiller .... T
7 instituer .... T
7 s'instituer .... P
3 institutionnaliser .... T
5 s'institutionnaliser .... P
74 instruire .... T
74 s'instruire .... P
3 instrumentaliser .... T
3 instrumenter .... I, T
3 insuffler .... T
3 insulter .... T, Ti
5 s'insulter .... P
3 insupporter .... T
ne s'emploie qu'avec un pronom comme complément, ex. : *Paul m'insupporte.*
13 s'insurger .... Esp
9 intailler .... T
14 intégrer .... I, T
14 s'intégrer .... P
3 intellectualiser .... T
8 intensifier .... T
8 s'intensifier .... P
3 intenter .... T
6 interagir I
3 intercaler .... T
5 s'intercaler .... P
14 intercéder I
3 intercepter .... T
3 interclasser .... T
3 interconnecter .... T
77 interdire .... T
77 s'interdire .... P
3 intéresser .... T
5 s'intéresser .... P
12 interfacer .... I, T
14 interférer I
14 s'interférer [afr] .... P
8 interfolier .... T
3 intérioriser .... T
24 interjeter .... T
9 interligner .... T
11 interloquer .... T
3 internaliser .... T
3 internationaliser .... T
5 s'internationaliser .... P
3 interner .... T
22 interpeller .... T
14 s'interpénétrer .... Esp
3 interpoler .... T
3 interposer .... T
5 s'interposer .... P
14 interpréter .... T

T : transitif direct **Ti :** transitif indirect **I :** intransitif **Esp :** verbe essentiellement pronominal
P : construction pronominale **imp. :** impersonnel **D :** défectif

Modèle	Verbe	Construction
14	s'interpréter	P
13	interroger	T
13	s'interroger	P
92	interrompre	T
92	s'interrompre	P
39	intervenir *être*	I
6	intervertir	T
3	interviewer	T
3	intimer	T
3	intimider	T
3	intituler	T
5	s'intituler	P
11	intoxiquer	T
11	s'intoxiquer	P
11	intriguer	I, T
11	intriquer	T
74	introduire	T
74	s'introduire	P
3	introniser	T
3	intuber	T
3	invaginer	T
5	s'invaginer	P
3	invalider	T
3	invectiver	T
3	inventer	T
5	s'inventer	P
8	inventorier	T
3	inverser	T
5	s'inverser	P
11	investiguer	I
6	invertir	T
6	investir	T, Ti
6	s'investir	P
14	s'invétérer	Esp
3	inviter	T
5	s'inviter	P
11	invoquer	T
3	ioder	T
3	iodler	T, I
3	ioniser	T
3	iouler	I, T
3	iriser	T
5	s'iriser	P
3	ironiser	I
8	irradier	I, T
8	s'irradier	P
11	irriguer	T
3	irriter	T
5	s'irriter	P
3	islamiser	T
5	s'islamiser	P
3	isoler	T
5	s'isoler	P
	issir seulement au p. p. : *issu, e*	I, D
3	italianiser	I, T
14	itérer	T
3	ivoiriser afr	T
3	ixer	T

JK

Modèle	Verbe	Construction
3	jabler	T
3	jaboter	I, T
3	jacasser	I
14	jachérer	T
3	jacter	I, T
3	jaffer	I
6	jaillir *être ou avoir*	I
3	jalonner	I, T
3	jalouser	T
5	se jalouser	P
3	jambonner	T
3	japoniser	T
3	japonner	T
3	japper	I
3	jardiner	I, T
3	jargonner	I
24	jarreter	I, T
3	jaser	I
3	jasper	T
3	jaspiner	I, T
13	jauger	I, T
13	se jauger	P
6	jaunir	I, T
21	javeler	I, T
3	javelliser	T
3	javer afr	T
3	jazzer	I
24	jeter	T
24	se jeter	P
3	jeûner	I
3	jobarder	T
3	jocoler afr	I
3	jodler	T, I
3	jogger	I
88	joindre	I, T
88	se joindre	P
27	jointoyer	T
12	joncer	T
3	joncher	T
3	jongler	I
9	jouailler	I
7	jouer	I, T
7	se jouer	P
6	jouir	I, Ti
3	jouter	I
3	jouxter	T
3	jubiler	I
3	jucher	I, T
5	se jucher	P
3	judaïser	I, T
3	judiciariser	T
13	juger	T, Ti
13	se juger	P
3	juguler	T
21	jumeler	T
3	juponner	I, T
3	jurer	I, T
5	se jurer	P

T : transitif direct **Ti :** transitif indirect **I :** intransitif **Esp :** verbe essentiellement pronominal
P : construction pronominale **imp. :** impersonnel **D :** défectif

8 justifier ..... T, Ti
8 se justifier ..... P
3 juter I
3 juxtaposer ..... T
3 kaoter afr ..... T
3 kaotiser afr ..... T
3 kératiniser ..... T
3 kidnapper ..... T
3 kif(f)er ..... I, T
14 kilométrer ..... T
3 klaxonner ..... I, T
3 koter belg I

L

3 labelliser ..... T
3 labialiser ..... T
3 labourer ..... T
5 se labourer ..... P
3 lacaniser ..... I, T
12 lacer ..... T
12 se lacer ..... P
14 lacérer ..... T
3 lâcher ..... I, T
3 laïciser ..... T
5 se laïciser ..... P
3 lainer ..... T
3 laisser ..... T
5 se laisser ..... P
3 laitonner ..... T
3 laïusser I
3 lambiner I
3 lambrisser ..... T
3 lamenter ..... I, T
5 se lamenter ..... P
3 lamer ..... T
3 laminer ..... T
3 lamper ..... T
3 lancequiner I
12 lancer ..... T
12 se lancer ..... P
3 lanciner ..... I, T
13 langer ..... T
24 langueter ..... T
25 langueyer ..... T
6 languir I
6 se languir ..... P
3 lansquiner I
3 lanterner ..... I, T
3 lantiponner I
3 laper ..... I, T
3 lapider ..... T
8 lapidifier ..... T
3 lapiner I
11 laquer ..... T
3 larder ..... T
3 lardonner ..... T
11 larguer ..... T
27 larmoyer I
3 lasser ..... I, T
5 se lasser ..... P
3 latiniser ..... I, T
3 latter ..... T
3 laver ..... T
5 se laver ..... P
25 layer ..... T
14 lécher ..... T
14 se lécher ..... P
3 légaliser ..... T
3 légender ..... T
14 légiférer I
3 légitimer ..... T
16 léguer ..... T
16 se léguer ..... P
3 lemmatiser ..... T
8 lénifier ..... T
14 léser ..... T
3 lésiner I
3 lessiver ..... T
3 lester ..... T
5 se lester ..... P
3 leurrer ..... T
5 se leurrer ..... P
19 lever ..... I, T
19 se lever ..... P
13 léviger ..... T
3 léviter I
3 levretter I
3 lexicaliser ..... T
3 lézarder ..... I, T
5 se lézarder ..... P
3 liaisonner ..... T
3 liarder I
5 se libaniser afr ..... Esp
22 libeller ..... T
3 libéraliser ..... T
5 se libéraliser ..... P
14 libérer ..... T
14 se libérer ..... P
3 libertiner I
8 licencier ..... T
3 licher ..... T
9 lichetrogner ..... T
3 liciter ..... T
18 liéger ..... T
8 lier ..... T
8 se lier ..... P
3 lifter ..... T
3 ligaturer ..... T
9 ligner ..... T
8 se lignifier ..... Esp
3 ligoter ..... T
11 liguer ..... T
11 se liguer ..... P
3 limander ..... T
3 limer ..... I, T
5 se limer ..... P
3 limiter ..... T
5 se limiter ..... P
13 limoger ..... T
3 limoner ..... T
3 limousiner ..... T
13 linger ..... T

T : transitif direct **Ti :** transitif indirect **I :** intransitif **Esp :** verbe essentiellement pronominal
P : construction pronominale **imp. :** impersonnel **D :** défectif

8 liquéfier .... **T**
8 se liquéfier .... **P**
3 liquider .... **T**
79 lire .... **T**
79 se lire .... **P**
11 lisbroquer .... **I**
19 liserer .... **T**
14 lisérer .... **T**
3 lisser .... **T**
3 lister .... **T**
3 liter .... **T**
8 lithographier .... **T**
3 litroner .... **I**
3 livrer .... **T**
5 se livrer .... **P**
8 lixivier .... **T**
3 lober .... **T**
3 lobotomiser .... **T**
3 localiser .... **T**
5 se localiser .... **P**
3 locher .... **I, T**
3 lock(-)outer .... **T**
3 lofer .... **I**
13 loger .... **I, T**
13 se loger .... **P**
11 loguer afr .... **I**
13 longer .... **T**
3 looser .... **I**
11 loquer .... **T**
11 se loquer .... **P**
9 lorgner .... **T**
3 lotionner .... **T**
6 lotir .... **T**
13 louanger .... **T**
3 loucher .... **I**
6 louchir .... **I**
7 louer .... **T**
7 se louer .... **P**
3 louf(f)er .... **I**
3 louper .... **I, T**
5 se louper .... **P**

11 louquer .... **T**
3 lourder .... **T**
3 lourer .... **T**
3 louver .... **T**
24 louveter .... **I**
27 louvoyer .... **I**
3 lover .... **T**
5 se lover .... **P**
8 lubrifier .... **T**
13 luger .... **I**
74 luire .... **I**
3 luncher .... **I**
3 lustrer .... **T**
3 luter .... **T**
3 lutiner .... **T**
3 lutter .... **I**
3 luxer .... **T**
5 se luxer .... **P**
3 lyncher .... **T**
3 lyophiliser .... **T**
3 lyrer québ .... **I**
3 lyser .... **T**

M

3 macadamiser .... **T**
5 se macchaber .... **Esp**
14 macérer .... **I, T**
3 mâcher .... **T**
3 machicoter .... **I**
3 machiner .... **T**
3 mâchonner .... **T**
9 mâchouiller .... **T**
3 mâchurer .... **T**
3 macler .... **T**
3 maçonner .... **T**
11 macquer .... **T**
3 maculer .... **T**
8 madéfier .... **T**
3 madériser .... **T**
3 madrigaliser .... **I**

3 maganer québ .... **T**
3 magasiner québ .... **I, T**
9 se magner .... **Esp**
3 magnétiser .... **T**
3 magnétoscoper .... **T**
8 magnifier .... **T**
3 magoter afr .... **T**
9 magouiller .... **I, T**
3 magyariser .... **T**
6 maigrir .... **I, T**
être ou *avoir*
9 mailler .... **I, T**
24 mailleter .... **T**
94 mainmettre .... **T**
39 maintenir .... **T**
39 se maintenir .... **P**
3 maîtriser .... **T**
5 se maîtriser .... **P**
3 majorer .... **T**
3 malaxer .... **T**
malfaire .... **I, D**
seulement à l'infinitif
3 malléabiliser .... **T**
3 mallouser .... **T**
19 malmener .... **T**
3 malter .... **T**
3 maltraiter .... **T**
3 mamelonner .... **T**
13 manager .... **T**
3 manchonner .... **T**
3 mandater .... **T**
3 mander .... **T**
3 mandriner .... **T**
18 manéger .... **T**
3 mangeotter .... **T**
13 manger .... **T**
13 se manger .... **P**
8 manier .... **T**
8 se manier .... **P**
14 maniérer .... **T**
3 manifester .... **I, T**

T : transitif direct **Ti :** transitif indirect **I :** intransitif **Esp :** verbe essentiellement pronominal
P : construction pronominale **imp. :** impersonnel **D :** défectif

5 se manifester ....P
12 manigancer...............T
3 manipuler.................T
5 se manipuler ....P
3 mannequiner.............T
3 manœuvrer.............I, T
11 manoquer.................T
11 manquer ....I, T, Ti
11 se manquer...............P
3 mansarder ....T
3 manucurer................T
3 manufacturer ....T
3 manutentionner.........T
3 mapper.....................T
11 maquer....................T
11 se maquer ....P
3 maquetter ....T
3 maquignonner...........T
9 maquiller..................T
9 se maquiller ....P
3 marabouter afr ....T
3 maratoner afr.............I
3 marauder ....I, T
3 maraver ....T
3 marbrer ....T
3 marchander ....I, T
3 marcher I
3 marcotter.................T
3 margauder................I
13 marger.....................T
3 marginaliser..............T
5 se marginaliser ....P
3 marginer ....T
3 margot(t)er...............I
8 marier ....T
8 se marier..................P
3 mariner.................I, T
3 marivauder I
3 marmiter..................T
3 marmonner.............I, T
3 marmoriser...............T
3 marmotter..............I, T
3 marner ....I, T
3 maronner I
3 maroquiner...............T
3 maroufler ....T
11 marquer.................I, T
11 se marquer ....P
24 marqueter ....T
5 se marrer.............. Esp
3 marronner I
3 marsouiner I
20 marteler..................T
3 martyriser ....T
3 marxiser..................T
3 masculiniser.............T
11 masquer..................T
11 se masquer ....P
3 massacrer.................T
5 se massacrer ....P
3 masser.....................T
5 se masser ....P
3 massicoter................T
8 massifier ....T
16 mastéguer ....T
11 mastiquer.................T
3 masturber ....T
5 se masturber.............P
3 matabicher afr...........T
3 matcher ....I, T
3 matelasser................T
3 mater ....T
3 mâter ....T
3 matérialiser ....T
5 se matérialiser...........P
3 materner..................T
3 materniser................T
3 mathématiser...........T
8 matifier....................T
3 mâtiner....................T
6 matir.......................T
3 matouser ....T
11 matraquer ....T
12 matricer...................T
3 matriculer ....T
3 maturer ....T
78 maudire...................T
10 maugréer ....I, T
3 maximaliser..............T
3 maximiser ....T
3 mazer.......................T
3 mazouter ....I, T
3 mécaniser.................T
14 mécher ....T
5 se mécompter .... Esp
74 se méconduire belg... Esp
96 méconnaître ....T
3 mécontenter.............T
72 mécroire ....T
9 médailler..................T
3 médiatiser................T
3 médicaliser...............T
3 médicamenter...........T
77 médire....................Ti
2e pers. du pluriel à l'ind. présent et à l'impératif présent : *vous médisez*
3 médiser I
3 méditer.................I, T
3 méduser..................T
68 méfaire.................I, D
seulement à l'infinitif
8 se méfier............... Esp
6 mégir ....T
3 mégisser ....T
3 mégoter................I, T
13 méjuger ....T, Ti
13 mélanger..................T
13 se mélanger ....P
3 mêler ....T
5 se mêler...................P
3 mémoriser................T
12 menacer................I, T
13 ménager ....T

T : transitif direct **Ti :** transitif indirect **I :** intransitif **Esp :** verbe essentiellement pronominal
P : construction pronominale **imp. :** impersonnel **D :** défectif

13 se ménager ..... P
8 mendier ..... I, T
3 mendigoter ..... I, T
19 mener ..... T
19 se mener ..... P
3 menotter ..... T
3 mensualiser ..... T
3 mensurer ..... T
3 mentionner ..... T
36 mentir ..... I, Ti
36 se mentir ..... P
3 menuiser ..... T
84 se méprendre ..... Esp
3 mépriser ..... T
5 se mépriser ..... P
3 mercantiliser ..... T
3 merceriser ..... T
3 merder I
9 merdouiller I
27 merdoyer I
11 meringuer ..... T
3 mériter ..... T, Ti
8 se mésallier ..... Esp
3 mésestimer ..... T
14 mésinterpréter ..... T
63 messeoir ..... Ti, D
seulement au présent, à l'impft. et au futur simple de l'ind., au subj. présent, au cond. présent et au part. présent
3 mesurer ..... I, T
5 se mesurer ..... P
3 mésuser ..... Ti
3 métaboliser ..... T
3 métalliser ..... T
3 métamorphiser ..... T
3 métamorphoser ..... T
5 se métamorphoser ..... P
3 métaphoriser ..... T
3 météoriser ..... T
3 métisser ..... T

14 métrer ..... T
94 mettre ..... T
94 se mettre ..... P
3 meubler ..... T
5 se meubler ..... P
3 meugler I
3 meuler ..... T
6 meurtrir ..... T
83 mévendre ..... T
3 miauler I
3 michetonner I
3 microfilmer ..... T
3 microniser ..... T
3 mignarder ..... T
3 mignoter ..... T
3 migrer I
3 mijoler [belg] I
3 mijoter ..... I, T
5 se mijoter ..... P
3 militariser ..... T
3 militer I
3 millésimer ..... T
3 mimer ..... T
11 mimiquer ..... T
3 minauder I
6 mincir I
3 miner ..... T
3 minéraliser ..... T
3 miniaturer ..... T
3 miniaturiser ..... T
3 minimaliser ..... T
3 minimiser ..... T
3 minorer ..... T
3 minuter ..... T
3 mirer ..... T
5 se mirer ..... P
3 miroiter I
3 miser ..... T
14 misérer [afr] I
3 missionner ..... T
3 mitarder ..... T

3 miter I
5 se miter ..... P
3 mithridatiser ..... T
5 se mithridatiser ..... P
13 mitiger ..... T
3 mitonner ..... I, T
5 se mitonner ..... P
9 mitrailler ..... T
3 mixer ..... T
3 mixtionner ..... T
3 mobiliser ..... T
5 se mobiliser ..... P
20 modeler ..... T
20 se modeler ..... P
3 modéliser ..... T
14 modérer ..... T
14 se modérer ..... P
3 moderniser ..... T
5 se moderniser ..... P
8 modifier ..... T
8 se modifier ..... P
3 moduler ..... I, T
3 mofler [belg] ..... T
3 moirer ..... T
3 moiser ..... T
6 moisir I
3 moissonner ..... T
3 moiter I
6 moitir ..... T
3 molarder ..... I, T
3 molester ..... T
24 moleter ..... T
3 mollarder ..... I, T
3 molletonner ..... T
6 mollir ..... I, T
8 momifier ..... T
8 se momifier ..... P
3 monder ..... T
3 mondialiser ..... T
5 se mondialiser ..... P
3 monétiser ..... T

T : transitif direct **Ti :** transitif indirect **I :** intransitif **Esp :** verbe essentiellement pronominal
P : construction pronominale **imp. :** impersonnel **D :** défectif

25 monnayer .... T
11 monologuer I
3 monopoliser .... T
3 monter .... I, T
être ou *avoir*
5 se monter .... P
3 montrer .... T
5 se montrer .... P
11 moquer .... T
11 se moquer .... P
3 moquetter .... T
3 moraliser .... I, T
21 morceler .... T
21 se morceler .... P
12 mordancer .... T
9 mordiller .... T
3 mordorer .... T
83 mordre .... I, T, Ti
83 se mordre .... P
3 morfaler I
3 morfiler .... T
3 morfler .... T
83 se morfondre .... Esp
14 morigéner .... T
3 mornifler .... T
3 mortaiser .... T
8 mortifier .... T
8 se mortifier .... P
3 motamoter afr I
3 motionner I
3 motiver .... T
5 se motiver .... P
3 motoriser .... T
5 se motter .... Esp
3 moucharder .... T
3 moucher .... I, T
5 se moucher .... P
3 moucheronner I
24 moucheter .... T
90 moudre .... T
23 moueter I
3 mouetter I
24 moufeter .... I, D
surtout à l'infinitif et aux temps composés
3 moufler .... T
3 moufter .... I, D
surtout à l'infinitif et aux temps composés
9 mouiller .... I, T
9 se mouiller .... P
3 mouler .... I, T
3 mouliner .... I, T
3 moulurer .... T
33 mourir I
être
33 se mourir .... P, D
seulement à l'ind. présent et imparfait et au part. présent : *se mourant*
3 mouronner I
3 mousser I
3 moutonner I
3 mouvementer .... T
3 mouver I
58 mouvoir .... T
58 se mouvoir .... P
3 moyenner .... T
3 mucher .... T
7 muer .... I, T
7 se muer .... P
6 mugir I
24 mugueter .... T
3 muloter I
3 multiplexer .... T
8 multiplier .... I, T
8 se multiplier .... P
3 municipaliser .... T
6 munir .... T
6 se munir .... P
3 munitionner .... T
9 murailler .... T
3 murer .... T
5 se murer .... P
6 mûrir .... I, T
3 murmurer .... T
3 musarder I
3 muscader .... T
3 muscler .... T
5 se muscler .... P
21 museler .... T
24 museleter .... T
3 muser I
5 se muser .... P
11 musiquer .... I, T
11 musquer .... T
3 musser .... T
3 muter .... I, T
3 mutiler .... T
5 se mutiler .... P
5 se mutiner .... Esp
3 mutualiser .... T
8 mystifier .... T
8 mythifier .... I, T

N

3 nacrer .... T
5 se nacrer .... P
13 nager .... I, T
97 naître I
être
8 nanifier .... T
3 naniser .... T
6 nantir .... T
6 se nantir .... P
3 napper .... T
11 narguer .... T
3 narrer .... T
3 nasaliser .... T
9 nasiller .... I, T
3 natchaver I
3 nationaliser .... T
3 natter .... T
3 naturaliser .... T

T : transitif direct **Ti :** transitif indirect **I :** intransitif **Esp :** verbe essentiellement pronominal
P : construction pronominale **imp. :** impersonnel **D :** défectif

13	naufrager	I
3	navaler	I
11	naviguer	I
3	navrer	T
8	nazifier	T
3	néantiser	T
3	nébuliser	T
3	nécessiter	T
3	nécroser	T
5	se nécroser	P
13	négliger	T
13	se négliger	P
8	négocier	I, T
8	se négocier	P
8	négrifier [afr]	T
3	neigeoter	imp.
13	neiger	imp.
3	nervurer	T
27	nettoyer	T
3	neutraliser	T
5	se neutraliser	P
3	niaiser	I
3	nicher	I, T
5	se nicher	P
21	nickeler	T
3	nicotiniser	T
8	nidifier	I
22	nieller	T
8	nier	T
3	nigérianiser [afr]	T
3	nimber	T
5	se nimber	P
3	nipper	P
5	se nipper	P
11	niquer	T
3	nitrater	T
3	nitrer	T
8	nitrifier	T
3	nitrurer	T
3	nivaquiner [afr]	I
21	niveler	T
3	nobscuriter [afr]	I
12	nocer	I
6	noircir	I, T
6	se noircir	P
3	noliser	T
3	nomadiser	I
3	nombrer	T
3	nominaliser	T
3	nominer	T
3	nommer	T
5	se nommer	P
12	noncer [afr]	I
3	noper	T
6	nordir	I
3	normaliser	T
5	se normaliser	P
3	noter	T
8	notifier	T
7	nouer	I, T
7	se nouer	P
6	nourrir	T
6	se nourrir	P
3	nover	T
3	noyauter	T
27	noyer	T
27	se noyer	P
12	nuancer	T
12	se nuancer	P
3	nucléariser	T
10	nucléer	T
7	nuer	T
74	nuire	Ti
74	se nuire	P
3	numériser	T
3	numéroter	T

O

6	obéir accepte la voix passive	Ti
14	obérer	T
14	s'obérer	P
3	objecter	T
3	objectiver	T
5	s'objectiver	P
11	objurguer	I
13	obliger	T
13	s'obliger	P
11	obliquer	I
14	oblitérer	T
3	obnubiler	T
5	s'obnubiler	P
3	obombrer	T
6	obscurcir	T
6	s'obscurcir	P
14	obséder	T
3	observer	T
5	s'observer	P
5	s'obstiner	Esp
7	obstruer	T
7	s'obstruer	P
14	obtempérer	Ti
39	obtenir	T
39	s'obtenir	P
3	obturer	T
39	obvenir *être*	I
8	obvier	Ti
3	occasionner	T
3	occidentaliser	T
5	s'occidentaliser	P
	occire seulement à l'infinitif, aux temps composés et au p. p. : *occis, e*	D
101	occlure	T
3	occulter	T
3	occuper	T
5	s'occuper	P
3	ocrer	T
8	octavier	I, T
27	octroyer	T
27	s'octroyer	P

T : transitif direct **Ti :** transitif indirect **I :** intransitif **Esp :** verbe essentiellement pronominal
P : construction pronominale **imp. :** impersonnel **D :** défectif

3 octupler ....T
3 œilletonner ....T
3 œuvrer I
3 offenser ....T
5 s'offenser ....P
3 officialiser ....T
8 officier I
42 offrir ....T
42 s'offrir ....P
11 offusquer ....T
11 s'offusquer ....P
88 oindre ....T, D
surtout à l'infinitif et
au p. p. : *oint, e, s, es*; mais
aussi à l'impft : *ils oignaient*
88 s'oindre ....P
21 oiseler ....I, T
13 ombrager ....T
3 ombrer ....T
94 omettre ....T
27 ondoyer ....I, T
3 onduler ....I, T
8 opacifier ....P
8 s'opacifier ....T
3 opaliser ....T
3 operculer ....T
14 opérer ....I, T
14 s'opérer ....P
12 opiacer ....T
3 opiner I
5 s'opiniâtrer .... Esp
3 opposer ....T
5 s'opposer ....P
3 oppresser ....T
3 opprimer ....T
3 opter I
3 optimaliser ....T
3 optimiser ....T
3 oraliser ....T
13 oranger ....T
3 orbiter I
3 orchestrer ....T
12 ordonnancer ....T
3 ordonner ....T
5 s'ordonner ....P
3 organiser ....T
5 s'organiser ....P
3 organsiner ....T
3 orienter ....T
5 s'orienter ....P
11 oringuer ....T
3 ornementer ....T
3 orner ....T
5 s'orner ....P
8 orthographier ....I, T
8 s'orthographier ....P
3 osciller I
3 oser ....T
8 ossifier ....T
8 s'ossifier ....P
3 ostraciser ....T
3 ôter ....T
5 s'ôter ....P
3 ouater ....T
3 ouatiner ....T
8 oublier ....T
8 s'oublier ....P
9 ouiller ....T
46 ouïr ....T, D
surtout au p. p.
et aux temps composés
5 s'ourder .... Esp
6 ourdir ....T
6 s'ourdir ....P
3 ourler ....T
9 outiller ....T
9 s'outiller ....P
13 outrager ....T
3 outrepasser ....T
3 outrer ....T
13 ouvrager ....T
3 ouvrer ....I, T
42 ouvrir ....I, T
42 s'ouvrir ....P
3 ovaliser ....T
3 ovationner ....T
3 ovuler I
3 oxyder ....T
5 s'oxyder ....P
14 oxygéner ....T
14 s'oxygéner ....P
3 ozoniser ....T

P

13 pacager ....T
8 pacifier ....T
13 packager ....T
11 pacquer ....T
5 se pacser .... Esp
3 pactiser I
5 se paddocker .... Esp
3 paganiser ....I, T
25 pagayer I
5 se pageoter .... Esp
13 pager I
13 se pager ....P
3 paginer ....T
5 se pagnoter .... Esp
3 paillarder I
3 paillassonner ....T
9 pailler ....T
24 pailleter ....T
3 paillonner ....T
21 paisseler ....T
98 paître ....T, D
5 se pajoter .... Esp
3 palabrer I
3 palancrer ....T
3 palangrer ....T
11 palanguer ....T
11 palanquer ....T
3 palataliser ....T

T : transitif direct **Ti :** transitif indirect **I :** intransitif **Esp :** verbe essentiellement pronominal
P : construction pronominale **imp. :** impersonnel **D :** défectif

24 paleter .... **T**
3 palettiser .... **T**
6 pâlir .... **I, T**
3 palissader .... **T**
3 palisser .... **T**
3 palissonner .... **T**
8 pallier .... **T**
3 palmer .... **T**
3 paloter .... **T**
3 palper .... **T**
3 palpiter .... **I**
5 se palucher .... **Esp**
5 se pâmer .... **Esp**
3 panacher .... **T**
5 se panacher .... **P**
3 paner .... **T**
8 panifier .... **T**
11 paniquer .... **I, T**
11 se paniquer .... **P**
3 panneauter .... **T**
3 panner .... **T**
11 panoramiquer .... **I**
3 panosser .... **T**
3 panser .... **T**
21 panteler .... **I**
3 pantoufler .... **I**
3 papillonner .... **I**
3 papilloter .... **I, T**
3 papoter .... **I**
9 papouiller .... **T**
19 parachever .... **T**
3 parachuter .... **T**
3 parader .... **I**
3 parafer .... **T**
3 paraffiner .... **T**
3 paraisonner .... **T**
96 paraître .... **I**
être ou *avoir*
3 paralléliser .... **T**
3 paralyser .... **T**
14 paramétrer .... **T**

3 parangonner .... **T**
3 parapher .... **T**
3 paraphraser .... **T**
3 parasiter .... **T**
3 parcellariser .... **T**
22 parceller .... **T**
3 parcelliser .... **T**
3 parcheminer .... **T**
5 se parcheminer .... **P**
32 parcourir .... **T**
32 se parcourir .... **P**
3 pardonner .... **T**
5 se pardonner .... **P**
3 parementer .... **T**
3 parer .... **T, Ti**
5 se parer .... **P**
3 paresser .... **I**
68 parfaire .... **T, D**
surtout à l'infinitif, au p. p. et aux temps composés
3 parfiler .... **T**
83 parfondre .... **T**
3 parfumer .... **T**
5 se parfumer .... **P**
8 parier .... **I, T**
3 parjurer .... **T**
5 se parjurer .... **P**
3 parkériser .... **T**
3 parlementer .... **I**
3 parler .... **I, T, Ti**
5 se parler .... **P**
3 parloter .... **I**
8 parodier .... **T**
11 parquer .... **I, T**
24 parqueter .... **T**
3 parrainer .... **T**
19 parsemer .... **T**
13 partager .... **T**
13 se partager .... **P**
3 participer .... **Ti**
3 particulariser .... **T**

5 se particulariser .... **P**
36 partir .... **I**
être
36 partir .... **T, D**
seulement à l'infinitif dans l'expression *avoir maille à partir*
3 partitionner .... **T**
3 partouzer .... **I**
39 parvenir .... **I, Ti**
être
3 passementer .... **T**
3 passepoiler .... **T**
3 passer .... **I, T**
être ou *avoir*
5 se passer .... **P**
3 passionner .... **T**
5 se passionner .... **P**
3 passiver .... **T**
22 pasteller .... **T**
3 pasteuriser .... **T**
3 pasticher .... **T**
9 pastiller .... **T**
11 pastiquer .... **I**
3 patafioler .... **T**
13 patauger .... **I**
3 pateliner .... **I, T**
3 patenter .... **T**
3 pâter .... **I**
3 patienter .... **I**
5 se patienter [afr] .... **P**
3 patiner .... **I, T**
5 se patiner .... **P**
6 pâtir .... **I**
3 pâtisser .... **T, I**
3 patoiser .... **I**
9 patouiller .... **I, T**
3 patronner .... **T**
9 patrouiller .... **I**
3 patter .... **T**
3 pâturer .... **I, T**
3 paumer .... **T**

T : transitif direct **Ti :** transitif indirect **I :** intransitif **Esp :** verbe essentiellement pronominal
P : construction pronominale **imp. :** impersonnel **D :** défectif

N°	Verbe	Construction
5	se paumer	P
27	paumoyer	T
3	paupériser	T
3	pauser	I
5	se pavaner	Esp
3	paver	T
3	pavoiser	I, T
25	payer	I, T
25	se payer	P
3	peaufiner	T
3	peausser	I
14	pécher	I
3	pêcher	T
5	se pêcher	P
3	pécloter	I
11	pecquer afr	I
3	pédaler	I
9	peigner	T
9	se peigner	P
86	peindre	T
86	se peindre	P
3	peiner	I, T
3	peinturer	T
3	peinturlurer	T
3	péjorer	T
3	pelaner	T
20	peler	I, T
20	se peler	P
22	peller	T
24	pelleter	T
3	pelliculer	T
3	peloter	I, T
3	pelotonner	T
5	se pelotonner	P
3	pelucher	I
3	pembeniser afr	T
3	pénaliser	T
3	pencher	I, T
5	se pencher	P
9	pendiller	I
9	pendouiller	I
83	pendre	I, T
83	se pendre	P
3	penduler	I
14	pénétrer	I, T
14	se pénétrer	P
3	penser	I, T, Ti
3	pensionner	T
8	pépier	I
12	percer	I, T
12	se percer	P
48	percevoir	T
3	percher	I, T
5	se percher	P
3	percuter	I, T
83	perdre	I, T
83	se perdre	P
3	perdurer	I
3	pérégriner	I
3	pérenniser	T
3	péréquater belg	T
3	perfectionner	T
5	se perfectionner	P
3	perforer	T
3	perfuser	T
3	péricliter	I
5	se périmer	Esp
3	périphraser	I
6	périr	I
3	perler	I, T
3	permanenter	T
3	perméabiliser	T
94	permettre	T
94	se permettre	P
3	permuter	I, T
5	se permuter	P
3	pérorer	I
3	peroxyder	T
14	perpétrer	T
14	se perpétrer	P
7	perpétuer	T
7	se perpétuer	P
3	perquisitionner	I
3	persécuter	T
14	persévérer	I
3	persi(f)fler	T
9	persiller	T
3	persister	I
3	personnaliser	T
8	personnifier	T
3	persuader	T
5	se persuader	P
3	perturber	T
6	pervertir	T
6	se pervertir	P
3	pervibrer	T
19	peser	I, T
19	se peser	P
9	pessigner	T
22	pesteller belg	I
3	pester	I
14	pestiférer	T
3	pétarader	I
3	pétarder	I, T
14	péter	I, T
14	se péter	P
9	pétiller	I
3	petit-déjeuner	I
3	pétitionner	I
3	pétocher	I
9	pétouiller	I
3	pétrarquiser	I
8	pétrifier	T
8	se pétrifier	P
6	pétrir	T
3	pétuner	I
3	peupler	T
5	se peupler	P
3	phagocyter	T
3	phantasmer	I, T
3	phaser afr	I
3	philosopher	I
3	phosphater	T

T : transitif direct **Ti :** transitif indirect **I :** intransitif **Esp :** verbe essentiellement pronominal
P : construction pronominale **imp. :** impersonnel **D :** défectif

3	phosphorer	**I**
3	photocomposer	**T**
8	photocopier	**T**
8	photographier	**T**
8	se photographier	**P**
3	phraser	**I, T**
3	phrasicoter	**I**
3	piaffer	**I**
9	piailler	**I**
3	pianoter	**I, T**
3	piauler	**I**
3	piauter	**I**
3	picoler	**T**
3	picorer	**I, T**
3	picosser	**T**
3	picoter	**T**
5	se picrater	**Esp**
3	picter	**T**
18	piéger	**T**
3	pierrer	**T**
14	piéter	**I**
14	se piéter	**P**
3	piétiner	**I, T**
5	se pieuter	**Esp**
3	pif(f)er	**T**
3	pigeonner	**T**
13	piger	**I, T**
3	pigmenter	**T**
3	pignocher	**I, T**
3	piler	**I, T**
3	pîler belg	**I**
9	**piller**	**T**
3	pilonner	**T**
3	piloter	**T**
3	piluler afr	**I**
3	pimenter	**T**
3	pimer afr	**T**
9	pinailler	**I**
12	pincer	**I, T**
12	se pincer	**P**
3	pindariser	**I**
3	pindouler afr	**I**
3	pingler	**T**
3	pinter	**I**
5	se pinter	**P**
3	piocher	**T**
13	pioger	**I**
12	pioncer	**I**
3	pionner	**I**
3	piper	**I, T**
3	pipetter	**T**
11	pique-niquer	**I**
11	piquer	**I, T**
11	se piquer	**P**
24	piqueter	**T**
3	piquouser	**T**
3	pirater	**I, T**
3	pirouetter	**I**
3	pisser	**I, T**
3	pissoter	**I**
5	se pistacher	**Esp**
3	pister	**T**
3	pistonner	**T**
3	pitancher	**T**
3	piter belg	**I**
3	pitonner	**I**
3	pivoter	**I**
3	placarder	**T**
12	**placer**	**T**
12	se placer	**P**
3	placoter québ	**I**
3	plafonner	**I, T**
8	plagier	**T**
3	plaider	**I, T**
87	plaindre	**T**
87	se plaindre	**P**
3	plainer	**T**
71	**plaire**	**Ti**
71	se plaire (p. p. invariable)	**P**
3	plaisanter	**I, T**
8	planchéier	**T**
3	plancher	**I**
3	planer	**I, T**
8	planifier	**T**
11	planquer	**I, T**
11	se planquer	**P**
3	planter	**T**
5	se planter	**P**
11	plaquer	**T**
11	se plaquer	**P**
8	plasmifier	**T**
8	plastifier	**T**
11	plastiquer	**T**
3	plastronner	**I, T**
3	platiner	**T**
3	platiniser	**T**
3	plâtrer	**T**
3	plébisciter	**T**
11	plecquer belg	**I**
3	pleurer	**I, T**
3	pleurnicher	**I**
3	pleuvasser	**imp.**
3	pleuviner	**imp.**
3	pleuvioter	**imp.**
61	**pleuvoir**	**I, T, imp.**
3	pleuvoter	**imp.**
8	plier	**I, T**
8	se plier	**P**
3	plisser	**I, T**
5	se plisser	**P**
3	plomber	**T**
5	se plomber	**P**
13	plonger	**I, T**
13	se plonger	**P**
11	ploquer	**T**
27	ployer	**I, T**
3	plucher	**I**
3	plumer	**T**
5	se plumer	**P**
3	pluraliser	**T**
3	pluviner	**I, imp.**
5	se pocharder	**Esp**

T : transitif direct **Ti :** transitif indirect **I :** intransitif **Esp :** verbe essentiellement pronominal
P : construction pronominale **imp. :** impersonnel **D :** défectif

3	pocher	I, T
24	pocheter	T
5	se pochtronner	Esp
3	podcaster	T
3	podzoliser	T
3	poêler	T
3	poétiser	T
9	pogner	T
3	poignarder	T
5	se poiler	Esp
3	poinçonner	T
88	poindre seulement à l'infinitif, aux 3es pers. de l'ind. présent, impft. et futur, et au part. présent	I, T, D
3	pointer	I, T
5	se pointer	P
9	pointiller	I, T
3	poireau(o)ter	I
3	poisser	I, T
3	poivrer	T
5	se poivrer	P
5	se poivroter	Esp
3	polariser	T
5	se polariser	P
11	polémiquer	I
12	policer	T
12	se policer	P
6	polir	T
6	se polir	P
3	polissonner	I
11	politiquer	I
3	politiser	T
5	se politiser	P
3	polliniser	T
7	polluer	T
8	polycopier	T
3	polymériser	T
3	pommader	T
5	se pommader	P
21	se pommeler	Esp
3	pommer	I
3	pomper	T, Ti
3	pomponner	T
5	se pomponner	P
12	poncer	T
3	ponctionner	T
7	ponctuer	T
14	pondérer	T
83	pondre	T
3	ponter	I, T
8	pontifier	I
9	pontiller	T
3	populariser	T
5	se populariser	P
11	poquer	I
3	porphyriser	T
3	porter	I, T, Ti
5	se porter	P
3	portraiturer	T
3	poser	I, T
5	se poser	P
3	positionner	T
5	se positionner	P
3	positiver	I, T
14	posséder	T
14	se posséder	P
3	postdater	T
3	poster	T
5	se poster	P
3	posticher	I
3	postillonner	I
3	postposer	T
3	postsynchroniser	T
3	postuler	I, T
3	potabiliser	T
3	potasser	T
3	potentialiser	T
3	poter [belg]	I
3	potiner	I
3	poudrer	T
5	se poudrer	P
27	poudroyer	I
3	pouffer	I
3	pouliner	I
3	pouponner	I
3	pourchasser	T
5	se pourchasser	P
83	pourfendre	T
14	pourlécher	T
14	se pourlécher	P
3	pourprer	T
6	pourrir *être* ou *avoir*	I, T
6	se pourrir	P
102	poursuivre	T
102	se poursuivre	P
51	**pourvoir**	T, Ti
51	se pourvoir	P
3	pousser	I, T
5	se pousser	P
3	poutser	T
54	**pouvoir**	I, T
54	se pouvoir	P, imp.
3	praliner	T
11	pratiquer	T
11	se pratiquer	P
23	préacheter	T
3	préaviser	T
3	précariser	T
5	se précariser	P
3	précautionner	T
5	se précautionner	P
14	précéder	T
3	préchauffer	T
3	prêcher	T
3	précipiter	T
5	se précipiter	P
3	préciser	T
5	se préciser	P
3	précompter	T
3	préconiser	T

T : transitif direct **Ti :** transitif indirect **I :** intransitif **Esp :** verbe essentiellement pronominal
P : construction pronominale **imp. :** impersonnel **D :** défectif

74	précuire	T
3	prédestiner	T
3	prédéterminer	T
3	prédilectionner	T
11	prédiquer	T
77	prédire	T
3	prédisposer	T
3	prédominer	I
3	préempter	T
6	préétablir	T
3	préexister	I
11	préfabriquer	T
12	préfacer	T
14	préférer	T
14	se préférer	P
3	préfigurer	T
3	préfixer	T
3	préformer	T
8	préjudicier	I
13	préjuger	T, Ti
5	se prélasser	Esp
19	prélever	T
3	préluder	I, Ti
3	préméditer	T, Ti
6	prémunir	T
6	se prémunir	P
84	prendre	I, T
84	se prendre	P
3	prénommer	T
5	se prénommer	P
3	préoccuper	T
5	se préoccuper	P
3	préparer	T
5	se préparer	P
25	prépayer	T
3	prépensionner belg	T
3	préposer	T
3	préprogrammer	T
14	prérégler	T
13	présager	T
80	prescrire	T
80	se prescrire	P
3	présélectionner	T
3	présenter	I, T
5	se présenter	P
3	préserver	T
5	se préserver	P
3	présider	T, Ti
36	pressentir	T
3	presser	I, T
5	se presser	P
3	pressionner	T
3	pressurer	T
3	pressuriser	T
3	prester belg	T
3	présumer	T, Ti
3	présupposer	T
3	présurer	T
83	prétendre	T, Ti
83	se prétendre	P
3	prêter	I, T
5	se prêter	P
3	prétexter	T
56	prévaloir	I
56	se prévaloir	P
11	prévariquer	I
39	prévenir	T
50	prévoir	T
8	prier	T
3	primariser	T
3	primer	I, T
3	prioriser	T
3	priser	I, T
3	privatiser	T
3	priver	T
5	se priver	P
8	privilégier	T
3	prober belg	T
14	procéder	I, Ti
3	processionner	I
3	proclamer	T
5	se proclamer	P
3	procrastiner	I
10	procréer	T
3	procurer	T
5	se procurer	P
11	prodiguer	T
11	se prodiguer	P
74	produire	T
74	se produire	P
3	profaner	T
14	proférer	T
3	professer	T
3	professionnaliser	T
5	se professionnaliser	P
3	profiler	T
5	se profiler	P
3	profiter	Ti
3	programmer	I, T
5	se programmer	P
3	progresser	I
3	prohiber	T
24	projeter	T
24	se projeter	P
3	prolétariser	T
14	proliférer	I
13	prolonger	T
13	se prolonger	P
19	promener	T
19	se promener	P
94	promettre	T
94	se promettre	P
3	promotionner	T
58	promouvoir surtout à l'infinitif, au p. p : *promu, ue, us, ues*, aux temps composés et à la voix passive	T
11	promulguer	T
3	prôner	T
12	prononcer	T
12	se prononcer	P
11	pronostiquer	T
13	propager	T

T : transitif direct **Ti :** transitif indirect **I :** intransitif **Esp :** verbe essentiellement pronominal
P : construction pronominale **imp. :** impersonnel **D :** défectif

13 se propager .... P
3 prophétiser............... T
3 proportionner .... T
5 se proportionner........ P
3 proposer .... I, T
5 se proposer............... P
3 propulser .... T
5 se propulser.............. P
13 proroger .... T
13 se proroger............... P
80 proscrire .... T
8 prosodier .... T
3 prospecter................ T
14 prospérer I
3 prosterner................ T
5 se prosterner............. P
7 prostituer................. T
7 se prostituer .... P
18 protéger.................. T
18 se protéger............... P
3 protester............... T, Ti
3 prouter I
3 prouver.................... T
5 se prouver .... P
39 provenir................... I
être
3 proverbialiser............ T
9 provigner .... I, T
3 provisionner .... T
11 provoquer .... T
11 se provoquer............. P
3 pruner .... T
8 psalmodier .... I, T
3 psychanalyser............ T
3 psychiatriser .... T
8 publier..................... T
3 puddler.................... T
7 puer........................ T
3 puiser...................... T
3 pulluler.................... I
3 pulser...................... T
3 pulvériser................. T
3 punaiser................... T
6 punir....................... T
13 purger .... T
13 se purger................. P
8 purifier .... T
8 se purifier................. P
8 putréfier .... T
8 se putréfier.............. P
3 pyramider I
3 pyrograver................ T

QR

9 quadriller .... T
3 quadrupler.............. I, T
8 qualifier .... T
8 se qualifier............... P
8 quantifier .... T
3 quarderonner............ T
3 quarrer .... T
13 quartager .... T
3 quarter .... T
3 québéciser............... T
3 quémander............. I, T
22 quereller .... T
22 se quereller.............. P
quérir.................. T, D
seulement à l'infinitif
3 questionner .... T
5 se questionner........... P
3 quêter .... T
3 queuter.................... I
9 quiller afr .... T
3 quimper................ I, P
8 quintessencier........... T
3 quintupler .... I, T
12 quittancer .... T
3 quitter..................... T
5 se quitter .... P
3 quotter.................... I
3 rabâcher .... I, T
3 rabaisser .... T
5 se rabaisser.............. P
3 rabaner.................... T
3 rabanter.................. T
93 rabattre .... T
93 se rabattre............... P
6 rabêtir .... I, T
3 rabiauter.............. I, T
3 rabibocher............... T
5 se rabibocher .... P
3 rabioter .... I, T
11 rabistoquer belg......... T
3 râbler .... T
6 rabonnir............... I, T
3 raboter .... T
6 rabougrir.............. I, T
6 se rabougrir .... P
3 rabouter.................. T
6 raboutir .... T
7 rabrouer.................. T
41 racabouillir belg.......... I
3 raccommoder............ T
5 se raccommoder .... P
9 raccompagner .... T
3 raccorder .... T
5 se raccorder............. P
6 raccourcir............. I, T
6 se raccourcir .... P
3 raccoutrer .... T
3 raccoutumer .... T
3 raccrocher............. I, T
5 se raccrocher .... P
3 raccuser belg............. I
3 raccuspoter belg.......... I
23 racheter.................. T
23 se racheter .... P
3 raciner................. I, T
3 racketter .... T
3 racler .... T
5 se racler.................. P

T : transitif direct **Ti :** transitif indirect **I :** intransitif **Esp :** verbe essentiellement pronominal
P : construction pronominale **imp. :** impersonnel **D :** défectif

3 racoler .... T
3 raconter .... T
5 se raconter .... P
6 racornir .... T
6 se racornir .... P
5 se racrapoter belg .... P
3 rader .... T
3 radicaliser .... T
5 se radicaliser .... P
8 radier .... T
3 radiner I
5 se radiner .... P
3 radiobaliser .... T
3 radiocommander .... T
3 radiodiffuser .... T
8 radiographier .... T
3 radioguider .... T
3 radioscoper .... T
8 radiotélégraphier .... T
3 radoter I
3 radouber .... T
6 radoucir .... I, T
6 se radoucir .... P
6 rafantir belg I
6 raffermir .... T
6 se raffermir .... P
3 raffiner .... T, Ti
3 raffoler .... Ti
3 raffûter .... T
3 rafistoler .... T
3 rafler .... T
6 rafraîchir .... I, T
6 se rafraîchir .... P
6 ragaillardir .... T
13 rager I
3 ragoter I
3 ragoûter .... T
3 ragrafer .... T
6 ragrandir .... T
10 ragréer .... T
11 raguer I

6 raidir .... I, T
6 se raidir .... P
9 railler .... T
9 se railler .... P
3 rainer .... T
24 raineter .... T
3 rainurer .... T
69 raire .... I, D
pas de passé simple ni de subj. impft. et ne s'emploie qu'aux 3es personnes
3 raisonner .... I, T, Ti
5 se raisonner .... P
6 rajeunir .... I, T
être ou *avoir*
6 se rajeunir .... P
3 rajouter .... T
3 rajuster .... T
5 se rajuster .... P
6 ralentir .... I, T
6 se ralentir .... P
3 râler I
11 ralinguer .... I, T
18 ralléger I
3 raller I
8 rallier .... T
8 se rallier .... P
13 rallonger .... I, T
13 se rallonger .... P
3 rallumer .... T
5 se rallumer .... P
13 ramager .... I, T
9 ramailler .... T
3 ramander .... T
3 ramarrer .... T
3 ramasser .... T
5 se ramasser .... P
11 ramastiquer .... T
3 rambiner I
3 ramender .... T
19 ramener .... T
19 se ramener .... P

3 ramer .... I, T
24 rameter belg I
3 rameuter .... T
5 se rameuter .... P
8 ramifier .... T
8 se ramifier .... P
6 ramollir .... T
6 se ramollir .... P
3 ramoner .... I, T
3 ramper I
3 rancarder .... T
5 se rancarder .... P
6 rancir I
6 se rancir .... P
3 rançonner .... T
3 randomiser .... T
3 randonner I
13 ranger .... T
13 se ranger .... P
3 ranimer .... T
5 se ranimer .... P
9 ranquiller .... I, P
3 raouster .... T
3 rapaiser .... T
3 rapapilloter .... T
8 rapatrier .... T
8 se rapatrier .... P
3 râper .... T
3 rapetasser .... T
3 rapetisser .... I, T
5 se rapetisser .... P
17 rapiécer .... T
23 rapiéceter .... T
3 rapiner .... I, T
3 rapipoter belg I
6 raplatir .... T
6 rap(p)ointir .... T
9 rappareiller .... T
8 rapparier .... T
21 rappeler .... I, T
21 se rappeler .... P

T : transitif direct **Ti :** transitif indirect **I :** intransitif **Esp :** verbe essentiellement pronominal
P : construction pronominale **imp. :** impersonnel **D :** défectif

3 rapper I
11 rappliquer I
11 se rappliquer.............P
6 rappointir.................T
3 rapporter ....I, T
5 se rapporter..............P
84 rapprendre ....T
3 rapprocher ....T
5 se rapprocher............P
8 rapproprier...............T
3 rapprovisionner.........T
5 se rapprovisionner......P
11 raquer ....T
8 raréfier ....T
8 se raréfier.................P
3 raser ....T
5 se raser....................P
8 rassasier ....T
8 se rassasier...............P
3 rassembler................T
5 se rassembler............P
59/60 rasseoir..............I, T
p. p. : *rassis, ise, ises*
59/60 se rasseoir ....P
14 rasséréner................T
14 se rasséréner............P
rassir.................... I, D
rare, et surtout à l'infinitif
et au p. p. : *rassi, e, is, ies*
se rassir ....P
6 rassortir...................T
3 rassurer ....T
5 se rassurer...............P
3 ratatiner ....T
5 se ratatiner..............P
9 ratatouiller I
21 râteler ....T
3 rater......................I, T
5 se rater....................P
3 ratiboiser ....T
8 ratifier.....................T
3 ratiner.....................T
3 ratiociner I
3 rationaliser..............T
3 rationner.................T
5 se rationner ....P
3 ratisser ....T
3 rattacher.................T
5 se rattacher ....P
3 rattraper..................T
5 se rattraper..............P
3 raturer.....................T
3 raugmenter............I, T
11 rauquer..................... I
13 ravager ....T
3 ravaler.....................T
5 se ravaler ....P
3 ravauder ....T
3 ravigoter ....T
6 ravilir ....T
3 raviner....................T
6 ravir........................T
5 se raviser............... Esp
9 ravitailler ....T
9 se ravitailler.............P
3 raviver....................T
5 se raviver ....P
ravoir ....T, D
seulement à l'infinitif
25 rayer ....T
25 se rayer....................P
3 rayonner ....I, T
8 razzier ....T
3 réabonner ....T
5 se réabonner............P
3 réabsorber................T
3 réaccoutumer...........T
5 se réaccoutumer ....P
40 réacquérir ....T
3 réactiver ....T
3 réactualiser.............T
3 réadapter ....T
5 se réadapter.............P
94 réadmettre ....T
3 réaffecter ....T
3 réaffirmer.................T
3 réaffûter ....T
6 réagir ....I, Ti
3 réajuster ....T
5 se réajuster.............P
14 réaléser ....T
9 réaligner..................T
3 réaliser ....T
5 se réaliser................P
13 réaménager ....T
12 réamorcer ....T
3 réanalyser ....T
3 réanimer...................T
96 réapparaître............. I
être ou *avoir*
84 réapprendre.............T
3 réapprovisionner........T
5 se réapprovisionner ....P
3 réargenter ....T
3 réarmer ....I, T
5 se réarmer...............P
13 réarranger ....T
9 réassigner ....T
6 réassortir ....T
3 réassurer.................T
5 se réassurer ....P
3 rebaiser ....T
3 rebaisser.................. I
3 rebander ....T
3 rebaptiser................T
6 rebâtir ....T
93 rebattre ....T
11 se rebecquer .... Esp
3 rebecter...................T
22 se rebeller .... Esp
16 se rebéquer........... Esp
5 se rebiffer............. Esp
11 rebiquer................... I

T : transitif direct **Ti :** transitif indirect **I :** intransitif **Esp :** verbe essentiellement pronominal
P : construction pronominale **imp. :** impersonnel **D :** défectif

6	reblanchir	T
73	reboire	T
3	reboiser	T
6	rebondir	I
24	rebonneter	T
3	reborder	T
3	reboucher	T
5	se reboucher	P
41	rebouillir	I, T
3	rebouiser	T
3	rebourgeonner	I
3	rebouter	T
3	reboutonner	T
5	se reboutonner	P
3	rebraguetter	T
5	se rebraguetter	P
3	rebroder	T
3	rebrousser	I, T
3	rebuter	T
5	se rebuter	P
24	recacheter	T
3	recadrer	T
8	recalcifier	T
3	recalculer	T
3	recaler	T
3	recapitaliser	T
3	récapituler	T
3	recarder	T
21	recarreler	T
3	recaser	T
5	se recaser	P
3	recasser	I, T
3	recauser	I
14	recéder	T
20	receler	I, T
14	recéler	I, T
3	recenser	T
3	recentrer	T
19	receper	T
14	recéper	T
3	réceptionner	T
3	recercler	T
48	recevoir	T
48	se recevoir	P
6	re(é)champir	T
13	rechanger	T
13	se rechanger	P
3	rechanter	T
3	rechaper	T
3	réchapper *être* ou *avoir*	I, Ti
13	recharger	T
3	rechasser	T
3	réchauffer	T
5	se réchauffer	P
3	rechausser	T
5	se rechausser	P
3	rechercher	T
9	rechigner	I, Ti
3	rechristianiser	T
3	rechuter	I
3	récidiver *être* ou *avoir*	I
11	réciproquer [belg]	I, T
3	réciter	T
3	réclamer	I, T
5	se réclamer	P
3	reclaper [belg]	T
3	reclasser	T
3	récliner	I
104	reclore	T
7	reclouer	T
	reclure seulement à l'infinitif et au p. p. : *reclus, e, es*	D
9	recogner	T
3	recoiffer	T
5	se recoiffer	P
3	récoler	T
3	recoller	T, Ti
5	se recoller	P
3	recolorer	T
3	récolter	T
5	se récolter	P
3	recommander	T
5	se recommander	P
12	recommencer	I, T
96	recomparaître	I
3	récompenser	T
5	se récompenser	P
3	recomposer	T
5	se recomposer	P
3	recompter	T
8	réconcilier	T
8	se réconcilier	P
3	reconditionner	T
74	reconduire	T
3	recondamner	T
3	reconfigurer	T
3	réconforter	T
5	se réconforter	P
20	recongeler	T
96	reconnaître	T
96	se reconnaître	P
3	reconnecter	T
5	se reconnecter	P
40	reconquérir	T
14	reconsidérer	T
3	reconsolider	T
7	reconstituer	T
7	se reconstituer	P
74	reconstruire	T
3	recontacter	T
5	se recontacter	P
6	reconvertir	T
6	se reconvertir	P
8	recopier	T
9	recoquiller	T
3	recorder	T
13	recorriger	T
3	recoucher	T
5	se recoucher	P
89	recoudre	T
89	se recoudre	P

T : transitif direct **Ti :** transitif indirect **I :** intransitif **Esp :** verbe essentiellement pronominal
P : construction pronominale **imp. :** impersonnel **D :** défectif

3	recouler	I, T
3	recouper	T
5	se recouper	P
3	recouponner	T
3	recourber	T
5	se recourber	P
32	recourir	I, T, Ti
3	recouvrer	T
42	recouvrir	T
42	se recouvrir	P
3	recracher	I, T
10	recréer	T
10	récréer	T
10	se récréer	P
6	recrépir	T
3	recreuser	T
8	se récrier	Esp
3	récriminer	I
80	récrire	T
3	recristalliser	T
3	recroiser	T
100	recroître p. p. : *recrû, ûe, ûs, ûes*	I
3	recroller [belg]	I
9	se recroqueviller	Esp
3	recruter	T
5	se recruter	P
8	rectifier	T
43	recueillir	T
43	se recueillir	P
74	recuire	I, T
3	reculer	I, T
5	se reculer	P
3	reculotter	T
5	se reculotter	P
3	recultiver	T
14	récupérer	T
3	récurer	T
3	récuser	T
5	se récuser	P
3	recycler	T
5	se recycler	P
3	redécouper	T
42	redécouvrir	T
68	redéfaire	T
6	redéfinir	T
3	redemander	T
3	redémarrer	I
6	redémolir	T
83	redescendre *être* ou *avoir*	I, T
3	redessiner	T
39	redevenir	I
53	redevoir	T
3	rediffuser	T
13	rédiger	T
3	redimensionner	T
3	rédimer	T
5	se rédimer	P
76	redire	T
3	rediscuter	T
91	redissoudre	T
7	redistribuer	T
3	redonder	I
3	redonner	I, T
5	se redonner	P
3	redorer	T
3	redoubler	I, T, Ti
3	redouter	T
3	redresser	T
5	se redresser	P
74	réduire	T
74	se réduire	P
3	rééchelonner	T
3	réécouter	T
80	réécrire	T
8	réédifier	T
3	rééditer	T
11	rééduquer	T
79	réélire	T
11	réembarquer	I, T
3	réembaucher	T
27	réemployer	T
3	réemprunter	T
3	réenclencher	T
3	réenfiler	T
13	réengager	T
13	se réengager	P
3	réenregistrer	T
12	réensemencer	T
83	réentendre	T
3	rééquilibrer	T
3	rééquiper	T
10	réer	I
3	réescompter	T
25	réessayer	T
8	réétudier	T
7	réévaluer	T
3	réexaminer	T
8	réexpédier	T
3	réexporter	T
3	réexposer	T
3	refaçonner	T
68	refaire	T
68	se refaire	P
83	refendre	T
12	référencer	T
14	référer	Ti
14	se référer	P
3	refermer	T
5	se refermer	P
3	refiler	T
12	refinancer	T
6	réfléchir	I, T, Ti
6	se réfléchir	P
14	refléter	T
14	se refléter	P
6	refleurir	I, T
7	refluer	I
3	refonder	T
83	refondre	I, T
13	reforger	T
3	reformer	T

T : transitif direct **Ti :** transitif indirect **I :** intransitif **Esp :** verbe essentiellement pronominal
P : construction pronominale **imp. :** impersonnel **D :** défectif

5 se reformer ...... P
3 réformer ...... T
5 se réformer ...... P
3 reformuler ...... T
9 refouiller ...... T
3 refouler ...... I, T
11 refourguer ...... T
3 refourrer ...... T
93 refoutre ...... T
3 réfracter ...... T
5 se réfracter ...... P
3 refrapper ...... T
14 re(é)fréner ...... T
14 se re(é)fréner ...... P
14 réfrigérer ...... T
6 refroidir ...... I, T
6 se refroidir ...... P
8 se réfugier ...... Esp
3 refumer ...... I, T
3 refuser ...... I, T
5 se refuser ...... P
3 réfuter ...... T
9 regagner ...... T
3 régaler ...... T
5 se régaler ...... P
3 regarder ...... T, Ti
5 se regarder ...... P
6 regarnir ...... T
3 régater I
3 regazonner ...... T
20 regeler ...... T, Imp
14 régénérer ...... T
14 se régénérer ...... P
3 régenter ...... I, T
3 regimber I
5 se regimber ...... P
3 régionaliser ...... T
6 régir ...... T
3 registrer ...... T
3 réglementer ...... T
14 régler ...... T

14 se régler ...... P
15 régner I
3 regonfler ...... I, T
13 regorger ...... I, T, Ti
3 regraisser ...... T
3 regratter ...... I, T
3 regraver ...... T
10 regréer ...... T
3 regreffer ...... T
3 régresser I
3 regretter ...... T
3 regrimper ...... I, T
6 regrossir I
3 regrouper ...... T
5 se regrouper ...... P
3 régulariser ...... T
3 réguler ...... T
5 se réguler ...... P
3 régurgiter ...... T
3 réhabiliter ...... T
5 se réhabiliter ...... P
7 réhabituer ...... T
7 se réhabituer ...... P
3 rehausser ...... T
5 se rehausser ...... P
3 réhydrater ...... T
5 se réhydrater ...... P
8 réifier ...... T
3 réimperméabiliser ...... T
3 réimplanter ...... T
3 réimporter ...... T
3 réimposer ...... T
3 réimprimer ...... T
3 réimputer ...... T
14 réincarcérer ...... T
5 se réincarner ...... Esp
3 réincorporer ...... T
3 réinfecter ...... T
5 se réinfecter ...... P
3 réinhumer ...... T
3 réinitialiser ...... T

3 réinjecter ...... T
80 réinscrire ...... T
80 se réinscrire ...... P
14 réinsérer ...... T
14 se réinsérer ...... P
3 réinstaller ...... T
5 se réinstaller ...... P
7 réinstituer ...... T
14 réintégrer ...... T
14 réinterpréter ...... T
74 réintroduire ...... T
3 réinventer ...... T
6 réinvestir ...... T
3 réinviter ...... T
14 réitérer ...... T
6 rejaillir I
24 rejeter ...... T
24 se rejeter ...... P
88 rejoindre ...... T
88 se rejoindre ...... P
27 rejointoyer ...... T
7 rejouer ...... I, T
6 réjouir ...... T
6 se réjouir ...... P
13 rejuger ...... T
3 relâcher ...... I, T
5 se relâcher ...... P
5 se relaisser ...... Esp
12 relancer ...... T
6 rélargir ...... T
3 relater ...... T
3 relativiser ...... T
3 relaver ...... T
3 relaxer ...... T
5 se relaxer ...... P
25 relayer ...... I, T
25 se relayer ...... P
16 reléguer ...... T
19 relever ...... I, T, Ti
19 se relever ...... P
8 relier ...... T

T : transitif direct **Ti :** transitif indirect **I :** intransitif **Esp :** verbe essentiellement pronominal
P : construction pronominale **imp. :** impersonnel **D :** défectif

N°	Verbe	Construction
79	relire	T
79	se relire	P
3	relocaliser	T
13	reloger	T
13	se reloger	P
3	relooker	T
7	relouer	T
74	reluire	I
11	reluquer	T
3	relustrer	T
3	remâcher	T
6	remaigrir	I
9	remailler	T
13	remanger	T
8	remanier	T
9	remaquiller	T
9	se remaquiller	P
3	remarcher	I
8	remarier	T
8	se remarier	P
11	remarquer	T
11	se remarquer	P
3	remastériser	T
11	remastiquer	T
3	remballer	T
11	rembarquer	I, T
11	se rembarquer	P
3	rembarrer	T
3	rembaucher	T
3	rembiner	I
3	remblaver	T
25	remblayer	T
3	rembobiner	T
3	remboîter	T
13	rembouger	T
3	rembourrer	T
3	rembourser	T
25	rembrayer	T
11	rembroquer	T
6	rembrunir	T
6	se rembrunir	P
3	rembucher	T
8	remédier	Ti
3	remêler	T
3	remembrer	T
3	remémorer	T
5	se remémorer	P
19	remener	T
8	remercier	T
94	remettre	T
94	se remettre	P
3	remeubler	T
3	remilitariser	T
3	remiser	T
5	se remiser	P
3	remixer	T
9	remmailler	T
3	remmailloter	T
3	remmancher	T
19	remmener	T
3	remobiliser	T
20	remodeler	T
3	remonter *être* ou *avoir*	I, T
5	se remonter	P
3	remontrer	I, T, Ti
5	se remontrer	P
83	remordre	T
11	remorquer	T
3	remoucher	T
5	se remoucher	P
90	remoudre	T
9	remouiller	I, T
3	remouler	T
9	rempailler	T
24	rempaqueter	T
3	remparder	T
3	remparer	T
14	rempiéter	T
3	rempiler	I, T
12	remplacer	T
12	se remplacer	P
8	remplier	T
6	remplir	T
6	se remplir	P
27	remployer	T
3	remplumer	T
5	se remplumer	P
3	rempocher	T
3	rempoissonner	T
3	remporter	T
3	rempoter	T
3	remprunter	T
7	remuer	I, T
7	se remuer	P
14	rémunérer	T
3	renâcler	I
97	renaître *être*, rare au participe passé et aux formes composées	I, Ti
3	renarder	I
3	renauder	I
3	rencaisser	T
3	rencarder	T
3	renchaîner	T
6	renchérir	I, T
104	renclore	T
9	rencogner	T
3	rencontrer	T
5	se rencontrer	P
5	se rendetter	P
34	rendormir	T
34	se rendormir	P
3	rendosser	T
83	rendre	I, T
83	se rendre	P
13	reneiger	I, imp.
3	renfaîter	T
3	renfermer	T
5	se renfermer	P
3	renfiler	T
3	renflammer	T
3	renfler	I, T

T : transitif direct **Ti :** transitif indirect **I :** intransitif **Esp :** verbe essentiellement pronominal
P : construction pronominale **imp. :** impersonnel **D :** défectif

5	se renfler	**P**
7	renflouer	**T**
12	renfoncer	**T**
12	renforcer	**T**
12	se renforcer	**P**
6	renformir	**T**
9	se renfrogner	**Esp**
13	rengager	**T**
13	se rengager	**P**
3	rengainer	**T**
13	se rengorger	**Esp**
8	rengracier	**I**
3	rengraisser	**I, T**
19	rengrener	**T**
14	rengréner	**T**
8	renier	**T**
8	se renier	**P**
3	renifler	**I, T**
21	reniveler	**T**
3	renommer	**T**
12	renoncer	**T, Ti**
7	renouer	**T**
7	se renouer	**P**
21	renouveler	**T**
21	se renouveler	**P**
3	rénover	**T**
9	renquiller	**I, T**
9	renseigner	**T**
9	se renseigner	**P**
3	rentabiliser	**T**
3	rentamer	**T**
3	renter	**T**
3	rentoiler	**T**
69	rentraire	**T**
25	rentrayer	**T**
3	rentrer *être* ou *avoir*	**I, T**
42	rentrouvrir	**T**
3	renvelopper	**T**
3	renvenimer	**T**
13	renverger	**T**
3	renverser	**T**
5	se renverser	**P**
3	renvider	**T**
8	renvier	**T, Ti**
28	renvoyer	**T**
28	se renvoyer	**P**
3	réoccuper	**T**
14	réopérer	**T**
3	réorchestrer	**T**
12	réordonnancer	**T**
3	réordonner	**T**
3	réorganiser	**T**
5	se réorganiser	**P**
3	réorienter	**T**
5	se réorienter	**P**
3	réoxyder	**T**
3	repairer	**I**
98	repaître	**T**
98	se repaître	**P**
85	répandre	**T**
85	se répandre	**P**
96	reparaître *être* ou *avoir*	**I**
3	réparer	**T**
3	reparler	**I**
5	se reparler	**P**
13	repartager	**T**
36	repartir (partir à nouveau), *être*	**I**
36	repartir (répondre), *avoir*	**T**
6	répartir	**T**
6	se répartir	**P**
3	repasser *être* ou *avoir*	**I, T**
5	se repasser	**P**
3	repatiner	**T**
3	repaver	**T**
23	repayer	**T**
3	repêcher	**T**
9	repeigner	**T**
9	se repeigner	**P**
86	repeindre	**T**
83	rependre	**T**
3	repenser	**T, Ti**
36	se repentir	**Esp**
12	repercer	**T**
3	répercuter	**T**
5	se répercuter	**P**
83	reperdre	**T**
14	repérer	**T**
14	se repérer	**P**
8	répertorier	**T**
14	répéter	**T**
14	se répéter	**P**
3	repeupler	**T**
5	se repeupler	**P**
12	repincer	**T**
3	repiocher	**T**
11	repiquer	**I, T**
12	replacer	**T**
12	se replacer	**P**
3	replanter	**T**
5	se replanter	**P**
3	replâtrer	**T**
61	repleuvoir	**imp.**
8	replier	**T**
8	se replier	**P**
11	répliquer	**T**
11	se répliquer	**P**
3	replisser	**T**
13	replonger	**I, T**
13	se replonger	**P**
27	reployer	**T**
6	repolir	**T**
83	répondre	**T, Ti**
83	se répondre	**P**
3	reporter	**T**
5	se reporter	**P**
3	reposer	**I, T**
5	se reposer	**P**
3	repositionner	**T**
5	se repositionner	**P**

T : transitif direct **Ti :** transitif indirect **I :** intransitif **Esp :** verbe essentiellement pronominal
P : construction pronominale **imp. :** impersonnel **D :** défectif

N°	Verbe	Construction
3	repoudrer	T
51	repourvoir	T, Ti
3	repousser	I, T
5	se repousser	P
84	reprendre	I, T
84	se reprendre	P
3	représenter	I, T
5	se représenter	P
3	réprimander	T
3	réprimer	T
3	repriser	T
3	reprocher	T
5	se reprocher	P
74	reproduire	T
74	se reproduire	P
3	reprogrammer	T
8	reprographier	T
3	reprouver	T
3	réprouver	T
3	républicaniser	T
8	répudier	T
9	répugner	T, Ti
3	repuiser	T
3	réputer	T
8	requalifier	T
8	se requalifier	P
40	requérir	T
3	requêter	T
11	requinquer	T
11	se requinquer	P
3	réquisitionner	T
3	resaler	T
6	resalir	T
6	se resalir	P
7	resaluer	T
3	rescinder	T
19	resemer	T
16	réséquer	T
3	réserver	T
5	se réserver	P
3	résider	I
9	résigner	T
9	se résigner	P
8	résilier	T
3	résiner	T
8	résinifier	T
3	résister	Ti
3	resocialiser	T
3	résonner	I
3	résorber	T
5	se résorber	P
91	résoudre	T
91	se résoudre	P
3	respectabiliser	T
3	respecter	T
5	se respecter	P
3	respirer	I, T
6	resplendir	I
3	responsabiliser	T
9	resquiller	I, T
9	ressaigner	I, T
6	ressaisir	T
6	se ressaisir	P
3	ressasser	T
3	ressauter	I, T
25	ressayer	T
3	ressembler	Ti
5	se ressembler	P
21	ressemeler	T
19	ressemer	T
19	se ressemer	P
36	ressentir	T
36	se ressentir	P
3	resserrer	T
5	se resserrer	P
35	resservir	I, T
35	se resservir	P
36	ressortir (sortir à nouveau), *être* ou *avoir*	I, T
6	ressortir (être du ressort de), *être*	Ti
3	ressouder	T
5	se ressouder	P
12	ressourcer	T
8	se ressourcer	P
39	se ressouvenir	Esp
7	ressuer	I
6	ressurgir	I
3	ressusciter *être* ou *avoir*	I, T
26	ressuyer	T
26	se ressuyer	P
3	restaurer	T
5	se restaurer	P
3	rester *être*	I
7	restituer	T
86	restreindre	T
86	se restreindre	P
3	restructurer	T
3	restyler	T
12	resucer	T
3	résulter *être* ou *avoir* seulement aux 3es personnes, part. présent et passé	I
3	résumer	T
5	se résumer	P
3	resurchauffer	T
6	resurgir	I
6	rétablir	T
6	se rétablir	P
9	retailler	T
3	rétamer	T
5	se rétamer	P
3	retaper	T
5	se retaper	P
3	retapisser	T
3	retarder	I, T
3	retâter	T, Ti
86	reteindre	T
3	retéléphoner	Ti
83	retendre	T

T : transitif direct **Ti :** transitif indirect **I :** intransitif **Esp :** verbe essentiellement pronominal
P : construction pronominale **imp. :** impersonnel **D :** défectif

39 retenir **I, T**
39 se retenir **P**
3 retenter **T**
6 retentir **I**
12 retercer **T**
3 reterser **T**
3 réticuler **T**
3 retirer **T**
5 se retirer **P**
3 retisser **T**
3 retomber **I**
être
83 retondre **T**
11 retoquer **T**
83 retordre **T**
11 rétorquer **T**
3 retoucher **T, Ti**
3 retourner **I, T**
être ou avoir
5 se retourner **P**
12 retracer **T**
3 rétracter **T**
5 se rétracter **P**
74 retraduire **T**
69 retraire **T**
3 retraiter **T**
3 retrancher **T**
5 se retrancher **P**
80 retranscrire **T**
94 retransmettre **T**
9 retravailler **I, T, Ti**
3 retraverser **T**
6 rétrécir **I, T**
6 se rétrécir **P**
86 re(é)treindre **T**
3 retremper **T**
5 se retremper **P**
7 rétribuer **T**
8 retrier **T**
6 rétroagir **I**
14 rétrocéder **I, T**

3 rétrograder **I, T**
3 retrousser **T**
5 se retrousser **P**
3 retrouver **T**
5 se retrouver **P**
3 retuber **T**
8 réunifier **T**
8 se réunifier **P**
6 réunir **T**
6 se réunir **P**
6 réussir **I, T, Ti**
3 réutiliser **T**
3 revacciner **T**
3 revalider **T**
55 revaloir **T, D**
seulement à l'infinitif, au futur simple et au cond. présent
3 revaloriser **T**
5 se revancher **Esp**
3 revasculariser **T**
3 rêvasser **I**
9 réveiller **T**
9 se réveiller **P**
3 réveillonner **I**
14 révéler **T**
14 se révéler **P**
11 revendiquer **T**
11 se revendiquer **P**
83 revendre **T**
83 se revendre **P**
39 revenir **I**
être
39 s'en revenir **P**
3 rêver **I, T, Ti**
14 réverbérer **T**
14 se réverbérer **P**
3 revercher **T**
6 reverdir **I, T**
14 révérer **T**
6 revernir **T**
3 reverser **T**

37 revêtir **T**
37 se revêtir **P**
3 revigorer **T**
3 revirer **I**
3 réviser **T**
3 revisiter **T**
3 revisser **T**
3 revitaliser **T**
3 revitaminer **T**
8 revivifier **T**
103 revivre **I, T**
49 revoir **T**
49 se revoir **P**
3 revoler **I, T**
3 révolter **T**
5 se révolter **P**
3 révolutionner **T**
3 révolvériser **T**
6 revomir **I, T**
11 révoquer **T**
3 revoter **I, T**
57 revouloir **T**
3 révulser **T**
5 se révulser **P**
3 rewriter **T**
9 rhabiller **T**
9 se rhabiller **P**
3 rhumer **T**
3 ribler **I, T**
3 ribouler **I**
3 ricaner **I**
3 ricocher **I**
3 rider **T**
5 se rider **P**
3 ridiculiser **T**
5 se ridiculiser **P**
3 riffauder **T**
3 rifler **T**
8 rigidifier **T**
3 rigoler **I**
9 rimailler **I**

T : transitif direct **Ti :** transitif indirect **I :** intransitif **Esp :** verbe essentiellement pronominal
P : construction pronominale **imp. :** impersonnel **D :** défectif

3	rimer	I, T
12	rincer	T
12	se rincer	P
3	ringarder	T
3	ringardiser	T
9	ripailler	I
3	ripatonner	T
3	riper	I, T
3	ripoliner	T
3	riposter	I, T
75	rire	I
75	se rire p. p. invariable	P
11	risquer	T
11	se risquer	P
3	rissoler	I, T
3	ristourner	T
3	ritualiser	T
3	rivaliser	I
3	river	T
24	riveter	T
3	rober	T
3	robotiser	T
3	rocher	I
7	rocouer	T
11	rocquer	I
9	rôdailler	I
3	roder	T
3	rôder	I
9	rogner	I, T
3	rognonner	I
6	roidir	I, T
6	se roidir	P
9	roiller	imp
12	romancer	T
3	romaniser	I, T
92	rompre	I, T
92	se rompre	P
3	ronchonner	I
6	rondir	I, T
3	ronéoter	T
3	ronéotyper	T
11	ronflaguer	I
3	ronfler	I
13	ronger	T
13	se ronger	P
3	ronronner	I
3	ronsardiser	I
11	roquer	I
3	roser	T
6	rosir	I, T
3	rosser	T
3	rossignoler	I
3	roter	I
6	rôtir	I, T
6	se rôtir	P
3	roucouler	I, T
7	rouer	T
3	roufler belg	I, T
27	rougeoyer	I
6	rougir	I, T
3	rougnotter	I
9	rouiller	I, T
9	se rouiller	P
6	rouir	I, T
3	rouler	I, T
5	se rouler	P
3	roulotter	T
9	roupiller	I
9	rouscailler	I
14	rouspéter	I
21	rousseler	I
6	roussir	I, T
6	roustir	T
3	router	T
42	rouvrir	I, T
42	se rouvrir	P
3	rubaner	T
8	rubéfier	T
3	rucher	T
3	rudenter	T
27	rudoyer	T
7	ruer	I
7	se ruer	P
6	rugir	I, T
3	ruiler	T
3	ruiner	T
5	se ruiner	P
21	ruisseler	I
3	ruminer	I, T
3	rupiner	I
3	ruser	I
8	russifier	T
11	rustiquer	T
3	rûter belg	I
3	rutiler	I
3	rythmer	T

S

3	sabler	T
3	sablonner	T
3	saborder	T
5	se saborder	P
3	saboter	I, T
3	sabouler	T
3	sabrer	T
9	sacagner	T
3	saccader	T
13	saccager	T
8	saccharifier	T
11	sacquer	T
3	sacraliser	T
3	sacrer	I, T
8	sacrifier	T
8	se sacrifier	P
3	safraner	T
3	saietter	T
9	saigner	I, T
9	se saigner	P
44	saillir (sortir, s'élancer), seulement à l'inf. et aux 3es personnes	I, D

T : transitif direct **Ti :** transitif indirect **I :** intransitif **Esp :** verbe essentiellement pronominal
P : construction pronominale **imp. :** impersonnel **D :** défectif

6 saillir **T, D**
(s'accoupler), seulement à l'inf., aux 3es personnes et au part. présent : *saillissant*
6 saisir **T**
6 se saisir **P**
3 saisonner **I**
3 salarier **T**
3 saler **T**
3 salifier **T**
3 saligoter **T**
6 salir **T**
6 se salir **P**
3 saliver **I**
11 salonguer afr **I**
3 saloper **T**
3 salpêtrer **T**
7 saluer **T**
7 se saluer **P**
8 sanctifier **T**
3 sanctionner **T**
3 sanctuariser **T**
3 sandwicher **T**
3 sangler **T**
5 se sangler **P**
3 sangloter **I**
3 santer afr **I**
3 santonner **T**
3 saouler **T**
5 se saouler **P**
3 saper **T**
5 se saper **P**
8 saponifier **T**
11 saquer **T**
3 sarcler **T**
3 sarter **T**
3 sasser **T**
3 sataner **T**
3 sataniser **T**
3 satelliser **T**
5 se satelliser **P**
3 satiner **T**
3 satiriser **T**
68 satisfaire **T, Ti**
68 se satisfaire **P**
3 satonner **T**
3 saturer **I, T**
12 saucer **T**
3 saucissonner **I, T**
3 saumurer **T**
3 sauner **I**
3 saupoudrer **T**
3 saurer **T**
6 saurir **T**
21 sauteler **I**
3 sauter **I, T**
9 sautiller **I**
3 sauvegarder **T**
3 sauver **T**
5 se sauver **P**
3 savater **T**
52 savoir **T**
52 se savoir **P**
3 savonner **T**
5 se savonner **P**
3 savourer **T**
3 scalper **T**
3 scandaliser **T**
5 se scandaliser **P**
3 scander **T**
3 scanner **T**
3 scannériser **T**
8 scarifier **T**
22 sceller **T**
3 scénariser **T**
3 schématiser **T**
11 schlinguer **I**
3 schlitter **T**
3 schmecter **I**
3 schnouper **T**
3 schpiler **I**
8 scier **I, T**
3 scinder **T**
5 se scinder **P**
9 scintiller **I**
3 sciotter **T**
3 scissionner **I**
3 scléroser **T**
5 se scléroser **P**
3 scolariser **T**
8 scorifier **T**
3 scotcher **T**
3 scotomiser **T**
3 scrabbler **I**
3 scrafer **T**
3 scratcher **I, T**
9 scribouiller **T**
3 scruter **T**
3 sculpter **T**
14 sécher **I, T**
14 se sécher **P**
3 seconder **T**
7 secouer **T**
7 se secouer **P**
32 secourir **T**
14 secréter **T**
14 sécréter **T**
3 sectionner **T**
5 se sectionner **P**
3 sectoriser **T**
3 séculariser **T**
3 sécuriser **T**
3 sédentariser **T**
5 se sédentariser **P**
3 sédimenter **T**
74 séduire **T**
3 segmenter **T**
5 se segmenter **P**
16 ségréguer **T**
3 séjourner **I**
5 se séjourner afr **P**
3 sélecter **T**
3 sélectionner **T**

T : transitif direct **Ti :** transitif indirect **I :** intransitif **Esp :** verbe essentiellement pronominal
P : construction pronominale **imp. :** impersonnel **D :** défectif

22	seller	T
3	sembler	I
19	semer	T
12	semoncer	T
3	sénégaliser [afr]	T
3	sensibiliser	T
5	se sensibiliser	P
36	sentir	I, T
36	se sentir	P
63	seoir	I, D
3	séparer	T
5	se séparer	P
3	septupler	I, T
12	séquencer	T
3	séquestrer	T
12	sérancer	T
6	serfouir	T
3	sérialiser	T
8	sérier	T
3	seriner	T
11	seringuer	T
3	sermonner	T
3	serpenter	I
3	serrer	T
5	se serrer	P
6	sertir	T
3	serviotter	T
35	servir	I, T, Ti
35	se servir	P
6	sévir	I
19	sevrer	T
3	sextupler	I, T
3	sexualiser	T
3	shampooiner	T
3	shampouiner	T
3	shooter	I, T
3	shunter	T
14	sidérer	T
18	siéger	I
3	siester [afr]	I
3	siffler	I, T
3	siffloter	I, T
3	sigler	T
3	signaler	T
5	se signaler	P
3	signaliser	T
9	signer	T
9	se signer	P
8	signifier	T
3	silhouetter	T
3	silicatiser	T
3	siliconer	T
3	sillonner	T
3	similiser	T
8	simplifier	T
8	se simplifier	P
3	simuler	T
13	singer	T
3	singulariser	T
5	se singulariser	P
3	siniser	T
3	sintériser	T
7	sinuer	I
3	siphonner	T
3	siroter	T
7	situer	T
7	se situer	P
8	skier	I
3	slalomer	I
3	slaviser	T
12	slicer	T
3	smasher	I
9	smiller	T
3	smurfer	I
3	snif(f)er	T
3	snober	T
3	sociabiliser	T
3	socialiser	T
3	socratiser	I
3	sodomiser	T
9	soigner	T
9	se soigner	P
3	soirer [belg]	I
3	solariser	T
3	solder	T
5	se solder	P
3	solenniser	T
8	solfier	T
3	solidariser	T
5	se solidariser	P
8	solidifier	T
8	se solidifier	P
7	solifluer	I
11	soliloquer	I
3	solliciter	T
3	solmiser	T
3	solubiliser	T
3	solutionner	T
3	somatiser	T
3	sombrer	I
9	sommeiller	I
3	sommer	T
3	somnoler	I
3	sonder	T
13	songer	I, Ti
9	sonnailler	I
3	sonner *être* ou *avoir*	I, T, Ti
3	sonoriser	T
3	sonrer [belg]	I
11	sophistiquer	T
11	se sophistiquer	P
24	soqueter [belg]	I
36	sortir *être* ou *avoir*	I, T
36	se sortir	P
6	sortir (terme juridique), seulement aux 3es personnes : *sortissait*	T, D
93	soubattre	T
3	soubresauter	I
24	souchêter	T
19	souchever	T
8	soucier	T

T : transitif direct **Ti :** transitif indirect **I :** intransitif **Esp :** verbe essentiellement pronominal
P : construction pronominale **imp. :** impersonnel **D :** défectif

8 se soucier .... **P**
3 souder .... **T**
5 se souder .... **P**
27 soudoyer .... **T**
3 souffler .... **I, T**
24 souffleter .... **T**
42 souffrir .... **I, T**
42 se souffrir .... **P**
3 soufrer .... **T**
3 souhaiter .... **T**
9 souiller .... **T**
13 soulager .... **T**
13 se soulager .... **P**
3 soûler .... **T**
5 se soûler .... **P**
19 soulever .... **T**
19 se soulever .... **P**
9 souligner .... **T**
94 soumettre .... **T**
94 se soumettre .... **P**
3 soumissionner .... **T**
3 soupçonner .... **T**
3 souper .... **I**
19 soupeser .... **T**
3 soupirer .... **I, T**
11 souquer .... **I, T**
9 sourciller .... **I**
3 sourdiner .... **T**
sourdre .... **I, D**
seulement aux 3es pers. de l'indicatif : *sourd/sourdent, sourdait/sourdaient*
75 sourire .... **I, Ti**
75 se sourire .... **P**
3 sous-affermer .... **T**
14 sous-affréter .... **T**
3 sous-alimenter .... **T**
3 sous-amender .... **T**
3 sous-assurer .... **T**
80 souscrire .... **T, Ti**
3 sous-déclarer .... **T**
16 sous-déléguer .... **T**
27 sous-employer .... **T**
83 sous-entendre .... **T**
3 sous-estimer .... **T**
7 sous-évaluer .... **T**
3 sous-exploiter .... **T**
3 sous-exposer .... **T**
6 sous-investir .... **I**
7 sous-louer .... **T**
25 sous-payer .... **T**
14 sous-rémunérer .... **T**
83 sous-tendre .... **T**
3 sous-titrer .... **T**
69 soustraire .... **T, D**
inusité au passé simple et au subj. imparfait
69 se soustraire .... **P**
3 sous-traiter .... **I, T**
3 sous-utiliser .... **T**
3 sous-virer .... **I**
3 soutacher .... **T**
39 soutenir .... **T**
39 se soutenir .... **P**
3 soutirer .... **T**
39 souvenir .... **imp.**
39 se souvenir .... **P**
3 soviétiser .... **T**
3 spammer .... **I, T**
8 spathifier .... **T**
3 spatialiser .... **T**
3 spécialiser .... **T**
5 se spécialiser .... **P**
8 spécifier .... **T**
3 spéculer .... **I**
3 speeder .... **I, T**
14 sphacéler .... **T**
3 spiritualiser .... **T**
3 spitter .... **T**
3 splitter .... **I, T**
8 spolier .... **T**
3 sponsoriser .... **T**
3 sporuler .... **I**
3 sprinter .... **I**
3 squatter .... **T**
3 squeezer .... **I, T**
3 stabiliser .... **T**
5 se stabiliser .... **P**
3 staffer .... **T**
3 stagner .... **I**
3 staliniser .... **T**
3 standardiser .... **T**
3 stariser .... **T**
3 stater belg .... **T**
3 stationner .... **I**
être ou *avoir*
7 statuer .... **T, Ti**
8 statufier .... **T**
8 sténographier .... **T**
3 sténotyper .... **T**
3 stéréotyper .... **T**
14 stérer .... **T**
3 stériliser .... **T**
3 stigmatiser .... **T**
3 stimuler .... **T**
5 se stimuler .... **P**
8 stipendier .... **T**
3 stipuler .... **T**
3 stocker .... **T**
3 stopper .... **I, T**
3 stranguler .... **T**
8 stratifier .... **T**
3 strapasser .... **T**
3 stresser .... **I, T**
5 se stresser .... **P**
3 striduler .... **I**
8 strier .... **T**
3 stripper .... **T**
11 striquer .... **T**
3 structurer .... **T**
5 se structurer .... **P**

T : transitif direct **Ti :** transitif indirect **I :** intransitif **Esp :** verbe essentiellement pronominal
P : construction pronominale **imp. :** impersonnel **D :** défectif

stupéfaire … **T, D**
seulement aux 3e pers. du sing. de l'ind. présent et des temps composés, p. p. : *stupéfait, e*
8 stupéfier … **T**
11 stuquer … **T**
3 styler … **T**
3 styliser … **T**
16 subdéléguer … **T**
3 subdiviser … **T**
5 se subdiviser … **P**
6 subir … **T**
11 subjuguer … **T**
3 sublimer … **T**
13 submerger … **T**
3 subodorer … **T**
3 subordonner … **T**
5 se subordonner … **P**
3 suborner … **T**
13 subroger … **T**
8 subsidier [belg] … **T**
3 subsister … **I**
3 substantiver … **T**
7 substituer … **T**
7 se substituer … **P**
3 subsumer … **T**
3 subtiliser … **I, T**
5 se subtiliser … **P**
39 subvenir … **Ti**
3 subventionner … **T**
6 subvertir … **T**
14 succéder … **Ti**
14 se succéder … **P**
3 succomber … **I, Ti**
12 sucer … **T**
12 se sucer … **P**
3 suçoter … **T**
3 sucrer … **T**
5 se sucrer … **P**
7 suer … **I, T**
81 suffire … **I, Ti**
81 se suffire … **P**
3 suffixer … **T**
11 suffoquer … **I, T**
14 suggérer … **T**
3 suggestionner … **T**
5 se suicider … **Esp**
3 suif(f)er … **T**
3 suinter … **I**
102 suivre … **T**
102 se suivre … **P**
20 sukkeler [belg] … **I**
3 sulfater … **T**
3 sulfiter … **T**
3 sulfoner … **T**
3 sulfurer … **T**
6 superfinir … **T**
3 superposer … **T**
5 se superposer … **P**
3 superviser … **T**
3 supplanter … **T**
5 se supplanter … **P**
10 suppléer … **T, Ti**
3 supplémenter … **T**
8 supplicier … **T**
8 supplier … **T**
3 supporter … **T**
5 se supporter … **P**
3 supposer … **T**
3 supprimer … **T**
5 se supprimer … **P**
3 suppurer … **I**
3 supputer … **T**
3 surabonder … **I**
3 surajouter … **T**
5 se surajouter … **P**
3 suralimenter … **T**
5 se suralimenter … **P**
3 suraller … **I**
3 surarmer … **T**
3 surbaisser … **T**
3 surboucher … **T**
3 surbroder … **T**
13 surcharger … **T**
3 surchauffer … **T**
3 surclasser … **T**
3 surcoller [belg] … **I**
3 surcomprimer … **T**
3 surcontrer … **T**
3 surcoter … **T**
3 surcouper … **I**
3 surcreuser … **T**
3 surdéterminer … **T**
3 surdimensionner … **T**
3 surdorer … **T**
8 surédifier … **T**
19 surélever … **T**
6 surenchérir … **I**
3 surentraîner … **T**
3 suréquiper … **T**
3 surestimer … **T**
5 se surestimer … **P**
7 surévaluer … **T**
3 surexciter … **T**
3 surexploiter … **T**
3 surexposer … **T**
12 surfacer … **I, T**
3 surfacturer … **T**
68 surfaire … **T, D**
surtout à l'infinitif et au sing. du présent de l'ind., au p. p. et aux temps composés
3 surfer … **I**
6 surfleurir … **T**
3 surfiler … **T**
3 surfrapper … **T**
20 surgeler … **T**
3 surgeonner … **I**
6 surgir … **I**
12 surglacer … **T**
3 surgreffer … **T**
3 surhausser … **T**
3 surimposer … **T**

T : transitif direct **Ti :** transitif indirect **I :** intransitif **Esp :** verbe essentiellement pronominal
P : construction pronominale **imp. :** impersonnel **D :** défectif

5 se surimposer ... **P**
3 suriner ... **T**
5 se surinfecter ... **Esp**
3 surinformer ... **T**
14 surinterpréter ... **T**
6 surinvestir ... **I**
6 surir ... **I**
3 surjaler ... **I**
24 surjeter ... **T**
8 surlier ... **T**
9 surligner ... **T**
7 surlouer ... **T**
3 surmédicaliser ... **T**
19 surmener ... **T**
19 se surmener ... **P**
3 surmonter ... **T**
5 se surmonter ... **P**
3 surmouler ... **T**
13 surnager ... **I**
3 surnommer ... **T**
3 suroxyder ... **T**
3 surpasser ... **T**
5 se surpasser ... **P**
25 surpayer ... **T**
11 surpiquer ... **T**
3 surplomber ... **I, T**
84 surprendre ... **T**
84 se surprendre ... **P**
74 surproduire ... **T**
18 surprotéger ... **T**
3 sursaturer ... **T**
3 sursauter ... **I**
19 sursemer ... **T**
64 surseoir ... **T, Ti**
pas de féminin au p. p. : *sursis*
3 sursouffler ... **T**
9 surtailler ... **T**
3 surtaxer ... **T**
3 surtitrer ... **T**
83 surtondre ... **T**
3 survaloriser ... **T**
9 surveiller ... **T**
9 se surveiller ... **P**
83 survendre ... **T**
39 survenir ... **I**
être
37 survêtir ... **T**
3 survirer ... **T**
103 survivre ... **I, Ti**
103 se survivre ... **P**
3 survoler ... **T**
3 survolter ... **T**
3 susciter ... **T**
3 suspecter ... **T**
5 se suspecter ... **P**
83 suspendre ... **T**
83 se suspendre ... **P**
3 sustenter ... **T**
5 se sustenter ... **P**
3 susurrer ... **I, T**
3 suturer ... **T**
11 swinguer ... **I**
3 syllaber ... **T**
3 symboliser ... **T**
3 symétriser ... **I, T**
3 sympathiser ... **I**
3 synchroniser ... **T**
3 syncoper ... **T**
3 syncristalliser ... **I**
3 syndicaliser ... **T**
11 syndiquer ... **T**
11 se syndiquer ... **P**
3 synthétiser ... **T**
3 syntoniser ... **T**
3 systématiser ... **T**
5 se systématiser ... **P**

T

3 tabasser ... **T**
5 se tabasser ... **P**
3 tabler ... **Ti**
3 tabouiser ... **T**
3 tabuler ... **I, T**
3 tacher ... **T**
5 se tacher ... **P**
3 tâcher ... **I, T, Ti**
24 tacheter ... **T**
3 tacler ... **I, T**
11 taguer ... **I, T**
3 taillader ... **T**
9 tailler ... **I, T**
9 se tailler ... **P**
70 taire ... **T**
70 se taire ... **P**
3 taler ... **T**
3 taller ... **I**
3 talocher ... **T**
3 talonner ... **I, T**
11 talquer ... **T**
3 tambouler afr ... **I**
3 tambouriner ... **I, T**
3 tamiser ... **I, T**
3 tamponner ... **T**
5 se tamponner ... **P**
12 tancer ... **T**
11 tanguer ... **I**
3 tan(n)iser ... **T**
3 tanner ... **T**
13 tapager ... **I**
3 taper ... **I, T**
5 se taper ... **P**
3 tapiner ... **I**
6 se tapir ... **Esp**
3 tapisser ... **T**
3 taponner ... **T**
3 tapoter ... **I, T**
11 taquer ... **T**
3 taquiner ... **T**
5 se taquiner ... **P**
3 tarabiscoter ... **T**
3 tarabuster ... **T**
3 tarauder ... **T**

T : transitif direct **Ti :** transitif indirect **I :** intransitif **Esp :** verbe essentiellement pronominal
P : construction pronominale **imp. :** impersonnel **D :** défectif

3 tarder .... I, Ti
3 tarer .... T
11 se targuer .... Esp
3 tarifer .... T
6 tarir .... I, T
6 se tarir .... P
3 tarter .... T
3 tartiner .... I, T
6 tartir I
3 tasser .... I, T
5 se tasser .... P
3 tâter .... T, Ti
5 se tâter .... P
3 tatillonner I
3 tâtonner I
7 tatouer .... T
3 tauper .... T
21 taveler .... T
21 se taveler .... P
22 taveller .... T
3 taxer .... T
3 tayloriser .... T
3 tchadiser afr .... T
3 tchatcher I
3 techniciser .... T
3 techniser .... T
3 technocratiser .... T
3 tecker afr I
9 teiller .... T
86 teindre .... T
86 se teindre .... P
3 teinter .... T
5 se teinter .... P
13 télécharger .... T
3 télécommander .... T
8 télécopier .... T
3 télédiffuser .... T
8 télégraphier .... I, T
3 téléguider .... T
14 télémétrer .... I, T

3 téléphoner .... I, T, Ti
5 se téléphoner .... P
3 télescoper .... T
5 se télescoper .... P
94 télétransmettre .... T
3 téléviser .... T
3 télexer .... T
9 témoigner .... T, Ti
14 tempérer .... T
14 se tempérer .... P
3 tempêter I
3 temporiser I
9 tenailler .... T
83 tendre .... T, Ti
83 se tendre .... P
39 tenir .... I, T, Ti
39 se tenir .... P
3 tenonner .... T
3 ténoriser I
3 tenter .... T
12 tercer .... T
3 tergiverser I
3 terminer .... T
5 se terminer .... P
6 ternir .... T
6 se ternir .... P
3 terrasser .... T
3 terreauter .... T
3 terrer .... I, T
5 se terrer .... P
8 terrifier .... T
6 terrir I
3 terroriser .... T
3 terser .... T
24 teseter afr .... T
3 tester .... I, T
3 tétaniser .... T
5 se tétaniser .... P
14 téter .... T
3 têter afr .... T
3 textualiser .... T

3 texturer .... T
3 texturiser .... T
3 théâtraliser .... T
3 thématiser .... T
3 théoriser .... I, T
3 thésauriser .... I, T
11 tictaquer I
6 tiédir .... I, T
12 tiercer .... T
3 tigrer .... T
9 tiller .... T
3 timbrer .... T
3 tinter .... I, T
3 tintinnabuler I
3 tip(p)er .... T
11 tiquer I
9 tirailler .... I, T
3 tire(-)bouchonner .... I, T
5 se tire(-)bouchonner .... P
3 tirer .... I, T, Ti
5 se tirer .... P
3 tisaner .... T
3 tiser .... T
3 tisonner .... T
3 tisser .... T
ti(s)tre .... T, D
p. p. : *tissu, e,*
et temps composés
9 titiller .... I, T
3 titrer .... T
3 tituber I
3 titulariser .... T
3 toaster .... I, T
3 togoliser afr .... T
3 toiler .... T
3 toiletter .... T
5 se toiletter afr .... P
3 toiser .... T
5 se toiser .... P
14 tolérer .... T
14 se tolérer .... P

T : transitif direct **Ti :** transitif indirect **I :** intransitif **Esp :** verbe essentiellement pronominal
P : construction pronominale **imp. :** impersonnel **D :** défectif

3 tomber ....I, T
être ou *avoir*
3 tomer ....T
83 tondre ....T
8 tonifier ....T
7 tonitruer I
3 tonner I
3 tonsurer ....T
3 tontiner ....T
3 toper I
3 topicaliser ....T
11 toquer I
11 se toquer ....P
3 torcher ....T
5 se torcher ....P
3 torchonner ....T
83 tordre ....T
83 se tordre ....P
10 toréer I
3 toronner ....T
9 torpiller ....T
8 torréfier ....T
3 torsader ....T
3 torser ....T
9 tortiller ....I, T
9 se tortiller ....P
3 tortorer ....T
3 torturer ....T
5 se torturer ....P
3 tosser I
3 totaliser ....T
3 toubabiser afr ....T
3 toucher ....T, Ti
5 se toucher ....P
7 touer ....T
9 touiller ....T
9 toupiller ....I, T
3 toupiner I
3 tourber I
3 tourbillonner I
3 tourillonner I
3 tourmenter ....T
5 se tourmenter ....P
9 tournailler I
3 tournasser ....T
3 tournebouler ....T
3 tourner ....I, T
être ou *avoir*
5 se tourner ....P
3 tournicoter I
9 tourniller I
11 tourniquer I
27 tournoyer I
9 toussailler I
3 tousser I
3 toussoter I
3 touter afr I
3 trabouler I
3 tracaner ....I, T
3 tracasser ....T
5 se tracasser ....P
12 tracer ....I, T
3 tracter ....T
74 traduire ....T
74 se traduire ....P
3 traficoter I
11 trafiquer ....I, T, Ti
6 trahir ....T
6 se trahir ....P
9 traînailler ....I, T
3 traînasser ....I, T
3 traîner ....I, T
5 se traîner ....P
69 traire ....T, D
3 traiter ....T, Ti
5 se traiter ....P
3 tramer ....T
5 se tramer ....P
3 tranchefiler ....T
3 trancher ....I, T
3 tranquilliser ....T
5 se tranquilliser ....P
3 transbahuter ....T
3 transborder ....T
3 transcender ....T
5 se transcender ....P
3 transcoder ....T
80 transcrire ....T
14 transférer ....T
3 transfigurer ....T
3 transfiler ....T
3 transformer ....T
5 se transformer ....P
3 transfuser ....T
3 transgresser ....T
3 transhumer ....I, T
13 transiger I
6 transir ....I, T
3 transistoriser ....T
3 transiter ....I, T
3 transitiver ....T
3 translater ....T
14 translit(t)érer ....T
94 transmettre ....T
94 se transmettre ....P
3 transmigrer I
7 transmuer ....T
3 transmuter ....T
7 se transmuer ....P
5 se transmuter ....P
96 transparaître I
12 transpercer ....T
3 transpirer ....I, T
3 transplanter ....T
5 se transplanter ....P
3 transporter ....T
5 se transporter ....P
3 transposer ....T
8 transsubstantier ....T
3 transsuder ....I, T
3 transvaser ....T
3 transvider ....T
11 traquer ....T

T : transitif direct **Ti :** transitif indirect **I :** intransitif **Esp :** verbe essentiellement pronominal
P : construction pronominale **imp. :** impersonnel **D :** défectif

3 traumatiser .... T
9 travailler .... I, T, Ti
9 se travailler .... P
3 travailloter I
3 traverser .... T
6 travestir .... T
6 se travestir .... P
3 trébucher .... I, T
3 tréfiler .... T
83 tréfondre I
13 treillager .... T
3 treillisser .... T
3 trémater .... T
3 trembler I
3 trembloter I
5 se trémousser .... Esp
3 tremper .... I, T
5 se tremper .... P
3 trémuler I
3 trépaner .... T
3 trépasser I
être ou *avoir*
3 trépider I
9 trépigner .... I, T
44 tressaillir I
3 tressauter I
3 tresser .... T
9 treuiller .... T
3 trévirer .... T
3 trianguler .... T
3 triballer .... T
3 tricher I
3 tricocher I
3 tricoter .... I, T
8 trier .... T
9 trifouiller .... I, T
9 triller .... I, T
3 trimarder .... I, T
3 trimbal(l)er .... T
5 se trimbal(l)er .... P
3 trimer I
3 tringler .... T
11 trinquer I
3 triompher .... I, Ti
9 tripatouiller .... T
3 tripler .... I, T
3 tripoter .... I, T
11 triquer .... T
16 triséquer .... T
3 trisser .... I, T
3 triturer .... T
3 troler afr .... T
3 tromper .... T
5 se tromper .... P
24 trompeter .... I, T
3 tronçonner .... T
3 trôner I
11 tronquer .... T
3 tropicaliser .... T
11 troquer .... T
3 trotter I
5 se trotter .... P
3 trottiner I
3 troubler .... T
5 se troubler .... P
7 trouer .... T
7 se trouer .... P
3 trouilloter I
3 troussequiner .... T
3 trousser .... T
5 se trousser .... P
3 trouver .... T
5 se trouver .... P
3 truander .... I, T
3 trucider .... T
3 truffer .... T
11 truquer .... I, T
3 trusquiner .... T
3 truster .... T
3 tuber .... T
3 tuberculiner .... T
3 tuberculiniser .... T
3 tuberculiser .... T
3 tuder .... T
7 tuer .... T
7 se tuer .... P
3 tuiler .... T
8 tuméfier .... T
8 se tuméfier .... P
3 turbiner .... I, T
3 turlupiner .... T
3 turluter québ .... I, T
21 tûteler belg .... T
3 tûter belg .... I, T
3 tuteurer .... T
3 tutorer .... T
27 tutoyer .... T
27 se tutoyer .... P
3 tututer .... I, T
3 tuyauter .... I, T
3 twister I
3 tympaniser .... T
3 typer .... T
3 typiser .... T
8 typographier .... T
3 tyranniser .... T

U

14 ulcérer .... T
14 s'ulcérer .... P
3 (h)ululer I
8 unifier .... T
8 s'unifier .... P
3 uniformiser .... T
5 s'uniformiser .... P
6 unir .... T
6 s'unir .... P
3 universaliser .... T
5 s'universaliser .... P
3 urbaniser .... T
5 s'urbaniser .... P

T : transitif direct **Ti :** transitif indirect **I :** intransitif **Esp :** verbe essentiellement pronominal
P : construction pronominale **imp. :** impersonnel **D :** défectif